# 핵심 일본어 문법

박유자 감수 | 기획편집부 편

J PLUS
Language Publishing Co.

감수 박유자

일본 교토 출생
한국외국어대학교 졸업
한국외국어대학교 일어일문과 박사과정 졸업(문학박사)
미국 ACTFL주관 O.P.I시험관 양성강좌 이수
前이화여자대학교 언어교육원 일본어 강사
한국외국어대학교, 단국대학교 일본어과 강사
한국외국어대학교 외국어연수평가원 강사
現중앙대학교 일어학과 부교수

저서 「New 보고 듣고 따라하는 일본어 첫걸음」
　　「와쿠와쿠 일본어 초급」 (제이플러스) 外
감수 「기본을 다져주는 핵심 일본어문법」
　　「시험에 강해지는 핵심 일본어문법」
　　「시험에 꼭 나오는 필수 일본어문형」(제이플러스)

# 기본을 다져주는
# 핵심 일본어문법

2판 2쇄  2018년 3월 20일
기획편집부 지음
발행인 / 이기선
발행처 / 제이플러스
서울시 마포구 월드컵로 31길 62
영업부 02-332-8320  편집부 070-4734-6248
홈페이지 / www.jplus114.com
등록번호 / 제10-1680호
등록일자 / 1998년 12월 9일
ISBN / 978-89-92215-63-3

일본어는 우리말과 어순이 거의 같고, 문법체계도 비슷하여 한국인이 배우기에 가장 쉬운 외국어임에는 틀림없습니다. 그래서 일본어를 아주 단시간에 정복할 수 있을 것이란 생각을 하기 쉬운데, 어느 정도 일본어를 공부하다보면 조사나 동사의 활용, 문형 등에 눈을 뜨게 되면서, 공부해야 할 사항들이 조금씩 생기기 시작할 것입니다. 물론 이 책을 찾으시는 독자 여러분도 아마 몇 개월 혹은 몇 년 정도 줄곧 일본어를 공부해오신 분이라 생각됩니다.

그런 학습자의 입장에서 일본어 문법에서 꼭 익혀야 할 사항과 우리말과의 차이점, 문형, 주의해야 할 사항 등 핵심만을 간추려 이 책을 펴내게 되었습니다.
예문은 실제 수업시간에 선생님들이 자주 언급하는 유용한 예문으로 엄선하였고, 소설이나 만화 등 일상생활에서 자주 쓰는 반말 표현들도 들어 있어, 딱딱한 문법이 아닌 실용예문으로 재미있게 익힐 수 있도록 하였습니다.

특히, 주의점과 보너스 부분은 선생님이 수업시간에 꼭 설명하고 싶어하고, 공부하다보면 꼭 궁금증이 생기는 애매한 부분을 간명하게 정리한 것입니다. 또, 확인문제와 품사별 총정리문제는 간단한 활용연습에서부터 능력시험, 수능 등에 자주 출제되는 것들로서 자신의 실력을 체크해볼 수도 있습니다.

시험을 준비하는 분이라면 마무리단계로 품사별 총정리 문제를 풀면서 자신의 실력을 확인해 보시기 바랍니다. 수능의 경우는 이 책에서 벗어나는 문법사항은 아마 없을 것입니다. 일본어능력시험의 경우는 3, 4, 5급 혹은 1, 2급까지도 확인할 사항들이 정리되어 있으므로, 참고가 되리라 생각합니다.

모쪼록 이 책이 여러분의 일본어학습에 조금이나마 보탬이 되었으면 하는 바람입니다.

끝으로 바쁘신 중에 이 책의 감수를 맡아주시고 또 유용한 예문과 문제 등을 만들어주신 박유자 선생님께 지면으로나마 감사의 말씀을 전하고 싶습니다.

제이플러스 편집부

# Contents

# Contents

# 01

## 명사의 기초

명사에는 산, 바다와 같은 보통명사를 비롯하여 고유명사, 대명사, 수사(数詞), 형식명사 등도 포함된다. 뒤에 문형설명에서 흔히 명사수식형 또는 명사라고 하는 것은 보통명사 뿐만 아니라 이들 다른 명사들도 모두 포함된 개념이다. 우리말에서는 흔히 체언이라고 하는데 일본어로도 이것을 「体言(たいげん)」이라고 한다.

### 1 보통명사

**Point** 산, 바다와 같이 일반적인 사물을 나타내는 명사를 말한다.

| 고유일본어 | … | 山 산 | 海 바다 | 木 나무 | 机 책상 |
|---|---|---|---|---|---|
| 한자어 | … | 先生 선생님 | 学生 학생 | 電話 전화 | 平和 평화 |
| 외래어 | … | ボールペン 볼펜 | インターネット 인터넷 | コンピューター 컴퓨터 | |

**Point** 이밖에 동사나 형용사에서 생긴 것, 두 개 이상의 단어가 연결되어 생긴 것도 있다.

#### ① 동사의 명사형 (ます형으로 명사로 쓰이는 경우)

| 晴れる → 晴れ 맑음 | 曇る → 曇り 흐림 | 祝う → お祝い 축하 |
|---|---|---|
| 疲れる → 疲れ 피로 | 流れる → 流れ 흐름 | 考える → 考え 생각 |

#### ② 형용사의 명사형

| さ가 붙는 말 | … | 大きさ 크기 | 広さ 넓이 | 高さ 높이 | 寒さ 추위 | 暑さ 더위 | 深さ 깊이 |
|---|---|---|---|---|---|---|---|
| み가 붙는 말 | … | 楽しみ 즐거움 | 厚み 두께 | おもしろみ 재미 | | | |
| く형 | … | 近く 가까운 곳 | 遠く 먼 곳 | (* く형은 이 두 개뿐이다.) | | | |

#### ③ 두 단어가 결합된 경우 (복합명사) 乗り換え와 같이 동사는 ます형으로 접속한다.

| 朝 + ご飯 → 朝ご飯 아침밥 | 好き + 嫌い → 好き嫌い 좋고 싫음, 편식 |
|---|---|
| 乗る + 換える → 乗り換え 환승, 갈아타는 것 | 贈る + 物 → 贈り物 선물 |

## 2 고유명사

**Point**  사람의 이름이나, 지명 등 오직 하나에만 붙여진 이름을 나타내는 명사이다.

| かんこく<br>韓国 한국 | にほん<br>日本 일본 | ふじさん<br>富士山 후지산 | トヨタ 도요타 |
| --- | --- | --- | --- |

## 3 지시대명사

**Point**  보통명사나 고유명사 대신 쓰이는 명사를 말한다. 기본개념인「こ・そ・あ・ど」를 익혀 두자.

|  | 근칭(近称)<br>きんしょう | 중칭(中称)<br>ちゅうしょう | 원칭(遠称)<br>えんしょう | 부정칭(不定称)<br>ふていしょう |
| --- | --- | --- | --- | --- |
| 사물 | これ 이것 | それ 그것 | あれ 저것 | どれ 어느것 |
| 장소 | ここ 이곳, 여기 | そこ 그곳, 거기 | あそこ 저곳, 저기 | どこ 어디, 어느 곳 |
| 방향 | こちら (こっち) 이쪽 | そちら (そっち) 그쪽 | あちら (あっち) 저쪽 | どちら (どっち) 어느쪽 |

① 「こ・そ・あ・ど」의 기본개념은 우리말의 '이・그・저・어느'와 비슷하기 때문에 그다지 어려운 점은 없다.

- こ … 말하는 사람에게 가까운 것
- そ … 듣는 사람 쪽에 가까운 것
- あ … 두 사람으로부터 멀리 떨어진 것
- ど … 의문을 나타낼 때

② '저곳'은 あこ가 아니라 あそこ라고 한다. 또, こっち, そっち, あっち, どっち는 회화체 표현이다.

③ これ, それ, こちら, どちら 등은 사람을 가리킬 때도 쓴다.

- これは 私<sub>わたし</sub>の むすこです。　　　　얘는 제 아들이에요.
- こちらは 鈴木<sub>すずき</sub>さんです。　　　　이 쪽은 스즈키 씨예요. – 소개할 때
- どちらさまですか。　　　　누구시죠?/어디서 오셨어요? – 모르는 사람

④ 이밖에 こ · そ · あ · ど가 들어간 말

· 金子さんが そう 言ったんですか。　　　가네코 씨가 그렇게 말했어요?

· これは どうやって 食べるんですか。　　이건 어떻게(해서) 먹는 거죠?

· あんな ひどい 映画は はじめてだ。　　저런 심한(재미없는) 영화는 처음이야.

|  | 근칭 |  | 중칭 |  | 원칭 |  | 부정칭 |  |
|---|---|---|---|---|---|---|---|---|
| 연체사 (+명사) | この | 이 | その | 그 | あの | 저 | どの | 어느 |
| 부사 | こう | 이렇게 | そう | 그렇게 | ああ | 저렇게 | どう | 어떻게 |
| 명사수식형 | こんな | 이런 | そんな | 그런 | あんな | 저런 | どんな | 어떤 |
| 부사형 | こんなに | 이렇게, 이토록 | そんなに | 그렇게, 그토록 | あんなに | 저렇게, 저토록 | どんなに | 아무리 |

참고

こ·そ·あ·ど는 우리말과 거의 비슷하게 쓰지만, 차이가 나는 것은 その와 あの이다. その는 '그', あの는 '저'지만, 그 자리에 없는 사람에 대해 얘기할 때 화자가 둘 다 아는 사람이면 '그 사람'을 そのひと가 아니라 あのひと라고 한다.

## 4 인칭대명사

① 1인칭

**わたくし** ···▶ 나, 저. わたし보다 정중한 말로 보통 회화에서는 잘 쓰지 않고, 공적인 자리나 정중하게 말을 해야 하는 장소에서 쓰는 말이다. 남녀 모두 쓸 수 있다.

**わたし** ···▶ 나, 저. 1인칭 대명사로 가장 일반적이고 무난하게 남녀 누구나 쓸 수 있는 말이다.

**ぼく** ···▶ 나, 저. わたし와 같이 일반 회화에서 남자들이 쓰는 말이다. わたし보다는 약간 친근한 느낌이 든다.

**おれ** ···▶ 나. 남자들이 친한 친구 사이에 격의없이 쓰는 말이다.

**あたし** ···▶ 나. 여자들이 친구 사이에 쓰는 말이다. わたし와 발음이 비슷하므로 주의.

② 2인칭

**さん** ···▶ ~씨, ~선생, ~님 등 상황에 따라 여러 가지 번역이 가능하다. 일반적으로 성(姓)에다 さん을 붙여서 たなかさん(다나카 씨)처럼 쓰는 것이 보통이다. 하지만 손아랫사람이 윗사람에게 ~さん이라고 막 부르는 것은 실례가 될 수도 있으므로 직함이 있다면 직함을 넣어 부르는 것이 무난하다.

**あなた** ···▶ 당신. 우리말에서도 함부로 '당신'이라는 호칭을 쓰지 않듯이 일본어에서도 약간 제한이 따르는 말이다. 부부사이에 아내가 남편을 부를 때 '여보', '당신'의 뜻으로 쓰거나, 윗사람이 아랫사람에게, 선생님이 학생에게 부르는 정도가 보통이다.

**君**(くん) ···▶ ~군. 주로 선생님(또는 윗사람)이 학생을 부를 때 「山田君」(やまだくん)과 같이 쓴다. 참고로, 일본에서는 국회에서 의원을 부를 때 이 君이란 호칭을 쓴다.

**君**(きみ) ···▶ 너. 남녀모두 친구 사이에 쓰는 말로 노랫말에 자주 나온다. 또 윗사람이 아랫사람에게 쓸 때는 '자네'라는 뜻으로도 쓴다.

③ 3인칭

**彼**(かれ) ···▶ 그, 그이, 그 남자. 영어의 he에 해당하는 인칭대명사. 彼女(かのじょ)와 쓰임새는 비슷하며 '애인' 또는 '남자친구'란 뜻으로 쓰일때는 彼氏(かれし)라고 말하기도 한다.

**彼女**(かのじょ) ···▶ 그녀, 그 여자. 영어의 she에 해당하는 인칭대명사다. 손윗사람이 아랫사람(여자)을 가리켜 말할 때 흔히 쓴다. 보통은 ~さん이라고 하는 것이 무난하다. '애인' 또는 '여자친구'란 뜻도 있다.

「~さん」과 「~君(くん)」은 상대방(2인칭)에게 쓸 때도 있지만, 제3자를 가리킬 때는 3인칭을 나타내기도 한다.

④ 이밖에 사람을 가리키는 말 (아래로 내려갈수록 정중한 표현)

| こいつ | 이놈 | そいつ | 그놈 | あいつ | 저놈 | どいつ | 어느놈 |
| --- | --- | --- | --- | --- | --- | --- | --- |
| この子 | 이 아이 | その子 | 그 아이 | あの子 | 저 아이 | どの子 | 어느 아이 |
| このひと | 이 사람 | そのひと | 그 사람 | あのひと | 저 사람 | どのひと=だれ | 누구 |
| このかた | 이 분 | そのかた | 그 분 | あのかた | 저 분 | どのかた=どなた | 어느 분 |

彼・彼女 대신 쓰이는 표현들

① 보통 표현 : このひと, そのひと, あのひと, どのひと
② 정중한 표현 : このかた, そのかた, あのかた, どのかた

[ひと : 사람]
[かた : 분]

## 5 수사 数詞

**Point** 수사에는 순서를 나타내는 말과 수량을 나타내는 말 등이 있는데, 보통 한수사(漢数詞)라고 해서 いち, に, さん과 같이 읽는 것과 ひとつ, ふたつ와 같이 읽는 和数詞(わすうし), 그리고 ～個(こ), ～冊(さつ), ～人(にん)과 같은 조수사가 있다. (자세한 내용은 부록의 조수사 읽는 법 참조)

## 6 형식명사

**Point** 형식명사란 문법적으로는 명사와 같은 성질을 가지지만 독립적으로는 쓸 수 없고, 항상 다른 말에 붙어 뜻을 추가하거나 그 단어를 명사로 만드는 역할을 하는 것을 말한다. (자세한 내용은 형식명사편 참조)

문장 부호

· 마침표 … 「。」(まる 또는 句点이라고 한다.)
· 쉼표 … 「、」(てん 또는 読点이라고 한다.)
· 중간점 … 「·」(中点이라고 한다. 주로 명사를 나열할 때 쓴다.)
· 물음표 … 「?」일본어는 기본적으로 의문문에도 ?를 붙이지 않지만 특별히 강조할 때 쓴다. 疑問符라고 한다.
· 느낌표 … 「!」만화나 소설 등에서 특별히 감탄을 강조하고 싶을 때 쓴다. 感歎符라고 한다.
· 인용부호 … 「 」어구나 문장, 대화 등을 인용할 때 쓴다. かぎかっこ라고 한다. 책 이름이나 「 」안에 또 인용부호가 들어갈 때는 『 』(二重かぎかっこ)를 쓴다.
· 々 … 같은 한자가 반복될 때는 々로 표기한다. 時々(때때로)

# 02

## 명사의 필수문형

명사는 주로 어휘영역에서 다루어지므로 한자읽기 위주로 공부하면 된다. 여기서는 기본적인 문형, 부정형, 중지형을 익혀두고, だ와 です의 관계를 정리해 두면 되겠다.

### 1  A は B だ/〜である   A는  B이다

**Point** 「は」는 우리말 '은/는'에 해당하는 주격조사로 원래 발음은 [ha]지만 조사로 쓰일 때는 [wa]로 발음한다. 마찬가지로「では」는 [dewa]로 발음한다.「だ」는 '〜이다'란 뜻으로 문장에서는「である」를 쓰기도 한다.

· これは 本だ。　　　　　　　　　　　　　이건 책이다.

· 『吾輩は ねこである。』　　　　　　　나는 고양이다. ＊나츠메소세키의 소설 제목

### 2  A は B です/〜ですか/〜では(じゃ)ありません   A는 B입니다/입니까?/가 아닙니다

**Point** 「です」　　　　　　　　　　　　　　〜입니다 (조동사)

「ですか」　　　　　　　　　　　　〜입니까? (의문)

「じゃありません」/「ではありません」　　〜이 아닙니다

「じゃないです」/「ではないです」　　　　회화체

· 私は 会社員です。　　　　　　　　　저는 회사원입니다.

· 山田さんは 主婦ですか。　　　　　　야마다 씨는 주부입니까?

· 私は 高校生じゃありません。　　　　저는 고등학생이 아닙니다.

|  | 반말 |  | 정중한 말 |  |
|---|---|---|---|---|
| 현재긍정 | 명사 + だ/である | ~이다 | です | ~입니다 |
| 부정 | ではない | ~이 아니다 | ではありません | ~가 아닙니다 |
| 추측 | だろう | ~이겠지 | でしょう | ~이겠지요 |
| 과거 | だった | ~이었다 | でした | ~이었습니다 |
| 과거부정 | ではなかった | ~이 아니었다 | ではありませんでした | ~이 아니었습니다 |

## ③ A じゃなくて B です　　A가 아니라 B입니다

**Point** 문장에서는「ではなくて」로 쓴다. (「じゃ」는「では」의 회화체)

・本じゃなくて 辞書です。　　책이 아니라 사전입니다.

・日本じゃなくて 韓国です。　　일본이 아니라 한국입니다.

・会社員じゃなくて 学生です。　　회사원이 아니라 학생입니다.

## ④ A で、B です　　A이고 B입니다

**Point**「~で」는「だ(이다)」의 중지형으로 '이고', '이어서'의 뜻이다.

・鈴木さんは 男性で、日本人です。　　스즈키 씨는 남성이고, 일본인입니다.

・林さんは 独身で、キャリアウーマンです。　　모리 씨는 독신이고, 캐리어우먼입니다.

## ⑤ A でも B でも ありません　　A도 B도 아닙니다

**Point** 우리말로 "A도 아니고 B도 아니다."라고 할 때도 이 문형을 쓰면 된다.

・これは 本でも 雑誌でも ありません。辞書です。
이건 책도 잡지도 아닙니다. 사전입니다.

・サムゲタンは 日本料理でも 中国料理でも ありません。韓国料理です。
삼계탕은 일본요리도 중국요리도 아닙니다. 한국요리입니다.

| 중지형 | | | | | |
|---|---|---|---|---|---|
| • ~だ | ~이다 | → | ~で | ~이고 |
| • ~である | ~이다 | → | ~であり | ~이고 |
| • ~です | ~입니다 | → | ~で | ~이고 |

## 6 조사「の」

**Point** 「の」는 명사와 명사 사이에 붙어 '~의'라는 뜻으로 쓰이지만, 이밖에도 '~의 것' 등 다양하게 쓰이고 있다.

① '~의'로 쓰이는 경우 (우리말 번역에서는 생략되는 경우가 많다.)

| 때 | 土曜日の 夜 | 토요일 밤 | 今朝の ニュース | 오늘 아침 뉴스 |
|---|---|---|---|---|
| 장소 | 教室の 中 | 교실 안 | 外国の 香水 | 외국 향수 |
| 사람 | 私の 本 | 내 책 | 山田さんの 誕生日 | 야마다 씨의 생일 |

참고

「日本の友達」라고 하면 '일본에 사는 친구'란 뜻도 되고, '일본인 친구'란 뜻도 된다.

② 상태

· 雨の 日　　비가 오는 날　　　　· 病気の 時　　아플 때

③ '~의 것' (소유나 소속)

· これは 田中さんのです。　　　　이것은 다나카 씨 것입니다.

· この 車は 会社のです。　　　　이 차는 회사 것입니다.

④ '것' (사람이나 물건 등 명사 대신 쓰이는 경우)

· あの つくえの 上に あるのは 何ですか。　　저 책상 위에 있는 것은 뭐예요?

· 大きいのと 小さいの。　　　　큰 것과 작은 것.

⑤ 주격 조사「が」대신 쓰이는 경우 (주로 뒷말을 꾸미는 경우)

- あの 背の 高い 人は だれですか。  저 키 큰 사람은 누구예요?
- 私の ほしい ものは カメラです。  내가 갖고 싶은 것은 카메라입니다.
- 田中さんの 好きな スポーツは 何ですか。  다나카 씨가 좋아하는 스포츠는 뭐예요?

⑥ 동사를 명사구로 만들 경우

- 私は 映画を 見るのが 好きです。  나는 영화 보는 것을 좋아합니다.
- インターネットは 情報を 探すのに 便利です。  인터넷은 정보를 찾기에 편리합니다.

⑦ 종조사로 쓰이는 경우

- もう 帰るの。  벌써 가려고?(의문)
- うん。ちょっと 用事が あるの。  응. 볼 일이 좀 있어.
(가벼운 단정. 여성들이 많이 쓴다)

## 7 조사「は」와「が」

**Point** 「は」는 '은/는', 「が」는 '이/가'에 해당하는 주격조사이다. 쓰임새는 비슷하지만 우리말로는 '이/가'를 쓰는데 일본어에서는 「は」를 쓰는 경우가 많다.

- どの 方が 佐藤先生ですか。  어느 분이 사토 선생님입니까?
- それは なんですか。  그게(그것이) 뭐예요?

**Point** 의문사가 문장 앞에 올 때는 「が」를 써야 한다. 또한 뒤에 「何ですか」가 올 때는 앞에 오는 조사는 「は」를 쓴다는 것도 알아두자.

- これは 何ですか。  이것은 뭐예요? = 이게 뭐예요?
- 日本語の 先生は どの 方ですか。  일본어 선생님은 어느 분입니까?

・どれが 日本語の 本ですか。　　　어느 것이 일본어 책입니까?

・どの 方が 日本語の 先生ですか。　　어느 분이 일본어 선생님입니까?

## 8 「なに」와「どれ」

**Point**
・何 : 무엇. 이름을 물을 때

・どれ : 어느 것. 여러 개(세 개 이상) 중에서 하나를 지적할 때

A : これは 何ですか。　　　　이것은 무엇입니까?

B : それは 本です。　　　　　그것은 책입니다.

A : 本は どれですか。　　　　책은 어느 것입니까?

B : 本は これです。　　　　　책은 이것입니다.

**Point** 가령「日本語の 本は どれですか。」라고 질문했을 때 대답은 다음과 같다.

A : 日本語の 本は どれですか。　　일본어 책은 어느것입니까?

B : 日本語の 本は これ/それ/あれです。　일본어 책은 이것/그것/저것입니다.

## 9 どちらが どこ의 뜻으로 쓰인 경우 (どこ보다 정중한 느낌을 준다.)

A : 会社は どちらですか。　　회사는 어디십니까?(다니는 직장을 물어볼 때)

B : OK石油です。　　　　　　OK석유입니다.

A : お住まいは どちらですか。　댁은 어디십니까?(사는 곳을 물어볼 때)

B : イルサンです。　　　　　　일산입니다.

**1** 明日の 天気は ＿＿＿＿＿＿＿です。　　　　내일 날씨는 맑습니다.

**2** 来週の ピクニックが とても ＿＿＿＿＿＿＿です。　　　　다음주 소풍이 매우 기다려집니다.

**3** 健康の ために ＿＿＿＿＿＿＿を しては いけない。　　　　건강을 위해 편식을 해서는 안된다.

**4** その かばんの ＿＿＿＿＿＿＿に おどろいた。　　　　그 가방의 가벼움에 놀랐다.

**5** 私は 学生＿＿＿＿＿＿＿。　　　　저는 학생입니다.

**6** 大学生＿＿＿＿＿＿＿。　　　　대학생이 아닙니다.

**7** あの くつは 私＿＿＿＿＿＿＿です。　　　　저 신발은 제 것입니다.

**8** 先生＿＿＿＿＿＿＿ どの 方ですか。　　　　선생님은 어느 분입니까?

**9** けしゴムは ＿＿＿＿＿＿＿ですか。　　　　지우개는 어느 것입니까?

**10** ご出身は ＿＿＿＿＿＿＿ですか。　　　　고향은 어디십니까?

## *Bonus*

**はい、そうです。 예, 그렇습니다.**

명사문의 질문에 대해 '예, 그렇습니다'라고 대답할 때만 쓰고, 동사문이나 형용사문의 질문에는 쓸 수 없다.
「はい、そうです。」의 반대말은「いいえ、そうではありません。」또는「いいえ、ちがいます。」이다.

A : 学生さんですか。　　　　　　　　학생이에요?

B : はい、そうです。　　　　　　　　예, 그렇습니다. (○)


A : Jプラスに お勤めですか。　　　J 플러스에 근무하세요?

B : いいえ、ちがいます。　　　　　아뇨, 아닙니다. (○)


A : 学校は 楽しいですか。　　　　학교는 재미있어요?

B : はい、そうです。　　　　　　　예, 그렇습니다. (×)

광고로 배우는 日本語

광고1

광고2

※次の(　　　　)のところに入るものとして適当なものを @ⓑⓒⓓ の中から一つ選びなさい。

**1** 駐車場に 車が (　　　　) あります。

  @ ごほん　　　　ⓑ ごだい　　　　ⓒ ごさつ　　　　ⓓ ごこ

**2** 会議室は (　　　　)です。

  @ さんがい　　　　ⓑ さんまい　　　　ⓒ さんど　　　　ⓓ みっかい

**3** すみません。トイレは (　　　　)ですか。

  @ なん　　　　ⓑ なに　　　　ⓒ どれ　　　　ⓓ どちら

**4** 山田さんは 学生ですか。いいえ、学生(　　　　)ありません。会社員です。

  @ で　　　　ⓑ では　　　　ⓒ の　　　　ⓓ が

**5** 日本語の 先生は 女性(　　　　)、日本人です。

  @ で　　　　ⓑ では　　　　ⓒ だ　　　　ⓓ が

**6** これは 鉛筆でも 万年筆(　　　　) ありません。ボールペンです。

  @ が　　　　ⓑ では　　　　ⓒ でも　　　　ⓓ が

**7** 鈴木さん(　　　　) かばんは どれですか。

  @ に　　　　ⓑ が　　　　ⓒ の　　　　ⓓ も

**8** 私（わたし）（　　　　　）ほしい ものは コンピューターです。

   ⓐ を　　　　　　　　ⓑ は　　　　　　　　ⓒ の　　　　　　　　ⓓ でも

**9** どの 方（かた）（　　　　　）佐藤先生（さ とうせんせい）ですか。

   ⓐ が　　　　　　　　ⓑ は　　　　　　　　ⓒ では　　　　　　　ⓓ も

**10** 佐藤先生（さ とうせんせい）（　　　　　）どの 方（かた）ですか。

   ⓐ が　　　　　　　　ⓑ は　　　　　　　　ⓒ では　　　　　　　ⓓ も

정답 및 풀이

**정답**

| | | | | |
|---|---|---|---|---|
| 1. ⓑ | 2. ⓐ | 3. ⓓ | 4. ⓑ | 5. ⓐ |
| 6. ⓒ | 7. ⓒ | 8. ⓒ | 9. ⓐ | 10. ⓑ |

**풀이**

1. 자동차나 TV 등 기계를 세는 단위는 ～台(だい), ～대.
2. 층수를 나타내는 말은 階(かい)인데, 3층과 몇 층은 각각 さんがい, なんがい와 같이 탁음이 되므로 주의.
3. どこ라고도 할 수 있다.
4. 명사의 부정형은 ～ではありません(～이 아닙니다).
5. '～이고'에 해당하는 표현이다. だ의 중지형.
6. ～でも ～でもありません (～도 ～도 아닙니다) 문형.
7. 명사와 명사 사이에는 の가 들어간다.
8. 내가 갖고 싶은 것은 컴퓨터입니다. 주격조사 が 대신 の가 쓰인 경우(뒤의 명사를 수식하는 경우)
9. 어느 분이 사토 선생님입니까? 의문을 나타내는 말이 앞에 올 때 조사의 쓰임을 묻는 질문이다. 우리말로 번역해 보면 쉽게 풀린다.
10. 사토 선생님은 어느 분입니까?

# イ형용사의 특징과 기능

일본어의 형용사는 명사를 수식할 때 い형으로 수식하는 イ형용사와, 명사를 수식할 때 な가 붙는 ナ형용사의 두 가지가 있다. 우리말에서도 '좋다'가 '좋은, 좋아서, 좋았다'와 같이 어미가 바뀌듯이 일본어에서도 형용사나 동사, 조동사는 어미활용을 한다.

## 1 イ형용사의 특징과 기능

**さむ い** : 춥다
어간　어미(활용 부분)

### ① イ형용사의 특징

- 기본형의 어미가 い로 끝난다.
- 명사를 수식할 때 기본형으로(い형으로) 수식한다.
- 어미 활용을 한다.

### ② イ형용사의 기능

| 명사수식 | おもしろい　小説 (しょうせつ) | 재미있는 소설 |
| 술어 | この　小説 (しょうせつ)は おもしろいです。 | 이 소설은 재미있습니다. |
| 동사수식(부사형) | おもしろく　読み (よ)ました。 | 재미있게 읽었습니다. |

## 2 イ형용사의 활용

[Point] 활용이란 뒤에 오는 말에 따라 어미「い」가 바뀌는 것을 말한다. 그 형태에 따라 명사수식형, 과거형 등과 같이 말하는데, 그 용어가 약간씩 다른데 용어에 너무 집착하지 말고 어떤 용도로 쓰이는지를 파악하면 되겠다.

● イ형용사 활용표　　　　　　　　　　　　　　　　　　　　　　　　　　　　【おおきい : 크다】

|  |  | 보통형 |  | 정중형 |  |
|---|---|---|---|---|---|
| 현재 | 긍정 | おおき い | 크다 | おおき いです | 큽니다 |
|  | 부정 | おおき くない | 크지 않다 | おおき くないです<br>おおき くありません | 크지 않습니다<br>크지 않습니다 |
| 과거 | 긍정 | おおき かった | 컸다 | おおき かったです | 컸습니다 |
|  | 부정 | おおき くなかった | 크지 않았다 | おおき くなかったです<br>おおき くありませんでした | 크지 않았습니다<br>크지 않았습니다 |
| 명사수식 |  | おおき い りんご | 큰 사과 |  |  |
| 동사수식 |  | おおき く なる | 커지다 |  |  |
| て형 |  | おおき く て | 크게, 크고 |  |  |
| 가정형 |  | おおき けれ ば | 크면 |  |  |
| 추측형 |  | おおきい だろう (회화체)<br>おおき かろう (고어체) |  | おおきい でしょう | 크겠지요 |

▼ 「でしょう」는 「だろう」의 높임말

**Point** 기본형에 「です」를 붙이면 정중한 말이 된다.

| ・おもしろい | 재미있다 | → | おもしろいです | 재미있습니다 |
|---|---|---|---|---|
| ・つまらない | 재미없다 | → | つまらないです | 재미없습니다 |

**Point** イ형용사는 기본형과 명사수식형이 같고, 어미가 く・かっ(た)・けれ(ば)로 바뀐다.

[주의] 「いい」와 「よい」는 '좋다'는 뜻의 형용사인데, 활용할 때는 「よい」로 활용한다.

| ・いいです | 좋습니다 | いい本 | 좋은 책 |
|---|---|---|---|
| ・よくないです | 좋지 않습니다 | いくないです | (×) |
| ・よかったです | 좋았습니다 | いかったです | (×) |
| ・よくなかったです | 좋지 않습니다 | いくなかったです | (×) |

| | 학교문법에서 말하는 イ형용사 활용표 | | | | | | |
| 기본형 | 미연형 | 연용형 | 종지형 | 연체형 | 가정형 | 명령형 |
|---|---|---|---|---|---|---|
| おおきい | おおきかろう<br>おおきく | おおきかった | おおきい | おおきい | おおきければ | × |

## イ형용사 활용 연습

### ① イ형용사의 부정형 くない

[Point] 어미「い」를「く」로 바꾸고「ない」를 붙이면 된다. 즉 イ형용사에 부정을 나타내는「ない」가 붙을 때는 어미「い」가「く」로 바뀐다.

| おおきい | 크다 | → | おおきくない | 크지 않다 |
|---|---|---|---|---|
| さむい | 춥다 | → | さむ______ない | 춥지 않다 |
| おおい | 많다 | → | おお______ない | 많지 않다 |
| * よい(いい) | 좋다 | → | よ______ない | 좋지 않다 |

### ② イ형용사의 과거형 かった

[Point] 어미「い」를 떼고「かった」를 붙이면 된다. 즉, イ형용사에 과거를 나타내는「た」가 붙을 때는 어미「い」가「かっ」으로 바뀐다.

| ひろい | 넓다 | → | ひろかった | 넓었다 |
|---|---|---|---|---|
| せまい | 좁다 | → | せま______た | 좁았다 |
| おもい | 무겁다 | → | おも______た | 무거웠다 |
| * よい | 좋다 | → | よ______た | 좋았다 |

### Bonus

**イ형용사의 과거형**

일단 과거형으로 만들었으면 높임말은「～かったです」또는「～かったんです」로 바꾸어주면 된다. 또 과거형「～た」형은 뒤에 오는 명사를 꾸밀 수도 있다.

- よい 좋다　　　→　よかった　좋았다　　　→　よかった(ん)です　좋았습니다
　　　　　　　　　よかった 日　좋았던 날

### ③ イ形容사의 가정형 ければ

**Point** 어미「い」를 떼고「ければ」를 붙이면 된다. 즉 イ形容사에 가정을 나타내는「ば」가 붙을 때는
어미「い」가「けれ」로 바뀌는 것이다.

| おもしろい | 재미있다 | → | おもしろければ | 재미있으면 |
|---|---|---|---|---|
| おいしい | 맛있다 | → | おいし______ば | 맛있으면 |
| やさしい | 쉽다 | → | やさし______ば | 쉬우면 |
| *よい | 좋다 | → | よ______ば | 좋으면 |

### ④ イ形容사의 추측형

**Point** 어미「い」를 떼고「かろう」를 붙이면 된다. 즉 형용사에 추측을 나타내는「う」가 붙을 때는 어
미「い」가「かろ」로 바뀌는 것이다. 하지만「かろう」는 고어이고, 현대어에서는「~だろう」
나「~でしょう」로 표현한다.

| よい | 좋다 | → | よかろう | 좋을 것이다, 좋겠지 |
|---|---|---|---|---|
| ない | 없다 | → | な______う | 없을 것이다, 없겠지 |
| つらい | 괴롭다 | → | つら______う | 괴로울 것이다, 괴롭겠지 |
| とおい | 멀다 | → | とおいだろう | 멀 것이다, 멀겠지 |
| ちかい | 가깝다 | → | ちか______だろう | 가까울 것이다, 가깝겠지 |
| あまい | 달다 | → | あま______だろう | 달 것이다, 달겠지 |
| いい | 좋다 | → | いいでしょう | 좋겠지요 |
| たかい | 비싸다 | → | たか______でしょう | 비싸겠지요 |
| やすい | 싸다 | → | やす______でしょう | 싸겠지요 |

**Bonus**

**かろう와 だろう**

① 「かろう」는 소설과 같은 문장에서는 표기하기도 한다. 단, 회화에서는 잘 쓰지 않는다.

② イ形容사에「だろう」가 붙는다고 해서 '춥다'를「さむいだ」로 잘못 쓰는 경우가 있는데, 기본형과 종지
형은「さむい」로「い」로 끝난다는 사실을 기억해야 한다.

**1** きのう 新し かばんを 買いました。　　어제 새 가방을 샀습니다.

**2** とても 高いでした。　　너무 비쌌습니다.

**3** でも 気持ちは いかったです。　　하지만 기분은 좋았습니다.

**4** この かばんは あまり 大きいではありません。　　이 가방은 그다지 크지 않습니다.

**5** 難しいば あきらめても よい。　　어려우면 포기해도 돼.

**6** 思ったより 重いかったです。　　생각보다 무거웠습니다.

**3** **자주 쓰이는 イ형용사**

| | | | |
|---|---|---|---|
| 大<sub>おお</sub>きい | 크다 | 小<sub>ちい</sub>さい | 작다 |
| 多<sub>おお</sub>い | 많다 | 少<sub>すく</sub>ない | 적다 |
| いい/よい | 좋다 | 悪<sub>わる</sub>い | 나쁘다 |
| 長<sub>なが</sub>い | 길다 | 短<sub>みじか</sub>い | 짧다 |
| 重<sub>おも</sub>い | 무겁다 | 軽<sub>かる</sub>い | 가볍다 |
| 広<sub>ひろ</sub>い | 넓다 | 狭<sub>せま</sub>い | 좁다 |
| 赤<sub>あか</sub>い | 빨갛다 | 青<sub>あお</sub>い | 파랗다 |
| 白<sub>しろ</sub>い | 하얗다 | 黒<sub>くろ</sub>い | 까맣다 |
| おいしい | 맛있다 | まずい | 맛없다 |
| 高<sub>たか</sub>い | 비싸다 | 安<sub>やす</sub>い | 싸다 |
| 高<sub>たか</sub>い | 높다 | 低<sub>ひく</sub>い | 낮다 |
| 遠<sub>とお</sub>い | 멀다 | 近<sub>ちか</sub>い | 가깝다 |
| おもしろい | 재미있다 | つまらない | 재미없다 |

**4** **복합형용사**

[Point] 동사의 ます형에 붙어 복합어를 만들 수 있다. 일단 복합어가 되면 끝이 い로 끝나므로, 형용사와 똑같이 활용한다.

① ～やすい   ～하기 쉽다

| | | | | | | |
|---|---|---|---|---|---|---|
| 書<sub>か</sub>く | 쓰다 | + | やすい | → | 書<sub>か</sub>きやすい | 쓰기 쉽다 |
| 見<sub>み</sub>る | 보다 | + | やすい | → | 見<sub>み</sub>やすい | 보기 쉽다 |
| わかる | 알다 | + | やすい | → | わかりやすい | 알기 쉽다 |

② ～にくい　～하기 어렵다(물리적·생리적으로 곤란할 때)

| | | | | | |
|---|---|---|---|---|---|
| 書く | ＋ | にくい | → | 書きにくい 漢字 | 쓰기 어려운 한자 |
| 読む | ＋ | にくい | → | 読みにくい 本 | 읽기 어려운 책 |
| わかる | ＋ | にくい | → | わかりにくい せりふ | 알기 어려운 대사 |

③ ～よい/いい　～하기 좋다

| | | | | | |
|---|---|---|---|---|---|
| 住む | ＋ | よい | → | 住みよい ところ | 살기 좋은 곳 |
| 聞く | ＋ | よい(いい) | → | 聞きよい 音楽 | 듣기 좋은 음악 |

④ ～づらい　～하기 거북하다(정신적인 고통)

| | | | | | |
|---|---|---|---|---|---|
| 見る | ＋ | づらい | → | 見づらい 字 | 보기 힘든 글자 |
| 歩く | ＋ | づらい | → | 足が いたくて 歩きづらい | 다리가 아파서 걷기 힘들다 |

원래 「つらい(괴롭다)」인데 복합어가 되면서 「づらい」로 발음한다.

## 5 　ない에 대해

**Point**　「ない」는 단독으로 쓰면 '없다'는 뜻의 형용사지만, '아니다'란 뜻으로 부정을 나타내는 보조형용사로 쓰이기도 한다.

※ 다음 예문에 나오는 ない의 뜻을 생각해보자.

| | | | |
|---|---|---|---|
| ① | お金が ない。 | 돈이 없다. |
| ② | 学生ではない。 | 학생이 아니다. |
| ③ | 寒くない。 | 춥지 않다. |
| ④ | 行かない。 | 가지 않는다. |

**Point** ①번의 「ない」는 「ある(있다)」의 반대말인 '없다'는 뜻의 형용사이고, ②③은 '아니다'라는 뜻으로 부정을 나타내는 말이다. 이와 같이 원래의 뜻을 잃고 보조적으로 쓰이는 ない를 '보조형용사'라고 한다.

④는 앞에 오는 「行く」라는 동사의 부정을 나타내는 조동사이다. 부정을 나타내는 것은 ②③과 같지만 동사를 도와주는 역할을 하므로 조동사로 분류된다.

「ない」는 보조형용사이든 조동사이든 모양이 イ형용사와 똑같기 때문에 イ형용사 활용을 한다. 「ない」 뿐만 아니라 「~たい(~하고 싶다)」나 「ほしい(갖고 싶다)」와 같은 말도 끝이 イ로 끝나서 모양이 イ형용사와 같기 때문에 イ형용사식 활용을 한다.

# イ 형용사의 필수문형

イ 형용사의 활용을 자유자재로 할 수 있어야 한다. 특히 과거형, て형 부정형에 주의하고, 앞에서
"자주 쓰이는 イ 형용사"로 정리한 것 외에도 예문에 나온 단어 정도는 익혀두는 것이 좋다.

## 1 【긍정문】 ~は ~です/かったです　~은 ~합니다/~했습니다

**Point**　イ 형용사의 가장 기본적인 문형이다. 과거문은 「い」를 떼고 「かった」를 붙이면 보통형(반말)
이 되고 여기에 「です」를 붙이면 정중한 문장이 된다.

| おもしろい | おもしろいです | おもしろかったです |
|---|---|---|
| 재미있다 | 재미있습니다 | 재미있었습니다 |

A：日本語の 勉強は おもしろいですか。　　일본어 공부는 재미있어요?

B：ええ、とても おもしろいです。　　네, 아주 재미있습니다.

A：先週は 忙しかったですか。　　지난주는 바빴어요?

B：ええ、とても 忙しかったです。　　네, 아주 바빴습니다.

 확인연습　다음 단어를 예와 같이 바꾸세요.

| 大きい | 크다 | 大きいです | 큽니다 | 大きかったです | 컸습니다 |
|---|---|---|---|---|---|
| 小さい | 작다 | ______ | | ______ | |
| 多い | 많다 | ______ | | ______ | |
| 少ない | 적다 | ______ | | ______ | |
| いい/よい | 좋다 | ______ | | ______ | |
| 悪い | 나쁘다 | ______ | | ______ | |

**Point**　イ형용사를 부정으로 바꿀 때는 어미「い」를「く」로 바꾸고 여기에「ない」를 붙여「～くない」형으로 만들면 된다. 과거형은「～くない」를 과거형으로 만들어「～くなかった」로 바꾸면 된다.

A : 高橋さん、この 頃 忙しいですか。

다카하시 씨, 요즘 바쁩니까?

B : いいえ、あまり 忙しくないです。

아뇨, 별로 바쁘지 않습니다.

A : あの 映画は おもしろかったですか。

저 영화 재미있었어요?

B : いいえ、あまり おもしろくなかったですよ。

아뇨, 별로 재미없었어요.

| | | 보통형 | | 정중형 |
|---|---|---|---|---|
| おもしろい | → | おもしろくない | → | おもしろくないです |
| 재미있다 | | 재미있지 않다 | | 재미있지 않습니다 |
| おもしろい | → | おもしろくなかった | → | おもしろくなかったです |
| 재미있다 | | 재미있지 않았다 | | 재미있지 않았습니다 |

**확인연습**　다음 단어를 부정형으로 바꾸세요.

| | | | |
|---|---|---|---|
| 暖かい　따뜻하다 | | 暖かくないです<br>따뜻하지 않습니다 | 暖かくなかったです<br>따뜻하지 않았습니다 |
| 易しい | 쉽다 | ___________ | ___________ |
| 柔らかい | 부드럽다 | ___________ | ___________ |
| 堅い | 딱딱하다 | ___________ | ___________ |
| すばらしい | 멋지다 | ___________ | ___________ |
| 広い | 넓다 | ___________ | ___________ |
| 狭い | 좁다 | ___________ | ___________ |

**Point**　두 문장을 이어 줄 때는「い」를「く」로 바꾼 다음「て」를 붙이면 된다. 부정형은 일단「くない」로 바꾼 다음「くない」를 다시「くなくて」로 바꾸어 준다.

| 高い | 비싸다 | → | 高くて | 비싸고 |
|---|---|---|---|---|
| 高くない | 비싸지 않다 | → | 高くなくて | 비싸지 않고 |

- 髪は 短くて、背は 高いです。

  머리는 짧고, 키는 큽니다.

- 脚は 長くて、腰は 細いです。

  다리는 길고, 허리는 가늡니다.(※足:발)

- 辛くなくて 甘いです。

  맵지 않고 답니다.

- 前の事務所は 古くて 暗かったですが、新しい 事務所は 暗くなくて 明るいです。

  이전 사무실은 오래되고 어두웠는데, 새 사무실은 어둡지 않고 밝습니다.

- 昨日は 風が 強くて、寒かったです。

  어제는 바람이 강하고 추웠습니다.

**확인연습**　다음 단어를 くて와 くなくて형으로 바꾸세요.

| 細い | 가늘다 | 細くて | 가늘고 | 細くなくて | 가늘지 않고 |
|---|---|---|---|---|---|
| 厚い | 두텁다 | ＿＿＿＿＿ | | ＿＿＿＿＿ | |
| 薄い | 얇다 | ＿＿＿＿＿ | | ＿＿＿＿＿ | |
| つらい | 괴롭다 | ＿＿＿＿＿ | | ＿＿＿＿＿ | |
| 痛い | 아프다 | ＿＿＿＿＿ | | ＿＿＿＿＿ | |
| おいしい | 맛있다 | ＿＿＿＿＿ | | ＿＿＿＿＿ | |
| まずい | 맛없다 | ＿＿＿＿＿ | | ＿＿＿＿＿ | |

## ④ 【이중부정】 ～は ～くも ～くも ありません(ないです)　～은 ～하지도 ～하지도 않습니다

**Point** イ형용사의 부정은「くない」이지만 이중으로 부정할 때는 조사「も(~도)」를 넣어서「～くも ～くもない」라고 한다.

・私の 部屋は 広くも 狭くも ありません。私には ちょうど いいです。

　내 방은 넓지도 좁지도 않습니다. 나한테는 딱 좋습니다.

・成績は よくも 悪くも ありません。

　성적은 좋지도 나쁘지도 않습니다.

・暑くも 寒くも ない 日が 続いています。

　춥지도 덥지도 않은 날이 계속되고 있습니다.

---

**참고**

### 우리말과 순서가 반대인 말들

| | | | |
|---|---|---|---|
| ・춥지도 덥지도 → 暑くも 寒くも | ・먹고 마시다가 → 飲んで 食べて |
| ・흑백 → 白黒 | ・왔다갔다 → 行ったり 来たり |
| ・여기저기 → あちら こちら(= あちこち) | ・이것저것 → あれ これ |

---

**확인연습** 다음 단어를 이용하여 일본어로 말해보세요.

| 新しい | | 古い | | 新しくも 古くも ありません |
|---|---|---|---|---|
| 새롭다 | | 오래되다 | | 새롭지도 오래되지도 않았습니다 |

| | | | | |
|---|---|---|---|---|
| 高い | 비싸다 | 安い | 싸다 | ＿＿＿＿＿＿＿＿＿＿ |
| 高い | 높다 | 低い | 낮다 | ＿＿＿＿＿＿＿＿＿＿ |
| 遠い | 멀다 | 近い | 가깝다 | ＿＿＿＿＿＿＿＿＿＿ |
| おもしろい | 재미있다 | つまらない | 재미없다 | ＿＿＿＿＿＿＿＿＿＿ |
| 大きい | 크다 | 小さい | 작다 | ＿＿＿＿＿＿＿＿＿＿ |
| 多い | 많다 | 少ない | 적다 | ＿＿＿＿＿＿＿＿＿＿ |
| いい/よい | 좋다 | 悪い | 나쁘다 | ＿＿＿＿＿＿＿＿＿＿ |

**Point** 명사를 수식할 때는 기본형과 모양이 똑같다. 즉 기본형「さむい」는 '춥다'라는 뜻도 있지만 뒷말을 꾸밀 때는 '추운'이란 뜻으로 쓰이는 것이다. 이와 같이 명사를 꾸미는 형태를 문법용어로는 연체형이라고 한다.

| | | |
|---|---|---|
| A：こんにちは。いい 天気ですね。 | | 안녕하세요. 날씨 좋지요? |
| B：ええ、本当に いい 天気ですね。 | | 네, 정말 날씨 좋네요. |
| A：もっと 大きい 用紙を ください。 | | 좀 더 큰 종이를 주세요. |
| B：これより 大きい 用紙は ありません。 | | 이것보다 큰 종이는 없어요. |

**주의해야 할 명사 수식형**

① 날씨가 좋다는「天気が いい」보다는「いい 天気」라고 하는 것이 일본어다운 표현이다.

②「多い」는 '많다'는 뜻인데, '많은 ～'이라고 할 때「多い ～」라고는 하지 않는다. 대신「多くの ～」,「たくさんの ～」라고 해야 한다. 단, 대상이 사람인 경우「大勢の人」라고 하기도 한다.

③「少ない」(적다)의 경우도,「少ない～」가 아니라「少しの～」(적은~)로 말하는 것이 일반적이다.

 **확인연습** 다음 빈칸을 채우세요.

| | | | | | | |
|---|---|---|---|---|---|---|
| 大きい | 크다 | 大きい | 큰 | 大きい 家 | | 큰 집 |
| 小さい | 작다 | 小さい | 작은 | ___________ 家 | | 작은 집 |
| いい | 좋다 | いい | 좋은 | ___________ 人 | | 좋은 사람 |
| 悪い | 나쁘다 | 悪い | 나쁜 | ___________ 人 | | 나쁜 사람 |
| 長い | 길다 | 長い | 긴 | ___________ ズボン | | 긴 바지 |
| 短い | 짧다 | 短い | 짧은 | ___________ ズボン | | 짧은 바지 |
| 深い | 깊다 | 深い | 깊은 | ___________ 川 | | 깊은 강 |
| 浅い | 얕다 | 浅い | 얕은 | ___________ 川 | | 얕은 강 |

## 6 【동사수식】 ～く + 동사

**Point** '～하게'의 뜻으로 イ形容詞를 부사로 만들 때는 어미 「～い」가 「～く」로 바뀐다. 또한 「～く 
なる(~해지다)」나 「～くする(~하게 하다)」와 같은 문형으로 쓰일 때도 「～く」로 바뀐다.

A : サインは これで いいですか。　　　　사인은 이거면 됩니까?

B : すみません。もっと 大(おお)きく 書いてください。　　죄송하지만, 좀더 크게 써 주세요.

A : 急(きゅう)に 暗(くら)く なりましたね。　　갑자기 어두워졌지요?

B : そうですね。今(いま)にも 雨(あめ)が 降(ふ)りそうですね。

그렇네요. 당장이라도 비가 쏟아질 것 같은데요.



**회화에서 자주 쓰는 표현**

· うれしく 思(おも)います。　　　　　　기쁘게 생각합니다.

· とても よく して くださいました。　　(저에게)아주 잘 해 주셨습니다.

· 이밖에 '~해 보인다'는 「そうだ」로 표현한다.

비싸 보인다　→　たかく 見(み)える(×)　→　たかそうだ　　비싸겠다　→　たかそう!

맛있어 보인다. →　おいしく 見(み)える(×)　→　おいしそうだ　　맛있겠다　→　おいしそう!

 **확인연습** 다음 형용사를 くなる・くする로 바꾸고 뜻을 쓰세요. (なる:되다 する:하다)

| 大<sup>おお</sup>きい | 크다 | 大<sup>おお</sup>きくなる | 커지다 | 大<sup>おお</sup>きくする | 크게 하다 |

| 小<sup>ちい</sup>さい | 작다 | | |
| 暗<sup>くら</sup>い | 어둡다 | | |
| 明<sup>あか</sup>るい | 밝다 | | |
| いい | 좋다 | | |
| 悪<sup>わる</sup>い | 나쁘다 | | |
| 長<sup>なが</sup>い | 길다 | | |
| 短<sup>みじか</sup>い | 짧다 | | |
| 甘<sup>あま</sup>い | 달다 | | |
| 辛<sup>から</sup>い | 맵다 | | |
| 高<sup>たか</sup>い | 비싸다 | | |
| 安<sup>やす</sup>い | 싸다 | | |

**확인문제** 다음 문장의 틀린 곳을 찾아 바르게 고치세요.

1 山田<sup>やまだ</sup>さんの 荷物<sup>にもつ</sup>は とても 重<sup>おも</sup>いでした。　　야마다 씨 짐은 아주 무거웠습니다.

2 その 映画<sup>えいが</sup>は とても いかったてす。　　그 영화는 아주 좋았습니다.

3 この ケーキは 甘<sup>あま</sup>いないです。　　이 케이크는 달지 않습니다.

4 私<sup>わたし</sup>の 部屋<sup>へや</sup>は 広<sup>ひろ</sup>いないです。　　제 방은 넓지 않습니다.

**5** 鈴木さんの 自転車は 新しいで きれいです。  
스즈키 씨 자전거는 새것이고 깨끗합니다.

**6** 髪は 長いで、背は 高いです。  
머리는 길고, 키는 큽니다.

**7** 天気は いいも 悪いも ありません。  
날씨는 좋지도 나쁘지도 않습니다.

**8** 中国の 物価は 高いも 安いもないです。  
중국의 물가는 비싸지도 싸지도 않습니다.

**9** もっと 明るく 部屋が いいです。  
좀더 밝은 방이 좋습니다.

**10** これは 本当に すばらしな 絵ですね。  
이건 정말 훌륭한 그림이군요.

**11** 寒いなりましたね。  
추워졌네요.

**12** 時間が ありません。早いくしてください。  
시간이 없어요. 빨리 해 주세요.

정답
1. 重かったです　2. よかったです　3. 甘くないです　4. 広くないです
5. 新しくて　6. 長くて　7. よくも 悪くも　8. 高くも 安くも
9. 明るい　10. すばらしい　11. 寒く　12. 早く

※次の(　　　　)のところに入るものとして適当なものを@ⓑⓒⓓの中から一つ選びなさい。

**1** ソウルは 物価が (　　　　　　)です。

 @ たかい    ⓑ おおきい    ⓒ おもい    ⓓ つよい

**2** 鈴木さんより 森さんの ほうが 背が (　　　　　　)です。

 @ たかい    ⓑ おおきい    ⓒ ながい    ⓓ ひろい

**3** この かばんは ちょっと 大きいですね。もう 少し (　　　　　　)のを 見せてください。

 @ ひくい    ⓑ すくない    ⓒ ちいさい    ⓓ せまい

**4** 家から 学校までは (　　　　　　) ありません。近い ほうです。

 @ とおい    ⓑ とおいく    ⓒ とおく    ⓓ とおくて

**5** もっと (　　　　　　)て 安いのは ありませんか。

 @ かるい    ⓑ かるかっ    ⓒ かるく    ⓓ かるかろ

**6** 「The more the better.」は (　　　　　　) 多い ほど いいという 意味です。

 @ 多いと    ⓑ 多くて    ⓒ 多いし    ⓓ 多ければ

**7** A：これ、味は どうですか。

 B：う~む、(　　　　　　)て おいしいですね。

 @ 辛くなく    ⓑ 辛くない    ⓒ 辛くなけれ    ⓓ 辛くなかっ

**8** 成績は (　　　　　　)も 悪くも ありません。普通です。

 @ いい    ⓑ いく    ⓒ よい    ⓓ よく

**9** 急に（　　　　　　）なりましたね。今にも 雨が 降りそうですね。

ⓐ 暗い　　　　　　ⓑ 暗いに　　　　　　ⓒ 暗く　　　　　　ⓓ 暗いく

---

**10** A：日本語の テストは どうでしたか。

B：いや、とても（　　　　　　）。

ⓐ 難しいですよ　　　ⓑ 難しいでした　　　ⓒ 難しかったですよ　　　ⓓ 難しでしたよ

---

**11** A：色は これで いいですか。

B：そうですね、もっと（　　　　　　）してください。

ⓐ 赤い　　　　　　ⓑ 赤いに　　　　　　ⓒ 赤く　　　　　　ⓓ 赤くに

---

**12** 日本には（　　　　　　）外国人が 住んでいます。

ⓐ 多い　　　　　　ⓑ 多くて　　　　　　ⓒ 多くの　　　　　　ⓓ 多いの

---

**정답**

| 1. ⓐ | 2. ⓐ | 3. ⓒ | 4. ⓒ | 5. ⓒ | 6. ⓓ |
| 7. ⓐ | 8. ⓓ | 9. ⓒ | 10. ⓒ | 11. ⓒ | 12. ⓒ |

**풀이**

1. 물가가 비싸다는 뜻.
2. 키가 크다는 背が 高い.
3. 大きい의 반대말은 小さい.
4. とおい(멀다)의 부정형은?
5. かるい의 て형은 かるくて. 좀더 가볍고 싼 것은 없나요?
6. 가정형을 묻는 문제. 多ければ 多いほど 많으면 많을수록.
7. 辛くない의 て형. 맵지 않고 맛있네요.
8. 〜くも 〜くも ありません문형. いい는 よい로 활용한다.
9. 〜くなる(〜해지다)문형.
10. どうでしたか로 물었으므로 과거형으로 대답해야 한다.
11. 〜くする(〜게 하다) 문형.
12. 多いと 명사를 꾸밀 때는 多くの 형태로 꾸민다.

# ナ형용사의 특징과 기능

ナ형용사는 형용동사라고도 하는데, 사전에는 어간만 나와있다. 우리말의 '깨끗하다, 친절하다' 처럼 '~하다'로 끝나는 말이나 '~적이다, 외래어+だ'가 붙은 말들이 여기에 해당한다.

## 1 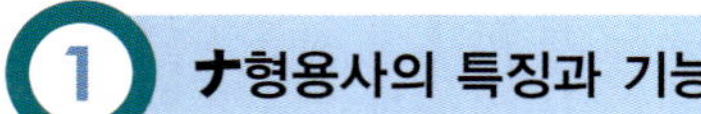 ナ형용사의 특징과 기능

### ① ナ형용사의 특징

- 형용동사라고도 한다.
- 사전에는 어간만 나오기 때문에 사전형에「だ」를 붙인 형태를 기본형으로 본다.
- 명사를 수식할 때 끝의「だ」가「な」로 바뀐다.
- 명사와 같은 활용을 한다. (활용이 명사와 비슷하여 명사형용사라고도 한다.)

### ② ナ형용사의 기능

| | | |
|---|---|---|
| 명사수식 | しずかな 部屋 | 조용한 방 |
| 술어 | この 部屋は しずかです。 | 이 방은 조용합니다. |
| 동사수식(부사형) | しずかに 勉強します。 | 조용히 공부합니다. |

## 2 ナ형용사의 활용

Point 활용이라고 하면 뒤에 오는 말에 따라 어미「だ」가 바뀌는 것을 말한다. 가장 포인트가 되는것은 명사를 꾸밀 때는「な」, '~하게'의 뜻으로 동사를 꾸밀 때는「に」로 바뀐다는 것이다. 나머지 활용은 명사와 비슷하다.

● ナ형용사 활용표                                                    【しずかだ : 조용하다】

|  |  | 보통형 | | 정중형 | |
|---|---|---|---|---|---|
| 현재 | 긍정 | しずか **だ** | 조용하다 | しずか **です** | 조용합니다 |
| | 부정 | しずか **ではない**<br>조용하지 않다 | | しずか **ではありません**<br>조용하지 않습니다 | |
| 과거 | 긍정 | しずか **だった** | 조용했다 | しずか **でした** | 조용했습니다 |
| | 부정 | しずか **ではなかった**<br>조용하지 않았다 | | しずか **ではありませんでした**<br>조용하지 않았습니다 | |
| 명사수식 | | しずか **な** かぞく | 조용한 가족 | | |
| 동사수식 | | しずか **に** はなす | 조용히 얘기하다 | | |
| て형 | | しずか **で** | 조용하고 | | |
| 가정형 | | しずか **なら** | 조용하다면 | | |
| 추측형 | | しずか **だろう** | 조용하겠지 | しずか **でしょう** | 조용하겠지요 |

# ナ형용사 활용 연습

① ナ형용사의 부정형 じゃ(では)ない

[Point] 어미「だ」를「では(じゃ)」로 바꾼 다음「ない」를 붙이면 된다. 즉 ナ형용사에 부정을 나타내는「ない」가 붙을 때는 어미「だ」가「では(じゃ)」로 바뀐다.

| しずかだ | 조용하다 | → | しずかでは(じゃ)ない | 조용하지 않다 |
|---|---|---|---|---|
| きれいだ | 깨끗하다 | → | _______________ | 깨끗하지 않다 |
| にぎやかだ | 번화하다 | → | _______________ | 번화하지 않다 |
| ひまだ | 한가하다 | → | _______________ | 한가하지 않다 |
| らくだ | 편하다 | → | _______________ | 편하지 않다 |

참고  일단 부정형으로 바뀌면「い」로 끝나므로 イ형용사식 활용을 한다.

② ナ形容사의 과거형 だった

[Point] ナ形容사의 가장 큰 특징은 명사를 꾸밀 때 어미「だ」가「な」로 바뀌는 것이다.

| 親切だ<br>しんせつ | 친절하다 | → | 親切だった | 친절했다 |
|---|---|---|---|---|
| 有名だ<br>ゆうめい | 유명하다 | → | _______________ | 유명했다 |
| 便利だ<br>べんり | 편리하다 | → | _______________ | 편리했다 |
| 安全だ<br>あんぜん | 안전하다 | → | _______________ | 안전했다 |
| 不安だ<br>ふあん | 불안하다 | → | _______________ | 불안했다 |

③ ナ形容사의 명사수식형 〜な

[Point] 기본형의「だ」를 떼고「な」를 붙이면 된다.

| 真面目だ<br>まじめ | 성실하다 + 人 사람<br>ひと → | 真面目な 人<br>まじめ ひと | 성실한 사람 |
|---|---|---|---|
| ほがらかだ | 명랑하다 → | _______________ 人 | 명랑한 사람 |
| 変だ<br>へん | 이상하다 → | _______________ 人 | 이상한 사람 |
| 生意気だ<br>なまいき | 건방지다 → | _______________ 人 | 건방진 사람 |
| かわいそうだ | 불쌍하다 → | _______________ 人 | 불쌍한 사람 |

[참고]

**「だ」(이다)의 활용표**

| 기본형 | 미연형 | 연용형 | 종지형 | 연체형 | 가정형 | 명령형 |
|---|---|---|---|---|---|---|
| だ | だろう | だった·で | だ | な | なら | × |
| 〜이다 | 〜일 것이다 | 〜였다 · 〜이고 | 〜다 | 〜한 | 〜라면 | |

「〜だ」로 끝나는 말, 즉「명사+だ」나「ナ形容사」모두 이렇게 활용하는데, 차이점은 명사는 뒤에 체언을 꾸밀 때「の」가 붙는다는 점이다.

- 명사 : 나의 책 → 私の 本 (○)<br>わたし ほん<br>　　　　　　　 私な 本 (×)<br>　　　　　　　 わたし ほん
- ナ形容사 : 깨끗한 방 → きれいな へや (○)<br>　　　　　　　　　　　 きれいの へや (×)

※ きれいだ는 ナ形容사임.

※ 형용사는 명령형은 없지만 가령 '커져라', '예뻐져라' 등과 같이 말할 때는 다음과 같이 표현한다.

- 커져라 おおきい → おおきくなれ
- 예뻐져라 きれいだ → きれいになれ
- 조용히 해라 しずかだ → しずかにしろ

※ なれ는 なる의 명령형, しろ는 する의 명령형이다. 동화책 등에서는 なれ를 なあれ라고 길게 읽기도 한다.

## ③ 자주 쓰이는 ナ형용사의 활용

### 고유어

| | | | |
|---|---|---|---|
| 好<sup>す</sup>きだ | 좋아하다 | 嫌<sup>きら</sup>いだ | 싫어하다 |

好<sup>す</sup>きだ — 좋아하다 · 嫌<sup>きら</sup>いだ — 싫어하다
上手<sup>じょうず</sup>だ — 잘하다, 능숙하다 · 下手<sup>へた</sup>だ — 못하다
得意<sup>とくい</sup>だ — 자신있다 · 苦手<sup>にがて</sup>だ — 서툴다
静<sup>しず</sup>かだ — 조용하다 · にぎやかだ — 번화하다
真面目<sup>まじめ</sup>だ — 성실하다 · 不真面目<sup>ふまじめ</sup>だ — 성실하지 못하다
大事<sup>だいじ</sup>だ — 중요하다 · 大切<sup>たいせつ</sup>だ — 소중하다
暇<sup>ひま</sup>だ — 한가하다 · たいくつだ — 따분하다
丁寧<sup>ていねい</sup>だ — 정중하다 · りっぱだ — 훌륭하다
素敵<sup>すてき</sup>だ — 멋지다, 근사하다 · 幸<sup>しあわ</sup>せだ — 행복하다
きれいだ — 깨끗하다, 예쁘다 · 大変<sup>たいへん</sup>だ — 큰일이다
楽<sup>らく</sup>だ — 편하다 · 変<sup>へん</sup>だ — 이상하다

### 한자어 + だ

有名<sup>ゆうめい</sup>だ — 유명하다 · 無理<sup>むり</sup>だ — 무리다
親切<sup>しんせつ</sup>だ — 친절하다 · 不親切<sup>ふしんせつ</sup>だ — 불친절하다
便利<sup>べんり</sup>だ — 편리하다 · 不便<sup>ふべん</sup>だ — 불편하다
自由<sup>じゆう</sup>だ — 자유롭다 · 不自由<sup>ふじゆう</sup>だ — 자유롭지 못하다
安全<sup>あんぜん</sup>だ — 안전하다 · 不安<sup>ふあん</sup>だ — 불안하다

### 的(てき)가 붙는 말

積極的<sup>せっきょくてき</sup>だ — 적극적이다 · 消極的<sup>しょうきょくてき</sup>だ — 소극적이다
具体的<sup>ぐたいてき</sup>だ — 구체적이다 · 合理的<sup>ごうりてき</sup>だ — 합리적이다
経済的<sup>けいざいてき</sup>だ — 경제적이다 · 政治的<sup>せいじてき</sup>だ — 정치적이다
安定的<sup>あんていてき</sup>だ — 안정적이다 · 精神的<sup>せいしんてき</sup>だ — 정신적이다

### 외래어 + だ

スマートだ — 스마트하다 · シンプルだ — 심플하다
ハンサムだ — 핸섬하다 · モダンだ — 모던하다

# ナ形용사의 필수문형

ナ형용사의 활용에 자신이 없다면 앞장으로 가서 다시 한번 확인해 두는 것이 좋다. イ형용사에서 익혔던 문형이 ナ형용사와는 어떻게 연결되는지 비교해보자.

## 1 【긍정문】~は ~です/でした　　~은 ~합니다/~했습니다

**Point**
- ナ형용사 + だ　　　~하다　　・しずかだ　　　조용하다
- ナ형용사 + です　　~합니다　　・しずかです　　　조용합니다
- ナ형용사 + でした　~했습니다　・しずかでした　　조용했습니다

① ~です　　　しずかだ → しずかです

- 地下鉄は とても 便利です。　　　　　　지하철은 매우 편리합니다.
- 佐藤さんは とても 親切です。　　　　　사토 씨는 아주 친절합니다.
- いつもは 静かですが、週末は にぎやかです。　　보통때는 조용한데, 주말에는 붐빕니다.

② ~でした　　　しずかだ → しずかでした

- 地下鉄は とても 便利でした。　　　　　지하철은 매우 편리했습니다.
- 佐藤さんは とても 親切でした。　　　　사토 씨는 매우 친철했습니다.
- いつもは 静かでしたが、週末は にぎやかでした。　　보통때는 조용했는데, 주말에는 붐볐습니다.

**확인연습** 다음 단어를 예와 같이 바꾸세요.

| 好きだ | 좋아하다 | 好きです | 좋아합니다 | 好きでした | 좋아했습니다 |
|---|---|---|---|---|---|
| きらいだ | 싫어하다 | ___________ | | ___________ | |
| 上手だ | 잘하다, 능숙하다 | ___________ | | ___________ | |

| | | | |
|---|---|---|---|
| 下手だ〔へた〕 | 못하다 | ______________ | ______________ |
| 得意だ〔とくい〕 | 자신있다 | ______________ | ______________ |
| 苦手だ〔にがて〕 | 서툴다 | ______________ | ______________ |



## ② 【부정문】～は ～では ありません/～では ありませんでした　～은 ～하지 않습니다/～하지 않았습니다

[Point] ・ナ形容詞 ＋～ではない　　　　　　～하지 않다

・ナ形容詞 ＋～ではありません　　～하지 않습니다 (～ではないです)

しずかだ　→　しずかではありません　→　しずかではありませんでした

　　　　　　　しずかではないです　→　しずかではなかったです

　　　　　　　　　　　　　　　　　　しずかじゃありませんでした〈회화체〉

조용하다　　　조용하지 않습니다　　　조용하지 않았습니다

・地下鉄は あまり 便利ではありません。〔ちかてつ〕〔べんり〕　　지하철은 별로 편리하지 않습니다.

・佐藤さんは あまり 親切ではありませんでした。〔さとう〕〔しんせつ〕　　사토 씨는 별로 친절하지 않습니다.

・いつもは 静かですが、週末は 静かではありません。〔しず〕〔しゅうまつ〕〔しず〕

보통때는 조용한데, 주말에는 조용하지 않습니다.

**확인연습** 다음 단어를 예와 같이 바꾸세요.

| りっぱだ | りっぱではありません | りっぱではありませんでした |
|---|---|---|
| 훌륭하다, 멋있다 | 훌륭하지 않습니다 | 훌륭하지 않았습니다 |

| | | | |
|---|---|---|---|
| 素敵だ〔すてき〕 | 멋지다 | ______________ | ______________ |
| 地味だ〔じみ〕 | 수수하다 | ______________ | ______________ |
| 派手だ〔はで〕 | 화려하다 | ______________ | ______________ |
| 幸せだ〔しあわ〕 | 행복하다 | ______________ | ______________ |

**보통체와 경어체**

| 보통체 | しずかだ | → | しずかではない | → | しずかではなかった |
|---|---|---|---|---|---|
| | 조용하다 | | 조용하지 않다 | | 조용하지 않았다 |
| 경어체 | しずかです | → | しずかではありません | → | しずかではありませんでした |
| | 조용합니다 | | 조용하지 않습니다 | | 조용하지 않았습니다 |

## ③ 【복문】 ～で/～ではなくて　～하고/～하지 않고

**Point** 두 문장을 이어 줄 때는「だ」를「で」로 바꾸면 된다. 부정형은 일단「ではない」로 바꾼 다음「ではない」를 다시「ではなくて」로 바꾸어 준다.

① ～で　　　　　しずかだ → しずかで

・ここは きれいで 明<sub>あか</sub>るいですね。　　　여기는 깨끗하고 밝군요.

・地下鉄<sub>ち か てつ</sub>は 便利<sub>べん り</sub>で 安全<sub>あんぜん</sub>です。　　　지하철은 편리하고 안전합니다.

・この 魚<sub>さかな</sub>は 新鮮<sub>しんせん</sub>で おいしいです。　　　이 생선은 신선하고 맛있습니다.

② ～ではなくて　　　しずかだ → しずかではない →しずかではなくて

・静<sub>しず</sub>かではなくて うるさいです。　　　조용하지 않고 시끄럽습니다.

・暇<sub>ひま</sub>じゃ(では)なくて 忙<sub>いそが</sub>しいです。　　　한가하지 않고 바쁩니다.

 **확인연습** 다음 단어를 예와 같이 바꾸세요.

| 平気<sub>へい き</sub>だ | 태연하다 | 平気<sub>へい き</sub>で 태연하고 | 平気<sub>へい き</sub>ではなくて 태연하지 않고 |
|---|---|---|---|
| 気楽<sub>き らく</sub>だ | 마음편하다, 홀가분하다 | ＿＿＿＿＿＿＿＿ | ＿＿＿＿＿＿＿＿＿＿ |
| 真面目<sub>ま じ め</sub>だ | 성실하다 | ＿＿＿＿＿＿＿＿ | ＿＿＿＿＿＿＿＿＿＿ |
| 元気<sub>げん き</sub>だ | 건강하다, 안녕하다 | ＿＿＿＿＿＿＿＿ | ＿＿＿＿＿＿＿＿＿＿ |
| きちょうめんだ | 꼼꼼하고 빈틈이 없다 | ＿＿＿＿＿＿＿＿ | ＿＿＿＿＿＿＿＿＿＿ |

**4** 【이중부정】 **～でも ～でもありません**　　～하지도 ～하지도 않습니다

**Point** 부정문은「～ではない」지만, 이중으로 부정할 경우에는 조사「は」대신「も」를 쓴다.

- 정중한 표현　　「～でも ～でもないです」/「～でも ～でもありません」
- 과거문　　　　「～でも ～でもなかったです」/「～でも ～でもありませんでした」

・私の 結婚生活は 幸せでも 不幸でもありません。
나의 결혼생활은 행복하지도 불행하지도 않습니다.

・その 部屋は きたなくも きれいでも ありませんでした。
그 방은 더럽지도 깨끗하지도 않았습니다.(※ イ형용사와 같이 쓰인 경우)

- ないです ＝ ありません　　　・なかったです ＝ ありませんでした

**5** 【명사수식】 **～な** ＋ 명사

**Point** 명사를 수식할 때는 사전형(어간)에「な」를 붙여 주면 된다. 이렇게 명사를 수식할 때「な」가 붙기 때문에 ナ형용사란 이름이 붙었다.

・安くて きれいな 部屋が いいです。
싸고 깨끗한 방이 좋습니다.

・私たちも 合理的な 方法を さがしています。
저희들도 합리적인 방법을 찾고 있습니다.

**おなじ 에 대해**

おなじ는 ナ형용사이지만, 예외로 명사를 수식할 때 な가 붙지 않는다. 가령「おなじいろ(같은 색)」와 같이 어간만으로 그대로 명사를 꾸밀 수 있다. 단, 뒤에 조사「ので,のに」가 오면「なのに」,「なので」와 같이「な」가 붙는다.

・おなじのを ください。　　　　　　　　　　　똑같은 것을 주세요.

・いろは おなじなのに 大(おお)きさは ちがう。　색은 같은데 크기는 다르다.

・場所(ばしょ)は おなじなので、あそこで 会(あ)いましょう。　장소는 같으니까, 거기서 만나요.

**Point** 동사를 수식할 때는 「だ」를 떼고 「に」를 붙여 주면 된다.

- うるさいですね。少し 静かに して 下さい。　　시끄럽군요. 조금 조용히 해 주세요.

- 正直に 言って あまり 行きたくないですよ。　　솔직히 말해서 별로 가고 싶지 않아요.

- なによりも 体を 大事に しなければ なりません。
  무엇보다도 몸을 소중히 하지 않으면 안됩니다.

**확인문제** 틀린 곳을 찾아 바르게 고치세요.

**1** 날씨가 좋으면 갑시다.

　天気が いければ 行きましょう。　　　　→

**2** 이 가방은 그렇게 비싸지 않다.

　この かばんは そんなに 高いない。　　→

**3** 그의 마음의 상처는 깊었다.

　彼の 心の 傷は 深いかった。　　　　→

**4** 알기 쉬운 설명

　わかりいい 説明　　　　　　　　→

**5** 좀 더 크게 써 주세요.

　もう 少し 大きい 書いて 下さい。　　→

**6** 부모님을 잃은 불쌍한 아이

　両親を 失った かわいそうの 子供　　→

**7** 번잡한 곳

にぎやか ところ　　　　　　　　　→

**8** 도서관에서는 조용히 합시다.

図書館では 静かな しましょう。　　→
<br>と しょかん／しず

**9** 지하철은 편리하고 빠릅니다.

地下鉄は 便利だ 速いです。　　　→
<br>ち か てつ／べん り／はや

**10** 어제는 별로 안 더웠습니다.

昨日は あまり 暑いじゃなかったです。　→
<br>きのう／あつ

**11** 딸아이는 피아노를 잘하지 못했습니다.

娘は ピアノが 上手ではないでした。　→
<br>むすめ／じょうず

**12** 한가하면 갑시다.

暇だら 行きましょう。　　　　　　→
<br>ひま／い

**13** 정말 깨끗한 색이군요.

本当に きれい 色ですね。　　　　　→
<br>ほん とう／いろ

※次の(       )のところに入るものとして適当なものを@ⓑ©ⓓの中から一つ選びなさい。

**1** いつもは 静かですが、週末は (       )です。

 @ にぎやか   ⓑ ひま   © 忙しい   ⓓ おだやか

**2** 李さんは 日本語は 上手ですが、英語は (       )です。

 @ 下手   ⓑ 嫌い   © 得意   ⓓ 好き

**3** これは ちょっと 派手すぎますね、もっと (       )のを 見せてください。

 @ 地味に   ⓑ 地味な   © 地味で   ⓓ 地味

**4** 交通は あまり 便利(       ) ありません。

 @ くは   ⓑ では   © だ   ⓓ く

**5** あの 店は あまり (       )。それで 二度と 行きたくないです。

 @ 立派ではありませんでした   ⓑ 親切ではありませんでした
 © 得意ではありませんでした   ⓓ 楽ではありませんでした

**6** 新しい 部屋は (       ) 静かです。とても 気に 入っています。

 @ きれくて   ⓑ きれいな   © きれいで   ⓓ きれいて

**7** 部屋を 掃除したら、(       ) なりました。

 @ きれいく   ⓑ きれいに   © きれいな   ⓓ きれいで

**8** あの タレントは 誰でも 知っていますよ。本当に (       )人です。

 @ ふしぎな   ⓑ 変な   © 有名な   ⓓ 真面目な

**9** 大手企業は（　　　　　　　）だと 言われますが、最近 大きい 会社も 倒れたりするので、安心できません。

    ⓐ 経済的　　　　　　ⓑ 合理的　　　　　　ⓒ 安定的　　　　　　ⓓ 具体的

**10** 今週は （　　　　　　　） 忙しくも ありません。

    ⓐ 暇で　　　　　　ⓑ 暇では　　　　　　ⓒ 暇でも　　　　　　ⓓ 暇も

**11** 風邪なんか ひかない ように 体を （　　　　　　　） してください。

    ⓐ 大変に　　　　　　ⓑ 大事に　　　　　　ⓒ 重要に　　　　　　ⓓ 貴重に

**12** 文明の 発達で 昔と 比べ、家事は （　　　　　　　） なったと 言えますが、それでも 主婦は 大変です。

    ⓐ 簡単に　　　　　　ⓑ 便利に　　　　　　ⓒ 上手に　　　　　　ⓓ 楽に

**13** 鈴木さんの 彼氏は （　　　　　　　）で 背も 高いです。

    ⓐ モダン　　　　　　ⓑ ハンサム　　　　　　ⓒ ムード　　　　　　ⓓ リアル

---

**정답**

1. ⓐ　　2. ⓐ　　3. ⓑ　　4. ⓑ　　5. ⓑ　　6. ⓒ
7. ⓑ　　8. ⓒ　　9. ⓒ　　10. ⓒ　　11. ⓑ　　12. ⓓ　　13. ⓑ

**풀이**

3. 뒤에 の가 왔으므로 명사수식형이 와야 한다.
5. 저 가게는 별로 친절하지 않았어요. 두 번다시 가고 싶지 않아요.
6. きれいだ의 중지형 きれいで 깨끗하고. 気に入(い)る 마음에 들다.
7. になる 문형.
9. 대기업은 안정적이라고 하지만, 최근에 큰 회사도 넘어지곤 하므로 안심할 수 없습니다.
11. 体を大事にする 몸을 소중히 하다.
12. 문명의 발달로 옛날에 비해 가사는 편해졌다고 하지만, 그래도 주부는 힘듭니다.
13. 스즈키 씨의 남자친구는 핸섬하고(잘 생겼고) 키도 큽니다.

## 연체사에 대해

연체사(連体詞)란 체언(体言)을 수식하는 말, 즉 명사를 수식하는 형태로만 쓰이는 단어를 말한다. 활용도 하지 않고 오직 명사를 꾸미는 역할밖에 하지 않는다. 명사를 꾸미는 형태를 보고 イ형용사인지, ナ형용사인지 또는 동사인지를 가려낼 수도 있는데, この・その와 같이 어떤 규칙에도 따르지 않고 한가지 형태로만 명사를 수식하는 단어들이 여기에 해당한다.

---

### 1　この・その・あの・どの　이・그・저・어느

Point　가장 대표적인 연체사이다.

- この ケータイは だれのですか。　　　　　이 핸드폰은 누구 거예요?

- その ケータイは 私のです。　　　　　　그 핸드폰은 제 것입니다.

- あの ビルは 韓国で いちばん 高い ビルです。　저 빌딩은 한국에서 가장 높은 빌딩입니다.

- 田中さんの 会社は どの ビルですか。　　　다나카 씨의 회사는 어느 빌딩이에요?

---

### 2　こんな・そんな・あんな・どんな　이런・그런・저런・어떤

Point　회화체에서는 위와 같이 쓰지만, 문장에서는 각각 「このような(어떠한)・そのような(그러한)・あのような(저러한)・どのような(어떠한)」와 같이 쓰인다.

- こんな ことは はじめてだ。　　　　　이런 일은 처음이다.

- そんな ことは 知りません。　　　　그런 건 모릅니다.

- どんな 方法が あると 思いますか。　어떤 방법이 있다고 생각해요?

### 3 그 외 자주 쓰는 말

#### ① 大きな  커다란

・乾杯 今 君は 人生の 大きな 大きな 舞台に 立ち…

건배 지금 너는 인생의 커다란 무대에 서서 … (노래가사)

・もう 少し 大きな やかんを 持って おいで。

좀더 커다란 주전자를 갖고 와라.(〜て おいで는 반말투 명령)

#### ② 小さな  작은

・そんな 小さな ことに いちいち 干渉しないで ください。

그런 자그마한 일에 일일이 간섭하지 마세요.

・小さな 器を 1つ ください。

작은 그릇을 하나 주세요.

#### ③ いろんな  여러가지의

・今回の ゴルフ大会には いろんな 国の 有名な 選手たちが 集まる。

이번 골프 대회에는 여러 국가의 유명한 선수들이 모인다.

・あの 動物園には いろんな 動物が いる。

저 동물원에는 여러 동물들이 있다.

#### ④ あらゆる  온갖

・あらゆる サービスを 受ける ことが できる。

온갖 서비스를 받을 수 있다.

・あらゆる 知恵を 絞って 作り出す。

온갖 지혜를 짜내어 만들어낸다.

⑤ 　大した　　　별, 대단한

・大した 衝撃は なかった。　　　　　　　별 충격은 없었다.

・彼の 中国語の 実力は 大した ことない。　　그의 중국어 실력은 대수롭지 않다.


⑥ 　いわゆる　　소위

・いわゆる専門出版社。

소위 전문출판사.

・彼は いわゆる「知識人」と 呼ばれる 人だ。

그는 소위 '지식인'이라고 불리는 사람이다.


⑦ 　ある　　　어떤

・むかしむかし ある 村に 金太郎という 人が 住んでいました。

옛날 옛날 어느 마을에 킨타로라는 사람이 살고 있었습니다.

・ある 日 山へ たきぎを とりに 出かけた 時の ことです。

어느 날 산에 나무를 하러 갔을 때의 일입니다.


⑧ 　明くる　　다음의

・明くる 日 目を 覚ました おばあさんは びっくりしました。

다음날 잠에서 깨어난 할머니는 깜짝 놀랐습니다.

・明くる 年に かわいい 男の子が 生まれました。

이듬해에 귀여운 사내아이가 태어났습니다.


참고

**大きい・小さい 와 大きな・小さな**

① 「大きい・小さい」는 형용사로 '크다/작다'란 뜻이고 「大きな・小さな」는 '커다란/자그마한'이라는 뜻의 연체사이다.

② 「大きな・小さな」가 ナ형용사의 명사수식형과 같은 형태를 하고 있어서 '크다・작다'를 「大きだ・小さだ」로 잘못 쓰는 경우가 많으므로 주의.

## 4 どんな～ですか　어떤 ~입니까?

 사물의 모양이나 특징 또는 사람의 외모나 성격 등을 묻는 말이다.

A：先生は どんな 方ですか。  
선생님은 어떤 분입니까?

B：とても 親切で やさしい 方です。  
아주 친절하고 자상하신 분입니다.

A：キムチは どんな 食べ物ですか。  
김치는 어떤 음식이에요?

B：白菜に ヤンニョムを 加えて 発酵させた 食べ物です。  
배추에 양념을 해서 발효시킨 음식이에요.

**확인문제** 다음 빈 칸에 들어갈 말을 써 넣으세요.

| たいした | どんな | こんな | いろんな | だれの |
|---|---|---|---|---|

1 この かばんは ＿＿＿＿＿ですか。  
이 가방은 누구 것이에요?

2 彼女は ＿＿＿＿＿ 人ですか。  
여자친구는 어떤 사람이에요?

3 ＿＿＿＿＿ 事件は 初めてだ。  
이런 사건은 처음이다.

4 ＿＿＿＿＿ 国から 参加申請が 相次いだ。  
여러 국가로부터 참가신청이 이어졌다.

5 ＿＿＿＿＿ ことでもないのに… 照れるな。  
대단한 것도 아닌데… 쑥스럽군.

정답  1. だれの　　2. どんな　　3. こんな　　4. いろんな　　5. たいした

# 부사에 대해

동사나 형용사에 대해 상태나 상황, 정도 등을 나타내는 말을 부사라고 한다. 우리말의 '매우', '퍽'과 같은 말로 흔히 동사나 형용사만을 수식한다고 생각하지만, 의외로 명사나 다른 부사를 수식하기도 한다.

## 1 일반적인 부사

**Point** 동사나 형용사를 수식하는 일반적인 부사를 말한다.

- 急に 暗く なりました。(「急だ」의 부사형)　　　갑자기 어두워졌습니다.

- ゆっくり 話して ください。　　　천천히 말해 주세요.

- コンピューターは たいへん 便利です。　　　컴퓨터는 매우 편리합니다.

- 健康の ために 水を たくさん 飲んだ 方が いいですよ。
  건강을 위해 물을 많이 마시는 편이 좋아요.

## 2 뒷말과 짝을 이루는 부사

**Point** 우리말에도 '결코 …할 수 없다' 처럼 서로 짝을 이루는 말이 있는데 관용구로 같이 외워 두는 것이 좋다.

- けっして 忘れる ことは できません。　　　결코 잊을 수는 없습니다.

- 田中さんも たぶん 来るでしょう。　　　다나카 씨도 아마 올 거예요.

- どうか ご了承ください。　　　부디 양해해 주십시오.

- もし、雨が 降ったら やめましょう。　　　만약 비가 오면 하지 맙시다.

- あの 映画は ぜんぜん おもしろくない。　　　저 영화는 전혀 재미있지 않다.

- 彼の 話は とうてい 理解できない。　　　그의 얘기는 도저히 이해할 수가 없다.

- 今度は ぜひ 私の 家に 遊びに 来てください。　　　다음에는 꼭 우리 집에 놀러 오세요.

- ここで 見ると 自動車が まるで おもちゃの ようですね。

  여기서 보니까 자동차가 마치 장난감 같아요.

- このままで 行くと 失業率は おそらく 5%に 上がるだろう。

  이대로 가면 실업률이 아마 5%로 오를 것이다.

- とても ありえない ことだ。

  도저히 있을 수 없는 일이다. (とても는 긍정에서는 '아주', 부정에서는 '도저히'란 뜻.)

- 準備万端ですから、まさか 失敗する ことは ないでしょう。

  준비완료이니까 설마 실패하는 일은 없겠지요.

- たとえ 両親が 反対しても、私は 彼と 結婚する。

  설령 부모님이 반대하더라도 난 그와 결혼할 거야.

おそらく와 たぶん은 둘 다 '아마'라는 뜻이지만, おそらく는 그런 일이 일어나지 않았으면 좋겠지만 아마 (필시)그럴 것이라는 약간 부정적인 뉘앙스가 들어 있다. 여기에 비해 たぶん은 긍정, 부정 상관없이 일반적인 추측을 나타낼 때 쓸 수 있다.

## ③ 명사를 수식하는 경우

**Point**　부사 중에는 다음과 같이 명사를 수식하는 부사도 있는데, 이 때 명사에는 주로 장소나 방향, 수량 등을 나타내는 말이 온다.

- 事務所は 銀行の すぐ となりに あります。　　　사무실은 은행 바로 옆에 있습니다.

- 山の 頂に 着いたのは たった(わずか) 3人でした。

  산 정상에 도착한 것은 겨우 세 사람이었습니다.

A：ここですか。　　　여기요?

B：いいえ、もっと 右側です。　　　아뇨, 좀더 오른쪽이에요.

A : 田中さんは 佐藤さんと おないどしですか。

다나카 씨는 사토 씨랑 동갑이에요? (おないどし : 동갑)

B : いいえ、佐藤さんの 方が ずっと 上です。

아뇨, 사토 씨가 훨씬 위예요.

## 4 부사를 수식하는 경우

[Point] 부사가 또다른 부사를 꾸미는 경우이다.

- もっと ゆっくり 話して ください。　　　　좀더 천천히 말해 주세요.

- むしめがねで 見ると ずっと はっきり 見えます。

현미경으로 보면 훨씬 분명하게 보입니다.

## 5 형용사의 부사형

[Point] イ형용사는「い」를 떼고「く」를 붙인 형태, ナ형용사는「だ」를 떼고「に」를 붙인 것이 부사형이다. 동사를 수식한다.

| イ형용사 | → | 早い | 빠르다, 이르다 | → | 早く | 빨리, 일찍 |
| ナ형용사 | → | きれいだ | 예쁘다, 깨끗하다 | → | きれいに | 예쁘게, 깨끗하게 |

- もっと 早く 走れ。　　　　더 빨리 달려라.

- さくらの 花が きれいに 咲いている。　　　　벗꽃이 예쁘게 피어 있다.

### 「近く」와「遠く」

모양은 부사형이지만「近く」는 '근처, 가까이',「遠く」는 '멀리'란 뜻으로 명사로 쓰인다.

· 学校の 近くに 公園が あります。　　　　학교 근처에 공원이 있습니다.

· コンタクトを すると 遠くまで よく 見えます。　　콘택트렌즈를 끼면 멀리까지 잘 보입니다.

|  |  |  |  |  |
|---|---|---|---|---|
| もし | とても | まさか | たぶん | もっと |
| けっして | たった | まるで | ぜひ | ても |

**1** 地下鉄は ＿＿＿＿＿＿＿ 便利です

지하철은 매우 편리합니다.

**2** 雨が 降っても ＿＿＿＿＿＿＿ 行くでしょう。

비가 내려도 아마 갈 거예요.

**3** ＿＿＿＿＿＿＿ 大きい 声で 話して ください。

더 큰 소리로 말해 주세요.

**4** 今回の 試験に 合格した 人は ＿＿＿＿＿＿＿ 二人しか いなかった。

이번 시험에 합격한 사람은 겨우 두 명밖에 없었다.

**5** ＿＿＿＿＿＿＿ 自分が 偉人の ような 口調で 話す。

마치 자기가 위인인 것 같은 말투로 말한다.

**6** たとえ 私が 犠牲になっ＿＿＿＿＿＿＿ 子供だけは 助けたいです。

설령 제가 희생이 되더라도 자식만은 살리고 싶어요.

**7** ＿＿＿＿＿＿＿ 彼が 私達を 裏切る ことは ないでしょう。

설마 그가 우리를 배신할 일은 없겠지요.

**8** ＿＿＿＿＿＿＿ あきらめる ことは できません。

결코 포기할 수는 없습니다.

**9** ＿＿＿＿＿＿＿ 結婚式には 参席して ください。

결혼식에는 꼭 참석해 주세요.

**10** ＿＿＿＿＿＿＿ 成績が 上がったら、何でも 買って あげよう。

만약 성적이 오르면 뭐든지 사 주마.

정답 1. とても 2. たぶん 3. もっと 4. たった 5. まるで 6. ても 7. まさか 8. けっして 9. ぜひ 10. もし

# 존재문 「あります」와 「います」

'있다, 없다'에 관한 내용이다. 사람이나 동물은 いる, 사물은 ある를 쓴다는 것과, 위치를 나타내는 말, だれか와 だれが처럼 조사의 쓰임새에 따라 뜻이 달라지는 말에 주의하자.

| 물건 | | 동물 | | 사람 | |
|---|---|---|---|---|---|
| なにが | 무엇이 | なにが | 무엇이 | だれが | 누가 |
| あります | 있습니다 | います | 있습니다 | います | 있습니다 |
| ありません | 없습니다 | いません | 없습니다 | いません | 없습니다 |

## 1 존재문의 구성 ～は ～に あります/います

**Point** 우리말에서는 사람이나 사물이나 모두 '있다'로 표현하는데, 일본어에서는 사람이나 동물처럼 살아 움직이는 것은 「いる(있다)」, 책상이나 의자와 같은 사물은 「ある(있다)」로 표현한다.

**Point** 「に」는 '～에'라는 뜻의 조사로, 조사 앞에는 장소를 나타내는 말이 온다.

• **장소나 위치를 나타내는 말**

| | | | |
|---|---|---|---|
| ここ こっち こちら | 이곳, 이쪽 | そこ そっち そちら | 그곳, 그쪽 |
| あそこ あっち あちら | 저곳, 저쪽 | 上・下 | 위・아래 |
| 前・後ろ | 앞・뒤 | 右・左 | 오른쪽・왼쪽 |
| 横 | 옆 | 側 | 곁 |
| 隣 | 옆, 이웃 | 所 | (～이 있는) 곳 |

**よこ・となり・そば**

모두 '옆'이란 뜻인데, 「よこ」는 횡적인 느낌, 즉 가로선상에 있는 것을 말할 때 쓰고, 「となり」는 '이웃'
이란 뜻도 있는데, 비슷한 크기의 것이 늘어서 있을 때 주로 건물이나 가구, 사람 등에 쓴다. 「そば」는 꼭
옆이 아니라 '곁'에, 즉 가까이 있다는 느낌이 강하다.

- よこに 立って ください。　　옆으로 서 주세요.　・となりの 人　　　　옆 사람
- 美術館の となりの 動物園。　미술관 옆 동물원　・あなたの そばに いるわ。　당신 곁에 있겠어요.

## ② 존재문의 기본문형

**Point**　기본문형은 「~は ~に あります/います」이다. 그런데, '~에 ~가 있습니까?'라는 질문에
부정으로 대답할 경우 조사 「は」가 들어가는 점에 주의해야 한다.

Ａ：あの 新しい ビルの 地下に 何が ありますか。　　저 새 빌딩 지하에 무엇이 있습니까?

Ｂ：駐車場が あります。　　주차장이 있습니다.

Ａ：あの ビルの 後ろにも 駐車場が ありますか。　　저 빌딩 뒤에도 주차장이 있습니까?

Ｂ：いいえ、後ろには 何も ありません。　　아뇨, 뒤에는 아무것도 없습니다.

Ａ：ポストは どこに ありますか。　　우체통은 어디에 있습니까?

Ｂ：銀行の 前に あります。　　은행 앞에 있습니다.

'~에 있습니다'라고 위치를 말할 때 「~に あります」 대신 간단하게 「~です」라고도 할 수 있다. 물론
질문도 「どこに ありますか」 대신 「どこですか」(어디예요?)로 하기도 한다.

Ａ：トイレは どこですか。　　화장실은 어디예요?
Ｂ：あそこです。　　저기예요.

## ③ 행사, 동작, 활동의 존재

**Point**　물건의 존재를 나타낼 때는 장소를 나타내는 말 뒤에 조사 「に(에)」가 오지만, 행사나 동작 등
을 나타낼 때에는 조사 「で(에서)」를 쓴다. 우리말로 번역해보면 쉽게 이해가 될 것이다.

・会議室に ビデオカメラが あります。

회의실에 비디오 카메라가 있습니다.

・会議室で ビデオの 撮影が あります。

회의실에서 비디오촬영이 있습니다.

・家に 犬が1匹 います。

집에 개가 한 마리 있습니다.

・家で 犬を1匹 飼っています。

집에서 개를 한 마리 키우고 있습니다.

## 4 소유를 나타낼 때

**Point** 자식이나, 형제, 친구 등의 소유를 나타낼 때는 「ある」를 쓸 수 있다.

・私には 弟 妹 2人が あります/います。

나에게는 남동생 한 명과 여동생 두 명이 있습니다.

・彼は 奥さんも 子供も ある/いる 身だ。

그는 부인도 자녀도 있는 몸이다.

 ある・いる 중 적당한 말을 넣으세요.

**1** 家には ゲーム機が ＿＿＿＿＿＿＿＿＿。

집에는 게임기가 있다.

**2** ここに 幽霊が ＿＿＿＿＿＿＿＿という うわさが ある。

여기에 귀신이 있다는 소문이 있다.

**3** 椅子の 下に けしゴムが ＿＿＿＿＿＿＿＿＿。

의자 밑에 지우개가 있습니다.

**4** 家には お母さんが ＿＿＿＿＿＿＿＿＿。

집에는 어머니가 있습니다.

**5** 私には 姉が 二人＿＿＿＿＿＿＿＿＿。

나에게는 언니(누나)가 두 명 있습니다.

 **정답** 1. ある　　2. いる　　3. あります　　4. います　　5. あります/います

[Point] 「何が」는 '무엇이'라는 뜻으로 무엇이 있냐고 물어볼 때 쓰는 말이고, 「何か」는 '무엇인가'라는 뜻으로 있는지 없는지 존재여부를 묻는 표현이다.

① 「何が~」의 질문과 「何か~」의 질문

[Point] 「何が~」로 물었을 때는 직접 「~が」로 대답하고, 「何か~」로 물었을 때는 일단 「はい/いいえ」로 대답해야 한다.

<table>
<tr><th colspan="2">何が 질문</th><th colspan="2">何か 질문</th></tr>
<tr><td>A : 何が ありますか。</td><td>무엇이 있습니까?</td><td>A : 何か ありますか。</td><td>무언가 있습니까?</td></tr>
<tr><td>B : 電話が あります。</td><td>전화가 있습니다.</td><td>B : はい、あります。</td><td>예. 있습니다.</td></tr>
</table>

② 부정의 경우

A : ひきだしの 中に 何か ありますか。　　서랍 속에 무언가 있습니까?

B : いいえ、何も ありません。　　아니오, 아무것도 없습니다.

③ 부정의 대답에 쓰이는 「も」

A : 部屋の中に だれか いますか。　　방 안에 누군가 있습니까?

B : いいえ、だれも いません。　　아니오, (방 안에는) 아무도 없습니다.

A : テニスコートに だれか いますか。　　테니스 코트에 누군가 있습니까?

B : いいえ、だれも いません。　　아니오, 아무도 없습니다.

A : どこかに いい 喫茶店が ありますか。　　어디 좋은 찻집이 있습니까?

B : いいえ、どこにも ありません。　　아니오, 아무데도 없습니다.

|  | |  | |
|---|---|---|---|
| なにか(が) | 무엇인가 | なにも | 어떤 것도/아무것도 |
| なにか(を) | 무엇인가를 | なにも | 어떤 것도/아무것도 |
| なにかに | 무엇인가에 | なににも | 어떤 것에도/아무것에도 |
| なにかから | 무언가로부터 | なにからも | 어떤 것으로부터도 |
| | | | |
| だれか(が) | 누군가가 | だれも | 아무도, 누구도 |
| だれか(を) | 누군가를 | だれも | 아무도, 누구도 |
| だれかに | 누군가에게 | だれにも | 아무에게도, 누구에게도 |
| だれかから | 누군가로부터 | だれからも | 아무에게도, 누구로부터도 |
| | | | |
| どこか(が) | 어딘가 | どこも | 아무데도 |
| | | | |
| どこか(を) | 어딘가를 | どこも | 아무데도 |
| どこかに | 어딘가에 | どこにも | 어디에도 |
| どこかへ | 어딘가에 | どこへも | 어디에도 |
| どこかから | 어딘가로부터 | どこからも | 아무곳으로부터도 |

**1** A : 部屋の 中に ＿＿＿＿＿＿＿＿＿ いますか。　　　방 안에 누구 있어요?

B : いいえ、＿＿＿＿＿＿＿＿＿ いません。　　　아뇨, 아무도 없어요.

**2** A : 田中さん、＿＿＿＿＿＿＿＿＿ 飲みませんか。　　　다나카 씨, 뭐 마실래요?

B : ええ、いいですよ。何を 飲みましょうか。　　　네, 좋아요. 무엇을 마실까요?

**3** A : 今日、＿＿＿＿＿＿＿＿＿ チョコレート もらったの?　　　오늘 누구한테서 초콜릿 받았어?

B : いや、＿＿＿＿＿＿＿＿＿ もらわなかった。　　　아니, 아무한테도 안 받았어.

**4** A : こんな 日には、＿＿＿＿＿＿ 行きたくなりますね。　　　이런 날에는 어딘가 가고 싶어지죠?

B : そうですね、＿＿＿＿＿＿＿＿＿ 行きましょうか。　　　그러게요. 어딘가 갈까요?

**5** A : ＿＿＿＿＿＿＿＿＿ 変な 音が 聞こえない?　　　어딘가로부터 이상한 소리가 들리지 않니?

B : いや、＿＿＿＿＿＿＿＿＿ 聞こえないけど…。　　　아니, 아무곳으로부터도 안 들리는데….

**6** A : バレンタインデーの 日 ＿＿＿＿＿＿＿＿＿
チョコレート あげますか。　　　발렌타인데이 날, 누군가에게 초콜릿을 줄 거예요?

B : いいえ、＿＿＿＿＿＿＿＿＿ あげませんけど…。　　　아니, 아무한테도 안 줄 건데요.

**7** A : 夏休みに ＿＿＿＿＿＿＿＿＿ 行ってきましたか。　　　여름방학 때 어디 다녀왔어요?

B : いいえ、＿＿＿＿＿＿＿＿＿ 行きませんでした。　　　아니, 아무데도 안 갔어요.

**8** A : 机の 上に ＿＿＿＿＿＿＿＿＿ ありますか。　　　책상 위에 뭐가 있어요?

B : 教科書と 写真が あります。　　　교과서와 사진이 있어요.

**정답**
1. だれか/だれも
2. 何(なに)か
3. だれかから/だれからも
4. どこか/どこか
5. どこかから/どこからも
6. だれかに/だれにも
7. どこかへ(どこかに)/どこへも(どこにも)
8. 何(なに)が

※次の(　　　　)のところに入るものとして適当なものを@⑥©@の中から一つ選びなさい。

**1** (　　　　　　　) ビルは 韓国で 一番 高い ビルです。

 @ あれ    ⑥ あの    © あんな    @ あそこ

**2** A：田中さんは (　　　　　　) 方ですか。 B：とても 親切で やさしい 方です。

 @ どの    ⑥ どれ    © なんの    @ どんな

**3** 車に ひかれたが、幸いにも (　　　　　　) けがは なかったので、ほっとした。

 @ いろんな   ⑥ あらゆる   © たいへんな  @ たいした

**4** 彼女が 結婚しているなんて (　　　　　　) 信じられない、それも 3年前に。

 @ とても    ⑥ はっきり   © あまり   @ そんなに

**5** A：田中さんも 来ますか。 B：そうですね。(　　　　　　) 来るでしょう。

 @ だいたい   ⑥ ほとんど   © たぶん   @ けっして

**6** (　　　　　　) みんなに 反対されても、私は 彼と 結婚する。

 @ まさか    ⑥ どうも    © ぜひ    @ たとえ

**7** 私の うちにも (　　　　　　) 遊びに 来てください。

 @ きっと    ⑥ はっきり   © ぜひ    @ かならず

**8** (　　　　　　) わからなかったら、また 電話してね。

 @ きっと    ⑥ たぶん    © おそらく   @ もし

**9** バスが (　　　　　　) 来ないので、タクシーで 行った。

 @ なかなか   ⑥ けっして   © あまり   @ とても

**10** A：彼とは 会っているの。　B：いや、（　　　　　　　）会ってないの。

 ⓐ ときどき   ⓑ たまには   ⓒ ぜんぜん   ⓓ すこし

---

**11** この スカート 長くも 短くもないですね。（　　　　　　　）いいです。

 ⓐ ちょうど   ⓑ ちょっと   ⓒ やっと   ⓓ もっと

---

**12** 会話の クラスは 30人で 始まったが、最後まで 残ったのは（　　　　　　　）5人でした。

 ⓐ やっと   ⓑ ちょっと   ⓒ もっと   ⓓ たった

---

**13** A：車の中に（　　　　　　　）いますか。　B：いいえ、だれも いません。

 ⓐ なにが   ⓑ なにか   ⓒ だれが   ⓓ だれか

---

**14** A：鈴木さん、（　　　　　　　）飲みませんか。　B：ええ、いいですよ。何を 飲みましょうか。

 ⓐ なにを   ⓑ なにか   ⓒ なにが   ⓓ なに

---

**15** 本当に いい 天気ですね。こんな 日には（　　　　　　　）行きたくなりますね。

 ⓐ どこへ   ⓑ どこに   ⓒ どこか   ⓓ どこにも



**정답**

| 1. ⓑ | 2. ⓓ | 3. ⓓ | 4. ⓐ | 5. ⓒ | 6. ⓓ |
|---|---|---|---|---|---|
| 7. ⓒ | 8. ⓓ | 9. ⓐ | 10. ⓒ | 11. ⓐ | 12. ⓓ |
| 13. ⓓ | 14. ⓑ | 15. ⓒ | | | |

**풀이**

4. とても는 긍정에서는 '아주', 부정에서는 '도저히'란 뜻.

5. たぶん 〜でしょう 아마 〜일 겁니다.

6. たとえ+ても 비록 〜하더라도.

7. ぜひ 〜てください 꼭 〜해 주세요.

8. もし 〜たら 혹시 〜하면.

9. なかなか + 부정 좀처럼 〜않다.

12. '겨우'에 해당하는 말은 たった. たった는 주로 뒤에 오는 명사를 꾸밀 때 쓴다.

13. 대답을 보면 풀 수 있다. はい, いいえ로 대답했으므로 だれか가 와야 한다.

※次の(　　　　)のところに入るものとして適当なものを@ⓑⓒⓓの中から一つ選びなさい。

**1** 必ず 来ると 約束したのに、(　　　　　) 待っても 来ない。
@ どれぐらい　　ⓑ いくら　　ⓒ どうにか　　ⓓ なかなか

**2** (　　　　　) 苦しい ことが あっても、我慢しましょう。
@ どんなに　　ⓑ いくらか　　ⓒ どう　　ⓓ たいへん

**3** (　　　　　) 会社に 来ていただきまして、ありがとうございます。
@ わざわざ　　ⓑ わざと　　ⓒ わりと　　ⓓ わずかに

**4** 鈴木さんは 英語が (　　　　　)で、本当に うらやましいですよ。
@ ぺこぺこ　　ⓑ ひりひり　　ⓒ ぺらぺら　　ⓓ べろべろ

**5** 疲れて (　　　　　) 歩いて 帰った。
@ とぼとぼ　　ⓑ ぼさぼさ　　ⓒ よちよち　　ⓓ すんなり

**6** 夜空に 星が (　　　　　) 輝いている。
@ ひらりと　　ⓑ がちゃんと　　ⓒ じろじろ　　ⓓ ぴかぴか

**7** さっきから 雨が (　　　　　) 降っている。
@ おずおず　　ⓑ ぐるぐる　　ⓒ しとしと　　ⓓ はきはき

**8** デートが ある 日は 朝から (　　　　　)します。
@ いらいら　　ⓑ わくわく　　ⓒ はきはき　　ⓓ ふらふら

**9** 12時を 過ぎたので、家族を 起こさない ように (　　　　　) 部屋に 入った。
@ ぎゅっと　　ⓑ むっと　　ⓒ ちらっと　　ⓓ そっと

**10** 「遅いな…」と 少し（         ）しながら、待っていた。約束時間より もう30分も 過ぎていたのだ。

   ⓐ いらいら       ⓑ せかせか       ⓒ どきどき       ⓓ わくわく

**11** 彼と 話を しているうちに（        ）昔の 恋人を 思い出した。

   ⓐ ぽんと       ⓑ ふと       ⓒ さっと       ⓓ さっさと

**12** 日本料理は（        ）した 味で、特に 女性に 人気が あります。

   ⓐ ひりひり       ⓑ あっさり       ⓒ こってり       ⓓ ことこと

**13** （        ）したものを 食べ過ぎると、胃に もたれます。

   ⓐ さっぱり       ⓑ こってり       ⓒ こんがり       ⓓ ことこと

**정답**

| 1. ⓑ | 2. ⓐ | 3. ⓐ | 4. ⓒ | 5. ⓐ | 6. ⓓ |
| 7. ⓒ | 8. ⓑ | 9. ⓓ | 10. ⓐ | 11. ⓑ | 12. ⓑ | 13. ⓑ |

**풀이**

2. どんなに ～ても 아무리 ～해도.

3. 좋은 뜻의 '일부러'는 わざわざ '고의로'는 わざと.

4. ぺらぺらは 유창하게 술술 잘 한다는 뜻이다.

5. とぼとぼは 터벅터벅. 우리말과 발음이 비슷하다.

6. ぴかぴかは 반짝반짝. 삐까번쩍으로 외우자.

7. しとしとは 비가 세차게 오는 것이 아니라 조용히 내리는 모양을 나타낸다.

8. わくわくは 기분이 좋아서 들뜨거나 기운이 솟아나는 느낌을 나타낸다. 데이트가 있는 날은 아침부터 들뜹니다.

9. そっとは 살짝. ちらっとは 자세히 보지 않고 흘깃 쳐다볼 때 쓰는 말.

10. いらいらする 기다려서 짜증스러울 때 쓰는 말.

11. ふと 思い出す 문득 떠올리다, 생각해내다.

12. あっさりした味는 담백한 맛.

# 동사문

일본어의 동사는 끝음이 모두 [u]음으로 끝난다. 즉, 동사의 끝부분(어미 : 바뀌는 부분)은 「う・く(ぐ)・す・つ・ぬ・ぶ・む・る」 중의 하나로 끝나는데, 동사는 다시 형태에 따라 1류동사와 2류동사 그리고 3류동사(변격동사)로 분류된다. 동사의 형태를 보고 어느 그룹에 속하는지를 알아야 한다.

## 1 동사의 종류와 구별법

**Point** 일본어의 동사는 끝음이 모두 [u]음으로 끝나는데 동사의 모양에 따라 세 가지로 나눌 수 있다.

**1류동사**(5단동사) …▶ 「る」로 끝나지 않는 모든 동사와 「る」앞의 음이 [i]나 [e]가 아닌 것.
예) 買う(사다) 待つ(기다리다) 売る(팔다) 등.

**2류동사**(1단 동사) …▶ 「る」로 끝나고 앞의 음이 [i]나 [e]인 것.
예) 見る(보다) 食べる(먹다) 등.

**3류동사**(불규칙동사) …▶ 활용이 불규칙적이다. 변격동사라고도 하는데 「来る」와 「する」 두 개 뿐이다.

### ● 동사의 활용법

| | 1류동사(5단동사) | 2류동사(상1단 · 하1단) | | 3류동사(불규칙동사) | |
|---|---|---|---|---|---|
| 기본형 | かく 쓰다 | みる 보다 | たべる 먹다 | 来る 오다 | する 하다 |
| ます형 | かきます | みます | たべます | きます | します |
| ない형 | かかない | みない | たべない | こない | しない |
| 명사수식형 | かく時 | みる時 | たべる時 | くる時 | する時 |
| 가정형 | かけば | みれば | たべれば | くれば | すれば |
| 명령형 | かけ | みろ | たべろ | こい | しろ |
| 의지형 | かこう | みよう | たべよう | こよう | しよう |

> ① 학교문법에서는 ない를 미연형, ます형을 연용형, 명사수식형을 연체형이라고 부른다.
>
> ② 「あう」와 같이 「う」로 끝나는 동사는 ない형으로 바뀔 때 「ああない」가 아니라 「あわない」가 되는 점에 주의하자.
>
> ③ ます(～니다) ない(～지 않다) ば(～면) う・よう(～하자 ～할까)는 조동사로서, 동사에 연결될 때 어미가 바뀌는 모양에 따라 ます형, ない형, 가정형, 의지형 등의 이름이 붙은 것이다.

## 2  1류동사(5단동사)

[Point]  1류동사는 흔히 5단동사라고도 하는데, 5단동사라고 하는 이유는 あ・い・う・え・お의 5단에 걸쳐 어미가 활용하기 때문이다. 「る」로 끝나지 않는 모든 동사와 「る」로 끝나지만 「iる」나 「eる」로 끝나지 않는 동사가 여기에 해당한다.

| | | | | | | | | | |
|---|---|---|---|---|---|---|---|---|---|
| 買う | 사다 | 行く | 가다 | 脱ぐ | 벗다 | 話す | 말하다 | 立つ | 서다 |
| 死ぬ | 죽다 | 飛ぶ | 날다 | 読む | 읽다 | 売る | 팔다 | かかる | 걸리다 |

[Point]  예외로 다음 동사는 「iる」「eる」로 끝나지만 1류동사에 속하는 것들이다.

| | | | | | |
|---|---|---|---|---|---|
| 知る | 알다 | 走る | 달리다 | 切る | 자르다 |
| 帰る | 돌아오다 | 減る | 줄다 | 照る | 비추다 |

## 3  2류동사(상1단동사·하1단동사)

[Point]  「iる」나 「eる」로 끝나는 동사가 여기에 해당한다. 「iる」로 끝나는 것은 상1단동사라고도 하고, 「eる」로 끝나는 동사는 하1단동사라고도 하는데, あ・い・う・え・お단에서 う단을 중심으로 위에 있는 것(상1단)과 아래에 있는 것(하1단)에서 나온 말이다.

| | | | | | | |
|---|---|---|---|---|---|---|
| 「iる」 …… | 見る | 보다 | いる | 있다 | 起きる | 일어나다 |
| 「eる」 …… | 食べる | 먹다 | 開ける | 열다 | かける | 걸다 |

**4** **3류동사(불규칙동사)**

[Point] 활용형이 불규칙하다고 해서 불규칙동사, 또는 변격동사라고 한다.「来る(오다)」와「する
(하다)」두 개밖에 없는데, 단「한자어 + する」로 된 단어도 여기에 포함된다.

| | | |
|---|---|---|
| 来る 오다 | する 하다 | 勉強する 공부하다 |

**확인문제** 다음 동사들 중 1류동사는 ①, 2류동사는 ②, 3류동사는 ③을 쓰세요.

| | | |
|---|---|---|
| 書く （ ① ） | ⋯ | る로 끝나지 않았으므로 1류동사 |
| 取る （ ① ） | ⋯ | る로 끝나지만 る앞의 음이 [i]나 [e]가 아니므로 1류동사 |

**1** 読む （ 　 ）　　**2** 話す （ 　 ）　　**3** かける （ 　 ）

**4** しめる （ 　 ）　　**5** 飛ぶ （ 　 ）　　**6** 立つ （ 　 ）

**7** 帰る （ 　 ）　　**8** 勉強する （ 　 ）　　**9** 行く （ 　 ）

정답　1. ①　2. ①　3. ②　4. ②　5. ①　6. ①　7. ①　8. ③　9. ①

**5** **ます형(연용형)**

| | | | | | | | | | |
|---|---|---|---|---|---|---|---|---|---|
| A | あ | か(が) | さ | た | な | ば | ま | ら | |
| I | い | き(ぎ) | し | ち | に | び | み | り | → ます형 |
| U | う | く(ぐ) | す | つ | ぬ | ぶ | む | る | → 사전형 |
| E | え | け(げ) | せ | て | ね | べ | め | れ | |
| O | お | こ(ご) | そ | と | の | ぼ | も | ろ | |

**【도표보는 법】**

う단을 기준으로 동사의 '어미음'을 정리한 것이다. く・ぐ는 行く처럼 く나 ぐ로 끝나는 동사, ぶ는 呼
ぶ처럼 ぶ로 끝나는 동사를 나타낸다. 고어에서는 ふ로 끝나는 말도 있었지만 현대어에서는 ふ로 끝나는
동사는 잘 쓰이지 않는다.

 ます형은 동사 활용에서 가장 기본적인 활용으로, 조동사 ます가 올 때 앞의 동사의 모양이 바뀌는데 이 형태를 ます형(또는 연용형)이라고 한다. 동사의 ます형에는 ます뿐만 아니라 ました, ません, ませんでした, ませんか 등 ます형에 붙는 말들이 올 수 있다.

일반적으로 「〜ます」는 현재형이라고도 하지만, 엄밀히 말하면 현재의 시제를 나타내지는 않는다.

**ます형에 붙는 말** 예)買う

| | | | |
|---|---|---|---|
| 買います | 삽니다 | 買いました | 샀습니다 |
| 買いません | 사지 않습니다 | 買いませんか | 사지 않겠어요? |
| 買いませんでした | 사지 않았습니다 | 買いましょう | 삽시다 |
| 買いながら | 사면서 | 買いたい | 사고 싶다 |

① 「〜ます」(〜니다)의 의미

- 반복, 습관적 동작이나 작용
- 일반적인 진리
- 가까운 미래의 동작이나 작용

② ます형으로 바꾸는 방법

▶ 1류동사 : 끝음 [u]음을 [i]음으로 바꾼다.

| | | | | | | | |
|---|---|---|---|---|---|---|---|
| 買う 사다 | → | 買います 삽니다 | | 行く 가다 | → | 行きます 갑니다 | |
| 呼ぶ 부르다 | → | 呼びます 부릅니다 | | 帰る 돌아가다 | → | 帰ります 돌아갑니다 | |

▶ 2류동사 : 끝의 「る」를 떼고 「ます」를 붙인다.

| | | | | | |
|---|---|---|---|---|---|
| 見る 보다 | → | 見ます 봅니다 | 食べる 먹다 | → | 食べます 먹습니다 |

▶ 3류동사 : 불규칙하므로 다음 형태를 외우면 된다.

| | | | | | |
|---|---|---|---|---|---|
| 来る 오다 | → | 来ます 옵니다 | する 하다 | → | します 합니다 |
| 勉強する 공부하다 | → | 勉強します 공부합니다 | | | |

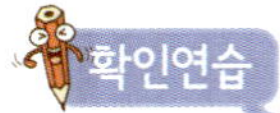 **확인연습** 다음 동사를 예와 같이 바꾸고 뜻을 생각해 보세요.

| 行く | → | 行きます | → | 行きません | → | 行きました | → | 行きませんでした |
| --- | --- | --- | --- | --- | --- | --- | --- | --- |
| 가다 | | 갑니다 | | 가지 않습니다 | | 갔습니다 | | 가지 않았습니다 |

**1** 飲む → → → →
마시다

**2** 書く → → → →
쓰다

**3** 泳ぐ → → → →
헤엄치다

**4** 游ぶ → → → →
놀다

**5** 聞く → → → →
묻다, 듣다

**6** 寝る → → → →
자다

**7** 起きる → → → →
일어나다

**8** する → → → →
하다

**9** 来る → → → →
오다

**10** 勉強する → → → →
공부하다

# 동사문의 기본구조

동사의 활용에서 가장 기본이 되는 것을 앞에서 익혔다. 동사문에서는 ます관련 문형과 자주 쓰이는 조사를 위주로 확인해 두자.

## 1 타동사의(구체적 동작) 문형

[Point] 타동사의(구체적 동작) 문형

| 행위자 | 시간 | 장소 | 타동사(동작) |
|---|---|---|---|
| だれが 누가 | 何時に 몇 시에 / いつ 언제 | どこで 어디에서 | 何を 무엇을 |

- 昨日 ソウルランドで 写真を 撮りました。　　어제 서울랜드에서 사진을 찍었습니다.

- 先週の 土曜日に デパートで 買い物を しました。
  지난주 토요일에 백화점에서 쇼핑을 했습니다.

## 2 동사문의 기본 구조

[Point] 동사문은 '~가 ~을 합니다'와 같은 구조를 이루고, 많이 쓰이는 조사는 다음과 같다.

| | | | 【동작동사】 | |
|---|---|---|---|---|
| 【주제】 | は | 은/는 | ~ます | 합니다 |
| 【대비】 | も | 도 | ~ません | 하지 않습니다 |
| 【주체】 | が | 이/가 | ~ました | 했습니다 |
| 【특정시간】 | に | 에 | ~ますか | 합니까? |
| 【시간과 장소의 출발점】 | から | 에서/부터 | ~ませんでした | 하지 않았습니다 |
| 【시간과 장소의 도착점】 | まで | 까지 | ~ませんか | 하지 않겠습니까? |
| 【방향】 | へ, に | 에/로 | ~ましたか | 했습니까? |
| 【함께】 | と | 와/과 | ~ませんでしたか | 하지 않았습니까? |
| 【행위의 대상】 | に | 에게 | ~ましょう | 합시다 |
| 【행위의 목적】 | に | 하러 | ~ましょうか | 할까요? |
| 【이유/원인】 | で | 에서 | | |
| 【수단】 | で | 로 | | |
| 【장소】 | で | 에서 | | |
| 【목적】 | を | 을/를 | | |

# 자동사의 이동을 나타내는 말

이동을 나타내는 말이란 '오다, 가다, 돌아가다'와 같은 것으로 우리말의 개념과 크게 다른 것은 없다. 단, 帰る가 원래 있던 곳으로 돌아간다는 뜻으로 行く와 구별해서 써야 하는 경우가 있으므로 이점만 주의하면 된다.

## 1 왕래

~へ 에 / ~から 로부터   ~まで 까지   行く 가다 / 来る 오다 / 帰る 돌아가다

**Point** '~에 가다, 오다, 돌아가다(돌아오다)'와 같은 왕래를 나타내는 문형인데, 출신이나 출발점을 나타낼 때에는 「~から来る」(~에서/로부터 오다)와 같이 조사 「から」를 쓴다.

- 友達と いっしょに 福岡へ 行きます。　　　친구들과 함께 후쿠오카에 갑니다.

- 東京から 名古屋まで 新幹線で 行きました。　　도쿄에서 나고야까지 신칸센으로 갔습니다.

- 九州から 来ました。　　　큐슈에서 왔습니다.

## 2 왕래의 목적

~は 은　　장소へ 에　　~Nに ~하러　　行きます 갑니다
　　　　　　　　　　　　　　　　　　来ます 옵니다
　　　　　　　　　何を しに 무엇을 하러　　帰ります 돌아갑니다

**Point** 「Nに」의 조사 에는 '~하러'라는 뜻으로 목적을 나타낸다. N에는 동사의 ます형이 오거나 「する」를 붙여서 동사가 되는 명사가 오는데 대개 한자어이다.

- 昨日は 取引先の お客様を 迎えに 空港へ 行きました。
어제는 거래처 손님을 마중하러 공항에 갔습니다.

・私は 明日 サッカーの ゲームを 見に オリンピック競技場へ 行きます。
나는 내일 축구게임을 보러 올림픽 경기장에 갑니다.

A：鈴木さんは 韓国へ 何を しに 来ましたか。
스즈키 씨는 한국에 무엇을 하러 왔습니까?

B：韓国語を 勉強しに 来ました。
한국어를 공부하러 왔습니다.

## ③ 「勉強を する」와 「勉強する」

**Point** 「勉強を する(공부를 하다)」와 「勉強する(공부하다)」와 같이 조사를 넣어도 되고 안 넣어도 되는 말은 「に(~하러)」가 연결될 때 각각 다음과 같이 바뀐다.

| ・私は | 日本語の 勉強を | します。 | 나는 | 일본어공부를 | 합니다. |
| ・私は | 日本語を | 勉強します。 | 나는 | 일본어를 | 공부합니다. |
| ・私は | 日本語の 勉強に | 日本へ 行きます。 | 나는 | 일본어 공부하러 | 일본에 갑니다. |
| ・私は | 日本語を 勉強しに | 日本へ 行きます。 | 나는 | 일본어를 공부하러 | 일본에 갑니다. |

## ④ 조사 「に」와 함께 쓰는 자동사

**Point** 조사 「に」는 주로 '~에'라는 뜻으로 쓰이지만, 「~に乗る(~을 타다)」, 「~に会う(~를 만나다)」와 같이 '~을/를'의 뜻으로 해석되는 것도 있다.

| ～に | 立つ | ~에 서다 | ～に | 勤める | ~에 근무하다 |
| | すわる | ~에 앉다 | | 着く | ~에 도착하다 |
| | とまる | ~에 멈추다 | | 乗る | ~을 타다 |
| | 住む | ~에 살다 | | 会う | ~를 만나다 |
| | 入る | ~에 들어가다 | | のぼる | ~에(을) 오르다 |
| | 出る | ~에 나오다, ~가 나오다 | | おく | ~에 두다 |

**1** 明日 友達 ______ 会いに ソウルへ 行きます。     내일 친구를 만나러 서울에 갑니다.

**2** 私は シンチョン______ 住んでいます。     저는 신촌에 살고 있습니다.

**3** 映画館へ 映画を 見 ______ 来ました。     극장에 영화를 보러 왔습니다.

**4** 友達が テレビ ______ 出ました。     친구가 TV에 나왔습니다.

**5** つぎの 角を 左に 行けば 駅 ______ 出ます。     다음 코너에서 왼쪽으로 가면 역이 나옵니다.

**6** デパートへ 買い物 ______ 行きます。     백화점에 쇼핑하러 갑니다.

**7** ここ ______ 走って 来ました。     여기까지 뛰어 왔습니다.

**8** 日本 ______ 来ました。     일본에서 왔습니다.

정답   1. に   2. に   3. に   4. に   5. に   6. に   7. まで   8. から

# 권유 · 제안표현

여기서는 문법적으로 어려운 내용은 별로 없다. 회화에서 권유나 제안을 할 때 어떻게 대화를 이끌어가는지와 승낙할 때와 거절할 때의 관용적인 표현을 익혀두면 된다.

## 1 권유표현 「〜ませんか・〜ましょうか・〜ましょう」

**Point** 상대방에게 '〜하자'고 권유하는 표현이다. 동사의 ます형에 접속하며, 표에서 아래로 내려갈 수록 적극적인 권유표현이 된다고 보면 된다.

| 강제성 | 권유표현 | | 같이 쓸 수 있는 의문사 | |
| --- | --- | --- | --- | --- |
| 임의 ↓ 강제 | 동사의 ます형 + ませんか | 〜하지 않으실래요? | 何か・どこか | … 뭔가·어딘가 |
| | 동사의 ます형 + ましょうか | 〜할까요? | いつ・どこで | … 언제·어디서 |
| | 동사의 ます형 + ましょう | 〜합시다 | | |

**Point** 「〜ませんか」로 물었을 때 긍정대답은 「ええ、〜ましょう。」 또는 「ええ、いいですよ。」(네, 좋아요)로 하고, 부정대답은 다음과 같이 표현한다.

| | | |
| --- | --- | --- |
| OK! | 「ええ、〜ましょう。」 | 네, 〜합시다. |
| NO! | 「〜は ちょっと…」 | 〜은 좀… |
| | 「〜は ちょっと 都合が 悪いんですが…」 | 〜은 조금 사정이 나쁩니다만… |

**Point** 회화의 흐름상 「〜ませんか(〜하지 않겠어요?)」로 상대방에게 Yes인지 No인지를 확인하고, 상대방의 Yes를 확인하고 나서 「〜ましょうか(〜할까요?)」 하고 상대방에게 의견을 묻는 것이 자연스럽다.

① YES의 경우

A : 今度の日曜日に 友達と 一緒に テニスを するんですが、森さんも 行きませんか。

이번 일요일에 친구와 함께 테니스를 합니다만, 모리 씨도 가지 않을래요?

B : いいですね。　　　　　　　　　　좋습니다.

A : じゃ、どこで 会(あ)いましょうか。　　그럼, 어디에서 만날까요?

B : どこでも いいですけど。　　　　어디라도 좋습니다만.


② NO의 경우

A : あさって 映画(えいが)を 見(み)に 行(い)きませんか。　　모레 영화를 보러 가지 않겠습니까?

B : すみません。あさっては、ちょっと 都合(つごう)が 悪(わる)いんです。

죄송해요. 모레는 좀 시간이 안되는데요.


③ 일반적인 권유의 패턴 〈식사초대를 할 때〉

A : もう12で時(じ)すね。昼(ひる)ごはんを 食(た)べに 行きませんか。

벌써 12시네요. 점심식사하러 가지 않겠습니까?


▶YES의 경우

B : ええ、行(い)きましょう。　　　예, 갑시다.

A : おすしは どうですか。　　　　초밥은 어떻습니까?

B : いいですね。　　　　　　　　좋아요.

A : それじゃ、行(い)きましょう。　　그럼, 갑시다.

(시간과 장소를 정할 때)

A : 何時(なんじ)が いいですか。　　몇 시가 좋겠습니까?

B : 何時(なんじ)でも いいですけど…。　　몇 시라도 좋습니다만….

A : どこへ 行(い)きましょうか。　　어디로 가시겠습니까?

B : どこでも いいですよ。　　　어디라도 좋아요.

| 상대방의 제안에 YES로 대답할 때 요긴한 표현 | |
| --- | --- |
| 언제라도 | いつでも |
| 몇시라도 | 何時(なんじ)でも |
| 며칠이라도 | 何日(なんにち)でも |
| 어디라도 | どこでも |
| 무엇이라도 | なんでも |
| 누구라도 | だれでも |


▶ NO의 경우

B : まだ ちょっと…。　　　　　아직 좀….

　　どうぞ おさきに。　　　　먼저 가세요.

A : じゃ、おさきに。　　　　　그럼 먼저(갈게요).

[Point] 「~ましょうか」는 상대방을 위해서 자신이 어떤 행동을 해 드리겠다고 할 때도 쓸 수 있다. '~해 드릴까요?'라고 할 때 「~てあげますか」라고 하면 상대방을 위해 은혜를 베푼다는 뉘앙스가 들어 있기 때문에 「~ましょうか」로 표현하는 것이 무난하다.

A : 手伝いましょうか。　　　　　　　도와 드릴까요?

B : すみません、お願いします。　　　미안해요. 부탁드립니다.

A : ドアを 閉めましょうか。　　　　문을 닫을까요?

B : いいえ、けっこうです。　　　　　아니오, 괜찮습니다.

A : どこに 置きましょうか。　　　　어디에 놓을까요?

B : すみません。テーブルの 上に 置いて ください。
죄송하지만, 테이블 위에 놓아 주십시오.

3　충고나 부드러운 명령의 「~ましょう」

・大きな 声で 練習しましょう。
큰 목소리로 연습합시다.

・たばこを 吸いすぎない ように 注意しましょう。
담배를 지나치게 피우지 않도록 주의합시다.

・1年に 1回は 健康診断を 受けましょう。
일 년에 한 번은 건강진단을 받읍시다.

・運転する 時は、必ず シートベルトを 締めましょう。
운전할 때는 반드시 안전벨트를 맵시다.

동사

# 동사의 て형

동사의 て형은 1류동사에서 음편(音便)이라는 현상이 일어나는데, 글자 그대로 발음을 쉽게 내기 위해 앞의 음이 일정한 규칙에 따라 바뀌는 것을 말한다. 가령 「かう(사다)」의 경우, て가 붙으면 원래는 「かいて」가 되어야 하는데 「かって」로 바뀌는 현상이다. 또 て형이란 て, た, たり 등 「て, た」로 연결되는 형태를 말한다.

## 1 て형 만드는 방법

| | | | | | |
|---|---|---|---|---|---|
| 1류동사 | う・つ・る → って<br><br>어미 う・つ・る에 て가 붙을 때는 어미가 っ로 바뀐다. | 買う | 사다 | → | 買って | 사고, 사서 |
| | | 待つ | 기다리다 | → | 待って | 기다리고 |
| | | よる | 들르다 | → | よって | 들러서 |
| | ぬ・ぶ・む → んで<br><br>어미 ぬ・ぶ・む에 て가 붙을 때는 어미가 ん으로 바뀌고 뒤의 て도 で로 바뀐다. | 飲む | 마시다 | → | 飲んで | 마시고 |
| | | 飛ぶ | 날다 | → | 飛んで | 날아 |
| | | 死ぬ | 죽다 | → | 死んで | 죽어서 |
| | く→ いて<br><br>く는 い로 바꾸면 된다. | 書く | 쓰다 | → | 書いて | 써서 |
| | | (예외) 行く | 가다 | → | 行って | 가고 |
| | ぐ→ いで | 急ぐ | 서두르다 | → | 急いで | 서둘러 |
| | す→ して | 話す | 말하다 | → | 話して | 말하고 |
| 2류동사 | る→ て<br><br>어미 る를 떼고 て를 붙이면 된다. | 見る | 보다 | → | 見て | 보고 |
| | | 食べる | 먹다 | → | 食べて | 먹고 |
| 3류동사 | 각각의 활용형을 외워두면 된다. | する | 하다 | → | して | 하고, 해서 |
| | | 来る | 오다 | → | 来て | 오고, 와서 |

【주의1】 「行く」는 「く」로 끝나지만 예외로 て형은 「行いて」가 아니라 「行って」이다.

【주의2】 「す」로 끝나는 동사는 음편현상이 일어나지 않고 ます형과 같기 때문에 「して」가 된다.

て형에 붙는 말

〜て　〜하고, 해　　　〜た　〜했다　　　〜たり　〜하기도 하고

## 2 「동사 + て」

**Point**　「동사 + て」는 다음 몇 가지 용법이 있는데, 번역은 '〜하고'나 '〜해서'로 하면 된다.

**① 동작의 순서 : 〜してから、〜する**　〜하고 나서 〜하다

- 朝6時に 起きて、散歩を します。　　　　아침 6시에 일어나서 산책을 합니다.
- 朝ご飯を食べて、家を 出ます。　　　　아침을 먹고 집을 나옵니다.

**② 병행동작 : 〜した状態で 〜する**　〜한 상태로 〜하다

- 白い シャツを 着て 立っています。　　　흰 셔츠를 입고 서 있습니다.
- かがみを 見て(=見ながら) ひげを そります。　　거울을 보고 수염을 깎습니다.

**③ 원인/이유 : 〜ので/から**　〜하니까, 〜해서

- 風邪を ひいて 寝ています。　　　　감기에 걸려 자고 있습니다.
- 用事が あって ソウルへ 行きました。　　　볼일이 있어서 서울에 갔습니다.

**④ 나열**　〜하고

- 田中さんは 新聞を 読んで、山田さんは コーヒーを 飲んでいます。
  다나카 씨는 신문을 읽고, 야마다 씨는 커피를 마시고 있습니다.
- 午前中は 洗濯を して、午後は スーパーで 買い物を します。
  오전 중에는 세탁을 하고, 오후에는 슈퍼에서 물건을 삽니다.

**⑤ 수단/방법 : 〜することによって、〜する**　〜함으로써, 〜하다

- 働いて、借金を 返しました。　　　　일을 해서 빚을 갚았습니다.
- タクシーに 乗って、駅へ 行きます。　　택시를 타고 역에 갑니다.

**1**  雨が 降って 遅れた。

① シャワーを して 外出した。

② 熱が 出て 起きれなかった。

③ バスに 乗って ここまで 来た。

**2**  大きな 帽子を かぶって 歩いている。

① あなただけを 信じて 生きている。

② ご飯を 食べて 勉強を する。

③ 電話を して 確認した。

**3**  船に 乗って 済州島に 行った。

① 何回も テープを 聞いて おぼえた。

② 学校に 行って 勉強した。

③ 屋根から 落ちて ケガを した。

# 동사의 「〜ている」형

동사의 て형에 접속하여 보통 '〜하고 있다'는 뜻으로 동사의 진행을 나타내지만, 앞에 오는 동사의 성격에 따라 상태를 나타내기도 하고, 경험을 나타내기도 한다. 또한 항상 진행형으로만 쓰는 말이 있는가 하면 진행형을 쓸 수 없는 동사도 있다. 우리말과 차이가 나는 부분도 있으므로 잘 정리해 둘 필요가 있다.

| | |
|---|---|
| 「〜ている」의 용법 | 동작의 진행이나 결과의 상태 |
| 「〜ている」를 쓸 수 없는 동사 | 要る(필요하다), ある(있다), できる(할 수 있다), 동사의 가능형 |

## 1 「〜ている」의 용례

### ① 진행을 나타내는 경우

- ユミさんは 今 宿題を しています。
  유미 씨는 지금 숙제를 하고 있습니다.

- 二日前から ずっと 雨が 降っています。
  이틀 전부터 줄곧 비가 내리고 있습니다.

- ゆうべは 夜 12時ごろまで 江南で 酒を 飲んでいました。
  어제 저녁은 밤 12시경까지 강남에서 술을 마시고 있었습니다.

### ② 결과의 상태를 나타내는 경우

- 駐車場に 車が たくさん 止まっています。
  주차장에 차가 많이 서 있습니다.

- どの 製品にも 保証書が ついています。
  어느 제품에나 보증서가 붙어 있습니다.

- この 道路は 釜山まで 続いています。
  이 도로는 부산까지 연결되어 있습니다.

### ③ 단순한 상태를 나타내는 경우

- 山が そびえています。
  산이 솟아 있습니다.

- あの 人は ビジネスマンとして 本当に 優れています。
  그 사람은 비즈니스맨으로서 정말 뛰어납니다.

・あの 子は お父さんに よく 似ていますね。　　저 아이는 아빠를 매우 닮았군요.



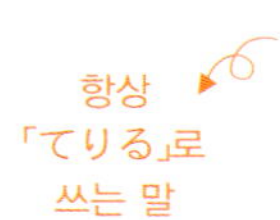

### word

・そびえている　: 솟아 있다　　・すぐれている　: 뛰어나다　　・似ている　: 닮았다

④ 경험을 나타내는 경우

・その 話は 前から 聞いています。　　그 이야기는 전부터 들었습니다.

・あの 映画ですか。私は もう 見ていますよ。　　저 영화요? 나는 벌써 봤어요.

⑤ 반복적인 행동이나 습관을 나타내는 경우

・毎朝 ジョギングを しています。　　매일 아침 조깅을 하고 있습니다.

・私は 毎日 日記を 書いています。　　나는 매일 일기를 쓰고 있습니다.

## Bonus

### '～하지 않고 있다'는?

'～하고 있다'는 「～している」이다. 그렇다면 '～하지 않고 있다'는 어떻게 표현할까? 이 때는 「～しない でいる」로 표현한다.

・宿題を している。　　→　　宿題を しないでいる。　　숙제를 하지 않고 있다.
・コーヒーを 飲んでいる。　　→　　コーヒーを 飲まないでいる。　　커피를 마시지 않고 있다.

## 2 항상 「～ている」를 쓰는 표현

| 긍정 | | 부정 | |
|---|---|---|---|
| ① ～を 知っています | ～을 알고 있습니다 | ～を 知りません | ～을 모릅니다 |
| ② 結婚しています | 결혼했습니다 | 結婚していません | 결혼 안 했습니다 |
| ③ ～に 住んでいます | ～에 살고 있습니다 | ～に 住んでいません | ～에 살지 않습니다 |

Point　위와 같은 표현은 항상 「ている」형으로 쓰는 말이다.

① 知っている의 경우

　　A：CCMMビルを 知っていますか。　　　　　CCMM빌딩 알아요?

　　B1:はい、知っています。　　　　　　　　예, 알아요.

　　B2:いいえ、知りません。　　　　　　　　아니오, 몰라요.

② 結婚している의 경우

　　A：田中さんは 結婚していますか。　　　　다나카 씨는 결혼하셨어요?

　　B：はい、結婚しています。　　　　　　　예, 결혼했습니다.

　　A：いつ 結婚しましたか。　　　　　　　　언제 결혼했습니까?

　　B：去年の11月に 結婚しました。　　　　　작년 11월에 결혼했습니다.

③ 住んでいる의 경우

　　A：どこに 住んでいますか。　　　　　　　어디서 살고 계세요?

　　B：ブンダンに 住んでいます。　　　　　　분당에(서) 살아요.


**③　착용을 나타내는 말**

Point　착용을 나타내는 말을 대개 「〜ている」형으로 표현한다. 실제로 진행을 나타낼 수도 있지만, 대개는 현재의 상태를 나타낸다. (특히 사람의 겉모습을 묘사할 때)



| | |
|---|---|
| 帽子 모자 | かぶる 쓰다　→　かぶっています |
| 上着 상의　スーツ 슈트　セーター 스웨터 | 着る 입다　→　着ています |
| ズボン 바지　ジーパン/ジーンズ 청바지 | |
| スカート 치마　靴下 양말　靴 신　ストッキング 스타킹 | はく 신다, 입다　→　はいています |
| めがね 안경 | かける 쓰다, 걸치다　→　かけています |
| イヤリング 귀걸이　ネックレス 목걸이 | |
| ネクタイ 넥타이　ベルト 벨트 | する 하다　→　しています |
| 時計 시계　指輪 반지　コンタクトレンズ 콘택트렌즈 | |

【주의】 바지나 치마도 「はく」로 표현한다는 것! 넥타이는 「しめる」(매다), 귀걸이나 목걸이와 같은 장신구는「つける」
　　　　로 표현하기도 한다.

# 동사의 「～てある형」

자동사는 「～ている」형으로 상태를 나타내지만, 타동사는 「～てある」형으로 상태를 나타낸다. 뜻은 '～해져 있다'이다. 「자동사 + ている」는 단순히 눈앞에 보이는 상태를 말한 것이고, 「타동사 + てある」는 누군가가 어떤 목적을 가지고 의도적으로 그렇게 해두었다는 뉘앙스가 들어 있다.

## 1 「～てある」의 용법

|  | ～ている | ～てある |
|---|---|---|
| 타동사<br>(かたづける) | 今、部屋を かたづけています。<br>지금 방을 치우고 있습니다. 〈진행〉 | 部屋が かたづけてあります。<br>방이 치워져 있습니다. 〈상태〉 |
| 자동사<br>(かたづく) | 部屋が かたづいています。<br>방이 치워져 있습니다. 〈상태〉 |  |

**Point** 「～てある」는 의지성이 있는 타동사에 접속하며, 조사는 「が」를 쓴다. 「타동사 + てある」는 누군가가 의도적으로 한 행위(～ておく)가 현재 결과로 남아있는 상태를 나타낸다. 그래서 번역은 '～해 두다'로 하는 것이 자연스러운 경우가 많다.

今晩の パーティーの ために ビールを 買っておきました。　　買っておく
오늘 밤 파티를 위해 맥주를 사 두었습니다.　　↓
ビールは 買ってあります。맥주는 사 두었습니다.　　買ってある

・部屋 の窓が 開けてあります。　　방 창문이 열려 있습니다.<br>（누군가가 열어두었는지）

・壁に 地図が 張ってあります。　　벽에 지도가 붙여져 있습니다.<br>（누가 붙였는지 몰라도）

・ベッドの 上に 本が 置いてあります。　　침대 위에 책이 놓여 있습니다.<br>（누군가가 두었는지）

・かさは 入り口に 置いてあります。　　우산은 입구에 놓여 있습니다.

| 자동사 | | 타동사 | | 자동사 | | 타동사 | |
|---|---|---|---|---|---|---|---|
| ① －aる | | －eる | | －aる | | －eる | |
| 上<sub>あ</sub>がる | 오르다 | 上<sub>あ</sub>げる | 올리다 | 止<sub>と</sub>まる | 멈추다 | 止<sub>と</sub>める | 세우다 |
| 集<sub>あつ</sub>まる | 모이다 | 集<sub>あつ</sub>める | 모으다 | 始<sub>はじ</sub>まる | 시작되다 | 始<sub>はじ</sub>める | 시작하다 |
| 閉<sub>し</sub>まる | 닫히다 | 閉<sub>し</sub>める | 닫다 | 変<sub>か</sub>わる | 변하다 | 変<sub>か</sub>える | 바꾸다 |
| 掛<sub>か</sub>かる | 걸리다 | 掛<sub>か</sub>ける | 걸다 | 決<sub>き</sub>まる | 결정되다 | 決<sub>き</sub>める | 결정하다 |
| ② －う | | －eう | | －う | | －eう | |
| 開<sub>あ</sub>く | 열리다 | 開<sub>あ</sub>ける | 열다 | そろう | 정돈되다 | そろえる | 정돈하다 |
| 進<sub>すす</sub>む | 전진하다 | 進<sub>すす</sub>める | 나아가게 하다 | つく | 붙다 | つける | 붙이다 |
| 立<sub>た</sub>つ | 서다 | 立<sub>た</sub>てる | 세우다 | 届<sub>とど</sub>く | 도착하다 | 届<sub>とど</sub>ける | 보내다 |
| 入<sub>はい</sub>る | 들어오다 | 入<sub>い</sub>れる | 넣다 | 乗<sub>の</sub>る | 타다 | 乗<sub>の</sub>せる | 태우다 |
| 並<sub>なら</sub>ぶ | 나란히 서다 | 並<sub>なら</sub>べる | 나란히 세우다 | 片<sub>かた</sub>づく | 정돈되다 | 片<sub>かた</sub>づける | 정돈하다 |
| ③ －る | | －す | | －る | | －す | |
| 出<sub>で</sub>る | 나오다 | 出<sub>だ</sub>す | 내다 | 冷<sub>さ</sub>める | 식다 | 冷<sub>さ</sub>ます | 식히다 |
| ぬれる | 젖다 | ぬらす | 적시다 | 冷<sub>ひ</sub>える | 식다 | 冷<sub>ひ</sub>やす | 식히다 |
| 増<sub>ふ</sub>える | 늘다 | 増<sub>ふ</sub>やす | 늘이다 | 倒<sub>たお</sub>れる | 넘어지다 | 倒<sub>たお</sub>す | 넘어뜨리다 |
| 壊<sub>こわ</sub>れる | 부서지다 | 壊<sub>こわ</sub>す | 부서뜨리다 | 消<sub>き</sub>える | 꺼지다 | 消<sub>け</sub>す | 끄다 |
| 起<sub>お</sub>きる | 일어나다 | 起<sub>お</sub>こす | 일으키다 | 落<sub>お</sub>ちる | 떨어지다 | 落<sub>お</sub>とす | 떨어뜨리다 |
| 直<sub>なお</sub>る | 고쳐지다 | 直<sub>なお</sub>す | 고치다 | 戻<sub>もど</sub>る | 되돌아오다 | 戻<sub>もど</sub>す | 되돌리다 |
| 伸<sub>の</sub>びる | 늘다 | 伸<sub>の</sub>ばす | 늘이다 | 減<sub>へ</sub>る | 줄다 | 減<sub>へ</sub>らす | 줄이다 |
| 回<sub>まわ</sub>る | 돌다 | 回<sub>まわ</sub>す | 돌리다 | 現<sub>あらわ</sub>れる | 드러나다 | 現<sub>あらわ</sub>す | 드러내다 |
| ④ －く | | －かす | | －く | | －かす | |
| 動<sub>うご</sub>く | 움직이다 | 動<sub>うご</sub>かす | 움직이게 하다 | 乾<sub>かわ</sub>く | 마르다 | 乾<sub>かわ</sub>かす | 말리다 |
| ⑤ －れる | | －る | | －れる | | －る | |
| 切<sub>き</sub>れる | 잘리다 | 切<sub>き</sub>る | 자르다 | 売<sub>う</sub>れる | 팔리다 | 売<sub>う</sub>る | 팔다 |

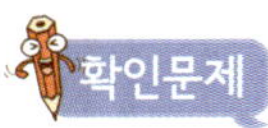 **확인문제** 다음 동사의 타동사를 쓰세요.

1  止<sup>と</sup>まる　멈추다　→　________________________

2  始<sup>はじ</sup>まる　시작되다　→　________________________

3  閉<sup>し</sup>まる　닫히다　→　________________________

4  開<sup>あ</sup>く　열리다　→　________________________

5  立<sup>た</sup>つ　서다　→　________________________

6  片<sup>かた</sup>づく　정돈되다　→　________________________

7  乗<sup>の</sup>る　타다　→　________________________

8  出<sup>で</sup>る　나오다　→　________________________

9  消<sup>き</sup>える　꺼지다　→　________________________

10  落<sup>お</sup>ちる　떨어지다　→　________________________

11  減<sup>へ</sup>る　줄다　→　________________________

12  乾<sup>かわ</sup>く　마르다　→　________________________

13  動<sup>うご</sup>く　움직이다　→　________________________

14  切<sup>き</sup>れる　잘리다　→　________________________

15  売<sup>う</sup>れる　팔리다　→　________________________

# 동사의 과거형 「～た형」

동사의 て형과 た형은 모양은 같고 뒤에 「て」가 오느냐 「た」가 오느냐에 따라 붙여진 이름이다.
「～た」로 끝난 형태로만 쓰기도 하지만, 「～た ほうが いい」, 「～た ことが ある」와 같은 문형과 같이 쓰는 경우가 많다.

## 1 동사의 과거형 만드는 법

**Point** 앞에서 익힌 동사의 て형에 「た」를 붙여주면 된다.

| | | | | | | | |
|---|---|---|---|---|---|---|---|
| 1류동사 | う·つ·る → った | 買う | 사다 | → | 買った | 샀다 | |
| | | 待つ | 기다리다 | → | 待った | 기다렸다 | |
| | | よる | 들르다 | → | よった | 들렀다 | |
| | ぬ·ぶ·む → んだ | 飲む | 마시다 | → | 飲んだ | 마셨다 | |
| | | 飛ぶ | 날다 | → | 飛んだ | 날았다 | |
| | | 死ぬ | 죽다 | → | 死んだ | 죽었다 | |
| | く → いた | 書く | 쓰다 | → | 書いた | 썼다 | |
| | | (예외) 行く | 가다 | → | 行った | 갔다 | |
| | ぐ → いだ | 急ぐ | 서두르다 | → | 急いだ | 서둘렀다 | |
| | す → した | 話す | 말하다 | → | 話した | 말했다 | |
| 2류동사 | る → た | 見る | 보다 | → | 見た | 보았다 | |
| | | 食べる | 먹다 | → | 食べた | 먹었다 | |
| 3류동사 | | する | 하다 | → | した | 했다 | |
| | | 来る | 오다 | → | 来た | 왔다 | |

· 昨夜は 友達と、ぐでんぐでんに なるまで お酒を 飲んだ。

　어젯밤은 친구와 곤드레만드레가 될 때까지 술을 마셨다.

· さっき、公園で 珍しい 鳥を 見た。　　　좀 전에 공원에서 보기 드문 새를 봤다.

· 今日は 試験なので、昨夜は 寝ないで 勉強した。

　오늘은 시험이 있기 때문에, 어젯밤에는 자지 않고 공부했다.

동사

**Point** 동사의 과거형에 접속하여 '~한 적이 있다(없다)'는 뜻으로 과거의 경험을 나타내는 표현이다. 대개 빈도를 나타내는 말과 함께 쓴다.

A : 交通事故を 起こした ことが ありますか。 　　교통 사고를 낸 적이 있습니까?

B : いいえ、まだ 一度も ありません。 　　아니오, 아직 한번도 없습니다.

A : クレジットカードを なくした ことが ありますか。 　　신용카드를 잃어버린 적이 있습니까?

B : はい、一度 なくした ことが あります。 　　예, 한 번 잃어버린 적이 있습니다.


**3**  빈도를 나타내는 말

**Point** 경험 표현과 함께 쓰이는 빈도 표현은 다음과 같다.

· 私は 一度も 負けた ことが ありません。 　　나는 한번도 진 적이 없습니다.

· 私は 一度だけ 負けた ことが あります。 　　나는 딱 한 번 진 적이 있습니다.

· 私は 一度しか 負けた ことが ありません。 　　나는 한 번밖에 진 적이 없습니다.

· 私は 何度も 負けた ことが あります。 　　나는 여러 번 진 적이 있습니다.

· あなたは 何度 負けましたか。 　　당신은 몇 번 졌습니까?

· 3度 負けました。 　　세 번 졌습니다.

---

**참고 | 부정으로 대답할 때 주의할 점**

① 「日本へは 行った ことが ありません。」
일본에는 간 적이 없습니다.
→「日本へは~」는 다른 나라에는 가 봤으나 일본에는 아직 가보지 않았다는 뜻.

② 「日本へ 行った ことは ありません。」
일본에 간 적은 없습니다.
→「行ったことは~」는 일본에 대해서 알고 있지만, 아직 가본 적은 없다는 뜻.

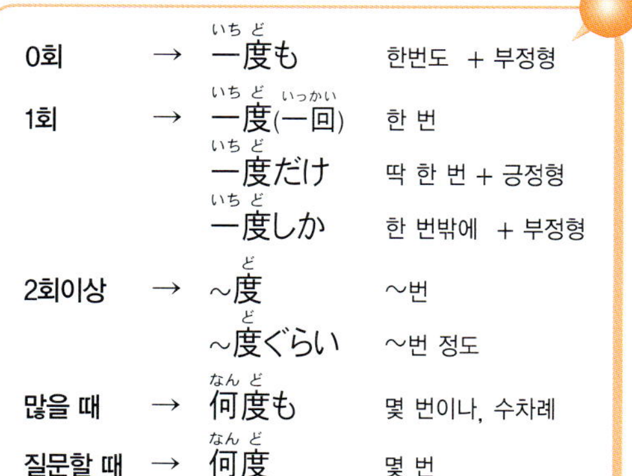

| 0회 | → | 一度も | 한번도 ＋ 부정형 |
| --- | --- | --- | --- |
| 1회 | → | 一度(一回) | 한 번 |
| | | 一度だけ | 딱 한 번 ＋ 긍정형 |
| | | 一度しか | 한 번밖에 ＋ 부정형 |
| 2회이상 | → | ~度 | ~번 |
| | | ~度ぐらい | ~번 정도 |
| 많을 때 | → | 何度も | 몇 번이나, 수차례 |
| 질문할 때 | → | 何度 | 몇 번 |

# 동사의 「〜たり」형

て형·た형·たり형은 모두 1류동사의 음편현상과 관계있기 때문에 늘 따라나오는 문법사항이다. 「たり」는 동사에만 붙는 것이 아니므로 다른 품사와 쓰일 때는 어떻게 연결되는지 확인해 두자. 또 동사의 「たり」형은 형태만 과거형에 붙었지, 과거의 뜻은 전혀 없다.

## 1 「〜たり」형으로 만드는 방법

[Point] 「〜たり」는 과거형에 접속하여 어떤 행위나 상태가 교대로 일어나거나 시간적인 순서와 상관 없는 것에 쓴다. 동사의 경우는 「〜たり」다음에 반드시 「する」가 온다.

| | 기본형 | 과거형 | 「たり」형 | |
|---|---|---|---|---|
| 명사 | 休(やす)み 휴일 | 休(やす)みだった | 休(やす)みだったり | 휴일이기도 하고 |
| ナ형용사 | 静(しず)かだ 조용하다 | 静かだった | 静かだったり | 조용하기도 하고 |
| イ형용사 | 高(たか)い 비싸다 | 高かった | 高かったり | 비싸기도 하고 |
| 1류동사 | 書(か)く 쓰다 | 書いた | 書いたり | 쓰기도 하고 |
| 2류동사 | 食(た)べる 먹다 | 食べた | 食べたり | 먹기도 하고 |
| 3류동사 | する 하다 | した | したり | 하기도 하고 |
| | 来(く)る 오다 | 来(き)た | 来(き)たり | 오기도 하고 |

## 2 「〜たり」의 용법

① 대표적인 것을 열거할 때

- 朝食(ちょうしょく)は ご飯(はん)だったり パンだったりです.　　아침 식사는 밥이기도 하고, 빵이기도 합니다.

- 退社時間(たいしゃじかん)は 早(はや)かったり 遅(おそ)かったりします.　　퇴근 시간은 빠르기도 하고 늦기도 합니다.

・休みの 日には 友達に 会ったり 映画を 見たり します。

쉬는 날에는 친구와 만나기도 하고 영화를 보기도 합니다.

・わからない 漢字は 人に 聞いたり 辞書を ひいたり します。

모르는 한자는 다른 사람에게 묻기도 하고 사전을 찾기도 합니다.

② 서로 반대되는 표현을 세트로 써서 이랬다가 저랬다가 하는 것을 나타낼 때

・今日は 雨が 降ったり やんだり している。

오늘은 비가 오락가락 하고 있다.

・仕事で ソウルと 釜山を 行ったり 来たり しています。

업무차 서울과 부산을 오가고 있습니다.

・体の 具合が 悪くて、寝たり 起きたり しています。

몸이 안 좋아서 자다 깨다 하고 있습니다.

・株価が 上がったり 下がったり しています。

주가가 오르락 내리락 하고 있습니다.

※자세한 내용은 조사편을 참조.

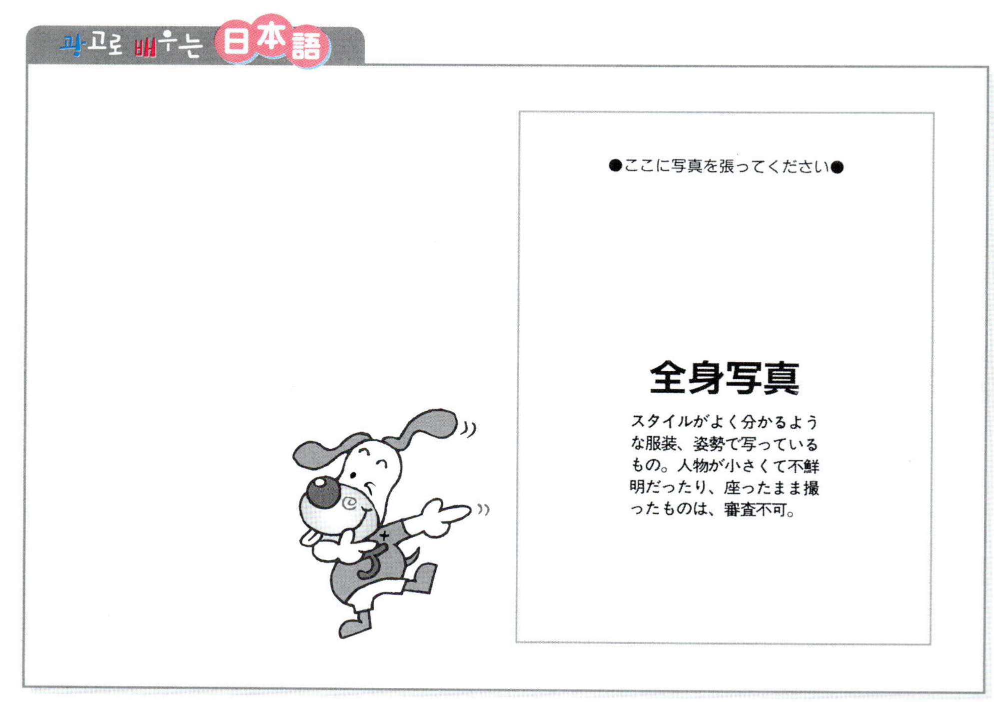

# 동사의 부정형 「〜ない」

「ない」형은 부정의 조동사 「ない」가 올 때 동사의 바뀌는 모양을 말하는데, 동사의 「ない」형에는 「ない」뿐만 아니라, 사역의 조동사 「せる · させる」, 존경 및 수동의 「れる · られる」등이 접속한다.

## 1 ない형

| A | あ | か(が) | さ | た | な | ば | ま | ら | → ない형 |
|---|---|---|---|---|---|---|---|---|---|
| I | い | き(ぎ) | し | ち | に | び | み | り | → ます형 |
| U | う | く(ぐ) | す | つ | ぬ | ぶ | む | る | → 사전형 |
| E | え | け(げ) | せ | て | ね | べ | め | れ | |
| O | お | こ(ご) | そ | と | の | ぼ | も | ろ | |

## 2 ない형 만드는 방법

| | | | | | |
|---|---|---|---|---|---|
| **1류동사**<br>어미 앞의 음을 아단으로 바꾼다. | 買う 사다 | → 買わない 사지 않다 | 待つ 기다리다 | → 待たない 기다리지 않다 | |
| | よる 들르다 | → よらない 들르지 않다 | 飲む 마시다 | → 飲まない 마시지 않다 | |
| | 飛ぶ 날다 | → 飛ばない 날지 않다 | 死ぬ 죽다 | → 死なない 죽지 않다 | |
| | 書く 쓰다 | → 書かない 쓰지 않다 | 行く 가다 | → 行かない 가지 않다 | |
| | 急ぐ 서두르다 | → 急がない 서두르지 않다 | 話す 말하다 | → 話さない 말하지 않다 | |
| **2류동사**<br>る를 떼고 「ない」를 붙인다. | 見る 보다 | → 見ない 보지 않다 | | | |
| | 食べる 먹다 | → 食べない 보지 않다 | | | |
| **3류동사** | する 하다 | → しない 하지 않다 | 来る 오다 | → 来ない 오지 않다 | |

【주의】 う로 끝나는 동사는 ない가 접속할 때 〜わない로 바뀐다.

買う　買あない(×)　買わない(○)　　　　　会う　会あない(×)　会わない(○)

## 20 부정형의 필수문형

「~ないで」는 부정의 조동사「ない」의 중지형으로, 동사의 ない형에 접속하여 다음과 같은 문형으로 쓰이는 것이 보통이다. 「~ずに」는 같은 뜻이며, 접속방법도 같지만, 회화보다는 문장에서 주로 쓰는 표현이다.

### 1  ~ないで ください   ~하지 마세요

**Point**  '~하지 말아 주세요', '~하지 마세요'의 뜻으로 정중한 부정명령문이다.

- 作品に さわらないで ください。　　　作品に 손대지 말아 주십시오.

- ここで たばこを 吸わないで ください。　　이곳에서 담배를 피지 말아 주십시오.

- しばふには 入らないで ください。　　잔디밭에는 들어가지 마세요.

- ここに ごみを 捨てないで ください。　　이곳에 쓰레기를 버리지 말아 주십시오.

### 2  ~ないで ほしい   ~하지 않았으면 좋겠다

**Point**  '~하지 말았으면 좋겠다', '~하지 않길 바란다'는 뜻이다.

- 税金を むだに 使わないで ほしい。
  세금을 쓸데없이 사용하지 말길 바란다.

- 私が いいと 言うまでは この 部屋に 入らないで ほしいです。
  내가 좋다고 말할 때까지는 이 방에 들어가지 말아 주십시오.

- 私の 食べる お寿司には ワサビを 入れないで ほしいです。
  제가 먹을 초밥에는 고추냉이를 넣지 않았으면 좋겠습니다.

- ガムを かむ ときは くちゃくちゃ音を 立てないで ほしい。
  껌을 씹을 때는 질경질경 소리를 내지 말아 줬으면 좋겠다.

- 今日は 食事を しないで 授業に 出ました。　오늘은 식사를 하지 않고 수업에 갔습니다.

- これ以上 待たないで 帰りましょう。　더 이상 기다리지 말고 돌아갑시다.

- 教科書を 見ないで 答えてください。　교과서를 보지 말고 대답해 주세요.

- アメリカへ 行かずに ヨーロッパへ 行った。　미국에 안 가고 유럽에 갔다.

- けさ ご飯を 食べずに 学校へ 行った。　오늘 아침에 밥을 안 먹고 학교에 갔다.

- 人に させずに 自分で やりなさい。　다른 사람에게 시키지 말고 스스로 해라.

▶ ずには ないで의 고어체

**word**

| | | | |
|---|---|---|---|
| ・たばこを 吸う | 담배를 피우다 | ・しばふに 入る | 잔디밭에 들어가다 |
| ・ごみを 捨てる | 쓰레기를 버리다 ↔ 拾う | ・これ以上 | 더 이상 |

④ 「〜ないで」와 「〜なくて」

Point　「ないで」는 동사에만 쓰이고 「なくて」는 명사와 형용사에도 쓸 수 있다. 「동사 + ないで」는 '〜하지 않고', '〜하지 말고'의 뜻이고, 「동사 + なくて」는 '〜하지 않아서'의 뜻으로 원인을 나타낸다.

- 必要なのは 才能ではなくて 熱意と 努力です。
  필요한 것은 재능이 아니고 열의와 노력입니다.

- この キムチは 辛くなくて 食べやすいですね。　이 김치는 맵지 않아 먹기 좋군요.

- 親切じゃなくて 不親切です。　친절하지 않고 불친절합니다.

- 最近、雨が 降らなくて 心配です。　최근, 비가 내리지 않아 걱정입니다.

- 日本に 初めて 行った 時は、日本語が わからなくて 困りました。
  일본에 처음 갔을 때는 일본어를 몰라서 힘들었어요.

- 辞書を 使わないで 書いてみてください。　사전을 사용하지 말고 써 보세요.

・本を 見ないで CDを 聞いてください。　　　　　　　책을 보지 말고 CD를 들어 주세요.

「동사 + て」만으로 명령문을 만들 수가 있듯이 「동사 + ないで」 만으로 부정명령문을 만들 수도 있다.

・何も 言わないで!　　아무말도 하지 마!
・早く 言って!　　어서 말해!


**확인문제** ないで와 なくて중 적당한 말을 넣으세요.

**1** 教科書を 見________________ して ください。

교과서를 보지 말고 해 보세요.


**2** 私の 彼氏は この 人では________________ あの 人です。

내 남자친구는 이 사람이 아니라 저 사람입니다.


**3** ここは 暑く ________________ ちょうど いいです。

여기는 덥지 않고 딱 좋네요.


**4** 日本へ 行か________________ 中国へ 行きましょう。

일본에 가지 말고 중국으로 갑시다.


**5** 最後まで リーダーが 決まら________________ 大変でした。

마지막까지 리더가 정해지지 않아서 큰일이었습니다.


정답　1. ないで　2. なくて　3. なくて　4. ないで　5. なくて

# 의뢰표현

의뢰표현이라고 하면 「～て ください(해 주세요)」가 가장 대표적인 표현이다. 반대표현은 「～ない でください(～하지 마세요.)」가 된다.

| | | | |
|---|---|---|---|
| 동사 て형 | + | ～て ください | ～해 주세요 / 하세요 |
| 동사 ない형 | + | ～ないで ください | ～하지 말아 주세요 / ～하지 마세요 |

**① 의뢰의 여러 가지 표현(아래로 내려갈수록 정중해진다)**

| | | | |
|---|---|---|---|
| ▶ 동사 | + | ～て ください | ～해 주세요 / ～하세요 |
| ▶ 동사 | + | ～て くださいますか | ～해 주시겠습니까? |
| | | ～て くださいませんか | ～해 주시지 않겠습니까? |
| ▶ 동사 | + | ～て いただけますか | ～해 주실 수 있겠습니까? |
| | | ～て いただけませんか | ～해 주실 수 없겠습니까? |
| | | ～て いただきたいのですが | ～해 주셨으면 합니다만 |

・ボールペンで 書いて ください。　　　볼펜으로 써 주세요.

・1階の ロビーで 待って ください。　　　1층 로비에서 기다리세요.

・明日、もう 一度 来て くださいますか。　　　내일, 다시 한번 와 주시겠습니까?

・前の 人は 座って くださいませんか。　　　앞 사람은 앉아 주시지 않겠습니까?

・ここで 待って いただけますか。　　　여기서 기다려 주시겠습니까?

・すこし 静かに して いただけませんか。　　　조금 조용히 해 주실 수 없을까요?

・ちょっと 話を 聞いて いただきたいのですが。
잠깐 이야기를 들어 주셨으면 합니다만.

・ここは 禁煙ですから、たばこを 吸わないでください。
이곳은 금연이기 때문에 담배를 피지 마세요.

 **확인문제** 다음 문장을 일본어로 고치세요.

**1** 여기에 사인해 주세요. (サインする)

→ 

**2** 테이블을 닦아 주시겠습니까? (ふく)

→ 

**3** 7층을 눌러 주시지 않겠습니까? (押す)

→ 

**4** 신분증(身分証)을 제시해 주실 수 있겠습니까? (提示する)

→ 

**5** 이 옷(服)을 그 옷과 바꿔 주실 수 없겠습니까? (換える)

→ 

**6** 이 영수증(領収証)을 좀 봐 주셨으면 합니다만….(見る)

→ 

# 허가 및 금지표현
## 「～ても いい/ては いけない」

허가와 금지를 나타내는 대표적인 문형은「～ても いい」(~해도 좋다)와「～ては いけない」(~해서는 안된다)가 있다. 동사뿐만 아니라 명사, 형용사의 て형에도 적용할 수 있으므로 각 품사의 て형을 확인할 필요가 있다.

## 1  허가와 금지표현

| 명사 | + | で | |
|---|---|---|---|
| ナ형용사 | + | で | ～(も)いいです  ～해도 좋습니다/됩니다  허가 |
| イ형용사 | + | くて | ～は いけません  ～해서는 안 됩니다  금지 |
| 동사 | + | て | |

① **～ても いいですか**　　～해도 됩니까?에 대한 대답

【긍정】 はい、どうぞ。　　　　　　　　　　　　예, 그러세요.

【부정】 いいえ、～ては いけません。　　　　아뇨, ~해서는 안 됩니다.

② **～ても いいです**　　～해도 됩니다 =「～ても かまいません」

[Point]「～ても いいです」대신에「～ても かまいません(~해도 상관없습니다)」을 쓸 수도 있는데, 후자가 좀더 가벼운 느낌이 든다.

- もう お昼ですから 休んでも いいです。　　이제 점심시간이니까 쉬어도 됩니다.
- 作文の 試験は 鉛筆でも いいです。　　　　작문시험은 연필도 괜찮습니다.

③ **～ては いけません**　　대신 쓸 수 있는 표현

- ～ては なりません　　'~해서는 안됩니다'.　　규칙이나 규범 등에 자주 사용된다.
- ～ては だめです　　　'~하면 안돼요'.　　　구어적인 느낌이 드는 말이다.
- ～ては こまります　　'~하면 곤란해요'.　　구어적이며, 약간 소극적인 느낌이 드는 말이다.

④ 〜ては いけません 의 **축약형** 「〜ちゃ いけません」

・切ってはいけません。→ 切っちゃいけません。　　자르면 안 됩니다.

A：テープレコーダーを 使っても いいですか。　　녹음기를 사용해도 좋습니까?

B：ええ、どうぞ。　　네, 쓰세요.

A：ここに 車を とめても いいですか。　　여기에 주차해도 돼요?

B1：ええ、どうぞ。　　네, 그러세요.

B2：いいえ、ここに とめては いけません。　　아니요, 이곳에 세우면 안 됩니다.
　　あそこの 駐車場に とめて ください。　　저쪽 주차장에 세우세요.

A：交通が 不便では いけませんか。　　교통이 불편하면 안 됩니까?

B1：ええ、不便では いけません。　　예, 불편하면 안 됩니다.

B2：いいえ、少し 不便でも かまいません。　　아니요, 조금 불편해도 괜찮습니다.

A：部屋を 借りたいんですが…。　　방을 빌리고 싶은데요….

B：10万円以上でも いいですか。　　10만엔이상이라도 괜찮습니까?

A：いいえ、10万円以上では 困ります。　　아니오, 10만엔이상이면 곤란합니다.

**2** 허가를 구하는 다른 표현

| | 정중한 표현 | 보통표현 |
|---|---|---|
| 의뢰 | ここを 通して くださいませんか。<br>이곳을 지나가게 해주시지 않겠습니까? | ここを 通っても いいですか。<br>이곳을 지나가도 좋습니까? |
| 희망 | 使わせて いただきたいんです。<br>사용하게 해 주셨으면 합니다. | 使っても いいですか。<br>사용해도 좋습니까? |
| 가능 | これを 借りられますか。<br>이것을 빌릴 수 있습니까? | これを 借りても いいですか。<br>이것을 빌려도 좋습니까? |
| 사역 | 休ませてください。<br>쉬게 해 주세요. | 休んでも いいですか。<br>쉬어도 좋습니까? |

Point 다음 도표에서 아래로 내려갈수록 금지의 강도가 강해진다.

| 표현 | | 예문 | |
|---|---|---|---|
| ～ない方がいいでしょう | ～하지 않는 편이 좋겠지요 | 行かない方がいいでしょう。 | 가지 않는 편이 좋겠지요. |
| ～ないようにしてください | ～하지 않도록 해주세요 | 行かないようにしてください。 | 가지 않도록 해 주세요. |
| ～ないでください | ～하지 마세요 | 行かないでください。 | 가지 말아 주세요. |
| ～てはいけません | ～해서는 안 된다 | 行ってはいけません。 | 가서는 안 됩니다. |
| ～べきではない | ～해서는 안 된다 | 行くべきではない。 | 가서는 안 된다. |
| ～ないこと | ～하지 말 것 | 行かないこと。 | 가지 말 것. |
| ～な | ～하지 마 | 行くな | 가지 마. |

**べきと な**

① べきは '당위'를 나타내는 조동사로 동사의 기본형에 접속한다.

- 行くべきだ。    가야 한다.    ・行くべきではない。    가서는 안 된다.

② なは '금지'를 나타내는 종조사로 동사의 기본형에 접속한다.

- 行くな。    가지 마.    ・言うな。    말하지 마.

**4** 필요·의무·당연 표현

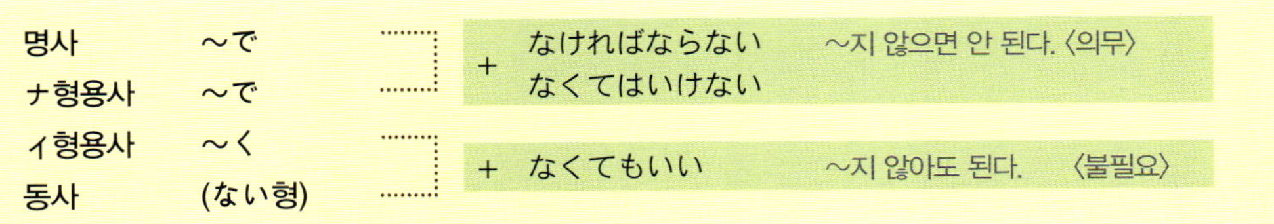


Point 「～なければならない」가「～なくてはいけない」보다 필연성이 높고 회피불가능한 경우에 쓴다. 따라서 법률이나 사회적인 규범 등에 많이 쓰이는 표현이다.

※「～なければ」의 축약형 :「～なきゃ」,「～ねば」        「～なくては」의 축약형 :「～なくちゃ」

A : 飲み物は ビールでなくても いいですか。        음료수는 맥주가 아니라도 됩니까?

B1: ええ、いいです。        예, 괜찮습니다.

B2:        いいえ、ビールでなくては いけません。        아니오, 맥주가 아니면 안 됩니다.

**1** 何が あっても 舞台に 立つ べきだ。　　무슨 일이 있어도 무대에 서야 한다.

→ ________________________________

**2** 正直に 謝る べきだ。　　정직하게 사과해야 한다.

→ ________________________________

**3** その 会議には 絶対 出席する べきだ。　　그 회의에는 반드시 출석해야 한다.

→ ________________________________

**4** 何事も 一生懸命 やる べきだ。　　무슨 일이든 열심히 해야 한다.

→ ________________________________

**5** 最後まで 耐える べきだ。　　끝까지 견뎌야 한다.

→ ________________________________

정답
1. 何が あっても 舞台に 立つ べきではない。
2. 正直に 謝る べきではない。
3. その 会議には 絶対 出席する べきではない。
4. 何事も 一生懸命 やる べきではない。
5. 最後まで 耐える べきではない。

# 동사의 충고표현

「ほうが いい」와 「ない ほうが いい」는 동사의 대표적인 충고표현이다. 동사뿐만 아니라 명사, 형용사에도 접속하므로 연결형태를 확인해두어야 겠다.

## 1 충고표현의 형태

① **~た方がいい/~ない方がいい** '~하는 편이 좋다 / ~하지 않는 편이 좋다'. 할까 말까 망설이는 상대방에게 확신을 가지고 충고하거나 권고할 때 쓰는 표현이다.

- お酒は ビールの 方が いいです。　　　　　술은 맥주가(맥주 쪽이) 좋습니다.
- 高くない 方が いいです。　　　　　비싸지 않은 편이 좋습니다.
- 事務室は 交通が 不便でない 方が いいです。
  사무실은 교통이 불편하지 않은 편이 좋습니다.
- 風邪を ひいたんですか。じゃ、すぐ 薬を 飲んだ 方が いいですよ。
  감기에 걸렸어요? 그럼, 당장 약을 먹는 게 좋아요.

> **참고** 동사의 경우, 긍정문으로 표현할 때는 과거형 「ーた」형에 「方がいいです」가 붙지만, 부정문에서는 현재형의 「ない」형에 접속한다. 「~た方がいいです」는 단지 접속할 때 과거형에 붙는 것일 뿐 과거의 뜻은 전혀 없다.

② **~した方がよかった/~ない方がよかった** '~하는 편이 좋았다/~하지 않는 편이 좋았다'. 과거문은 이미 끝난 사실에 대하여 말하는 사람의 후회의 기분을 나타낼 때 쓴다.

- もう 少し 早く 家を 出た 方が よかった。
  좀 더 빨리 집을 나오는 편이 좋았다. (좀 더 빨리 집을 나올걸…)
- ああ、成績の ことは 話さない 方が よかった。
  아, 성적에 대한 얘기는 하지 않는 게 좋았어.

# 희망을 나타내는 말

「~たい」는 동사의 ます형에 접속하여 '~하고 싶다'는 뜻을 나타내는 조동사인데 이 때 목적격 조사는 「ほしい」와 마찬가지로 조사 「が」가 온다. 기본적으로 1인칭과 2인칭에 쓰지만, 3인칭에 쓸 경우에는 「~を ほしがる(~을 갖고 싶어하다)」, 「~を ~たがる(~을 ~하고 싶어하다)」, 「~が ~たいと言っている(~를 ~하고 싶다고 말하다)」와 같이 표현한다.

## ① 【동사-ます형】 + たい

| 私は<br>나는 | ~を/が<br>~は | ~을/이<br>~는 | ~たいです<br>~たくないです | ~하고 싶습니다<br>~하고 싶지 않습니다 |
| --- | --- | --- | --- | --- |
| 田中さんは<br>다나카 씨는 | ~を/が<br>~は | ~을/이<br>~는 | ~たいと 言っています<br>~たくないと 言っています | ~하고 싶다고 했습니다<br>~하고 싶지 않다고 했습니다 |
| 田中さんは<br>다나카 씨는 | ~を<br>~は | ~을<br>~는 | ~たがっています<br>~たがっていません | ~하고 싶어합니다<br>~하고 싶어하지 않습니다 |

· お金が あったら 車を 買いたいです。

돈이 있으면 차를 사고 싶습니다.

· 家内は 3Dテレビを 買いたいと 言っていますが、高かったので 買いませんでした。

아내는 3DTV를 사고 싶다고 했지만, 비싸서 안샀습니다.

· 娘は 新婚旅行で 日本へ 行きたがっています。

딸은 신혼여행으로 일본에 가고 싶어합니다.

**부정으로 대답할 때는 대개 조사 「は」를 쓴다.**

A : 私は ビールが 飲みたいです。田中さんも ビールを 飲みますか。

나는 맥주를 마시고 싶어요. 다나카 씨도 맥주 마실래요?

B : いいえ、わたしは ビールは 飲みたくないです。ワインが 飲みたいです。

아뇨, 난 맥주는 마시고 싶지 않아요. 와인이 마시고 싶어요.

**Point** 「～が ほしい」는 '～을 갖고 싶다, 사고 싶다, 필요하다'는 뜻이다. 주로 1인칭이나 2인칭에 쓰지만 3인칭에 쓸 경우에는 「ほしがる(갖고 싶어하다)」로 표현하거나 「～が ほしいと 言っています(～가 갖고 싶다고 합니다)」와 같이 표현한다. 조사 「が」의 사용에 유의.

| | | | | |
|---|---|---|---|---|
| 私は<br>나는 | Nが<br>Nは | ～가<br>～는 | ほしいです。<br>ほしくないです。 | 갖고 싶습니다<br>갖고 싶지 않습니다 |
| 田中さんは<br>다나카 씨는 | Nが<br>Nは | ～가<br>～는 | ほしいと 言っています。<br>ほしくないと 言っています。 | 갖고 싶다고 했습니다<br>갖고 싶지 않다고 했습니다 |
| 田中さんは<br>다나카 씨는 | Nを<br>Nは | ～을<br>～는 | ほしがっています。<br>ほしがっていません。 | 갖고 싶어합니다<br>갖고 싶어하지 않습니다 |

A：ユミさんは 何が ほしいですか。  
유미 씨는 무엇을 갖고 싶어요?

B：デジタル カメラが ほしいです。  
디지털 카메라가 갖고 싶어요.

- 私は 今 何も ほしくないです。  
나는 지금 아무것도 필요하지 않아요.

- お金は ほしくない。自分の 時間が ほしい。  
돈은 갖고 싶지 않아. 내 시간이 필요해.

- 33インチの テレビが ほしかったですが、高かったので 25インチに しました。  
33인치 TV를 사고 싶었지만, 비싸서 25인치로 했습니다.

- うちの 息子は パソコンが ほしいと 言っていますが、娘は ピアノを ほしがっています。  
우리 아들녀석은 컴퓨터를 갖고 싶다고 하지만, 딸애는 피아노를 갖고 싶어해요.

- 若者たちは 自由を ほしがっている。  
젊은이들은 자유를 원하고 있다.

**「ほしい」와 「～たい」의 차이**

① 「ほしい」는 형용사이고, 「～たい」는 조동사이다. 하지만, 모양이 イ형용사와 같기 때문에 활용은 똑같이 한다.

② 1인칭이 주어로 올 때는 「～が ほしい」「～が ～たい」와 같이 조사 「が」를 쓰지만, 주어가 3인칭일 때는 「～を ほしがっている」「～を ～たがっている」와 같이 조사 「を」를 쓴다.

동사

Point  다른 사람이 나에게(나를 위해) 어떤 행동을 해 주었으면 하고 바랄 때 쓰는 표현이다. 이 때 행동을 하는 주체가 조사 「に」앞에 온다. 직역하면 '～에게 해 받고 싶다' 즉 '～가 해 주었으면 좋겠다'는 뜻이다. 주로 다음 세 가지 표현이 쓰이는데 아래로 갈수록 정중해진다.

| ～に | 동사 ― て | ほしい | ～가 해 주었으면 좋겠다 |
|---|---|---|---|
| | 동사 ― て | もらいたい | ～가 해 주었으면 좋겠다 |
| | 동사 ― て | いただきたい | ～가 해 주셨으면 좋겠다 |

・あなたに 話を 聞いて ほしいのですが。
　당신이 이야기를 들어 주면 좋겠어요.

・早く 元気に なって ほしいです。
　빨리 쾌유했으면 좋겠어요.

・図書館に いい 本を そろえて ほしいです。
　도서관에 좋은 책을 비치해 뒀으면 좋겠어요.

・先生にも パーティーに 来て いただきたいですね。
　선생님도 파티에 오시면 좋겠습니다.

※ 다음 문장을 서로 비교해 보세요.

ⓐ 私は あなたを 手伝いたい。　　나는 당신을 돕고 싶다.
ⓑ 私は あなたに 手伝ってほしい。　나는 당신이 나를 도와주면 좋겠다

　→ ⓐ는 내가 돕는 것이고, ⓑ는 '당신'이 나를 돕는 것이다.

ⓐ 私は あなたを 愛したい。　　나는 당신을 사랑하고 싶다.
ⓑ 私は あなたに 愛して もらいたい。　나는 당신이 (나를) 사랑해줬으면 좋겠다.

　→ ⓐ는 내가 '당신'을 사랑하는 것이고, ⓑ는 '당신'이 나를 사랑하는 것이다.

**확인문제** 다음 문장을 완성하세요.

**1** 私は あなたと 結婚 _______________________。

나는 당신과 결혼하고 싶다.

**2** 約束を 守って _______________________。

약속을 지켜 줬으면 좋겠다.

**3** 納得が いくように 説明して _______________________。

납득할 수 있게 설명해 주셨으면 좋겠습니다.

**4** 娘は 留学を _______________________。

딸은 유학을 하고 싶어한다.

**5** 息子が ゲーム機を _______________________。

아들이 게임기를 갖고 싶어한다.

**6** 運動後、学生達が 冷たい 水を _______________________。

운동후에, 학생들이 차가운 물을 마시고 싶어한다.

**7** 今週は 忙しかったので、週末は ゆっくり 休み_______________________。

이번주는 바빴기 때문에, 다음주는 느긋하게 쉬고 싶다.

**8** 誕生日プレゼントには デジカメが _______________________。

생일선물로는 디지털 카메라가 갖고 싶다.

**9** この 実態を 世間に 知って _______________________。

이 실태를 세상 사람들이 알아주었으면 좋겠다.

동사

**정답**
1. したい
2. ほしい/もらいたい
3. いただきたいです
4. したがっている
5. ほしがっている
6. ほしがっている/飲みたがっている
7. たい
8. ほしい
9. ほしい

# 「～んです」

「～です」는 '입니다'란 뜻이지만, 「～んです」는 「～のです」의 변형으로 주로 회화체에서 설명이나, 이유, 확인, 강조하는 기분을 나타낼 때 쓰인다. 뜻은 논문과 같이 딱딱한 문장에서는 '～것입니다'가 될 수도 있고, ます형과 별 차이없이 번역될 수도 있지만, 그 뉘앙스는 다르다. 「の」에 연결되는 것이기 때문에 앞에 명사수식형이 온다.

| | 현재긍정 | 현재부정 | 과거긍정 | 과거부정 |
|---|---|---|---|---|
| 동사 | 書くんです | 書かないんです | 書いたんです | 書かなかったんです |
| イ형용사 | 大きいんです | 大きくないんです | 大きかったんです | 大きくなかったんです |
| ナ형용사/명사 | きれいなんです | きれいではないんです | きれいだったんです | きれいではなかったんです |

## ① 의문사와 함께 쓰는 경우

**Point** 「～んですか」는 설명을 요구하는 질문문으로 주로 의문사와 같이 쓰는 경우가 많다. 이때 대답도 「～んです」로 하면 되는데, 질문에 대해 이유를 설명하거나 강조하는 느낌이 들어 있다.

A : すてきな シャツですね。どこで 買ったんですか。 　셔츠 멋지네요. 어디서 샀어요?

B : タイで 買ったんです。 　태국에서 샀어요.

A : そうですか。いつ タイに 行ったんですか。 　그래요? 언제 태국에 갔었죠?

B : 今年の 2月です。 　올해 2월에요.

## ② 회화 도입부에서 「～んですが、」형으로 쓰이는 경우

・ソウル市庁へ 行きたいんですが、どう 行ったら いいですか。
서울시청에 가고 싶은데, 어떻게 가면 돼죠?

・山本さんに 聞いたんですが、よく 分かりませんでした。
야마모토 씨한테 물었는데, 잘 모르던데요.

뒷 문장에 부탁이나 권유, 허가를 요청하는 표현과 같이 쓸 때는 뒷 문장을 생략하고 「～んですが…」까지 말하기도 한다.

# 추측의 「～でしょう」

「でしょう」는 「です」의 추량형으로 「たぶん～でしょう」와 같이 쓰인다. 「たぶん」은 '아마'라는 뜻의 부사로 「でしょう(겠지요)」나 「だろう(~일 것이다)」와 짝을 이루는 말이다. 「でしょう」는 「です」의 추측형이지만 「です」 앞에 오는 형태는 약간 다르다. 동사에는 「です」가 연결될 수 없지만, 「でしょう」는 연결될 수 있기 때문이다.

| 명사 | ナ형용사 | イ형용사 | 동사 |
|---|---|---|---|
| 사전형(어간) | 사전형(어간) | ～い | ～사전형 |
| ～ではない | ～ではない | ～くない | ～ない |
| ～だった | ～だった | ～かった | ～た |
| ～ではなかった | ～ではなかった | ～くなかった | ～なかった |

+

| でしょう | ～겠지요 |
| だろう | ～것이다 |

## ❶ 「～でしょう」의 용법

### ① 추측을 나타낼 때

[Point] 대개 「たぶん」과 함께 쓰여 추측을 나타낸다. 보통 회화에서도 쓰지만 일기예보에서도 쓴다.

- <ruby>明日<rt>あした</rt></ruby>は <ruby>曇<rt>くも</rt></ruby>り、<ruby>時々<rt>ときどき</rt></ruby> <ruby>雨<rt>あめ</rt></ruby>でしょう。

  내일은 흐리고 때때로 비가 내리겠습니다.

- ゆうべは <ruby>人<rt>ひと</rt></ruby>も <ruby>多<rt>おお</rt></ruby>くて、<ruby>大変<rt>たいへん</rt></ruby>だったでしょう。

  어젯밤은 사람도 많고 힘들었지요?

### ② 상대방에게 확인하거나 동의를 구할 때(이 때는 끝을 약간 올려서 발음한다.)

A : <ruby>鈴木<rt>すずき</rt></ruby>さんも <ruby>行<rt>い</rt></ruby>くでしょう。

  스즈키 씨도 가지요?

B : もちろんですよ。/たぶん<ruby>行<rt>い</rt></ruby>くでしょう。/たぶんね。

  물론이에요. / 아마 갈거예요. / 아마 그럴걸요.

A：昨日、梅雨入り したん でしょう。　　　　　어제부터 장마였죠?

B：らしいね。　　　　　그렇다고 하네.


③ だろうと 思う　〜일거라고 생각하다

・今度は ぜひ 勝つだろうと 思います。　　　　　이번에는 꼭 이길거라 생각합니다.

A：ゆき、アメリカに 行くって 言っていたけど、本当に 行くのかな。

유키가 미국에 간다고 하던데, 진짜로 가는 건가?

B：だろうと 思うけど…。

갈거라고 생각하는데….(그럴걸….)

# 동사의 보통형

보통형이라고 하면 '~하다, ~이다'와 같은 형태를 말한다. 사전에 나오는 기본형뿐만 아니라 부정형, 과거형, 과거부정형도 모두 포함된다. 이 보통형을 그대로 쓰면 반말표현이 되지만, 보통형에 연결되는 조동사나 조사 표현이 매우 다양하므로 ます, です에서 거꾸로 보통형을 만드는 방법도 잘 익혀두어야 한다.

## 1 보통형 만드는 방법

| | です・ます형 | 보통형 |
|---|---|---|
| 명사<br>ナ형용사 | ~です<br>~ではありません<br>~でした<br>~ではありませんでした | ~だ<br>~ではない<br>~だった<br>~ではなかった |
| イ형용사 | ~いです<br>~くないです<br>~かったです<br>~くなかったです | ~い<br>~くない<br>~かった<br>~くなかった |
| 동사 | ~ます<br>~ません<br>~ました<br>~ませんでした | 사전형<br>~ない<br>~た<br>~なかった |
| 그 외 | ~ありません<br>~ありませんでした | ~ない<br>~なかった |

「ありません(없습니다)」의 기본형은 「ある(있다)」이지만 부정형은 あらない가 아니라 '없다'는 뜻의 형용사 「ない」가 따로 있다.

- ある 있다 － ない 없다 － あります 있습니다 － ありません 없습니다
- いる 있다 － いない 없다 － います 있습니다 － いません 없습니다

① **명사의 경우**　　本 책　　※ 보통형으로 바꾸어 보세요.

本です　　　　　　　　책입니다　　________________　책이다

本ではありません　　책이 아닙니다　　________________　책이 아니다

本でした　　　　　　　　　책이었습니다　　________________________　책이었다

本ではありませんでした　책이 아니었습니다　________________________　책이 아니었다


**② ナ형용사의 경우**　　　　すてきだ　멋있다

すてきです　　　　　　　　멋있습니다　　________________________　멋있다

すてきではありません　　　멋있지 않습니다　________________________　멋있지 않다

すてきでした　　　　　　　멋있었습니다　　________________________　멋있었다

すてきではありませんでした　멋있지 않았습니다　________________________　멋있지 않았다


**③ イ형용사의 경우**　　　　あつい　덥다

あついです　　　　　　　　덥습니다　　　　________________________　덥다

あつくないです　　　　　　덥지 않습니다　________________________　덥지 않다

あつかったです　　　　　　더웠습니다　　________________________　더웠다

あつくなかったです　　　　덥지 않았습니다　________________________　덥지 않았다


**④ 동사의 경우**　　　　　行く　가다

行きます　　　　　　　　　갑니다　　　　　________________________　간다

行きません　　　　　　　　가지 않습니다　________________________　가지 않는다

行きました　　　　　　　　갔습니다　　　　________________________　갔다

行きませんでした　　　　　가지 않았습니다　________________________　가지 않았다


## **2** 「～と 思います」 : ～라고 생각합니다

[Point]　～부분에는 보통형이 온다. 말하는 사람의 추측이나 의견을 나타낼 때 쓴다. 보통 「私」가 주어가 되지만, 상대방의 의견을 물어볼 때는 「どう 思いますか。」, 「あべさんも 来ると 思いますか。」와 같이 쓸 수도 있다.

흔히 イ형용사를 「いいだと 思う」(좋다고 생각합니다)처럼 쓰는 경우가 있는데, 이것은 잘못된 표현이다.
イ형용사는 「いいと 思う」로 써야 한다. イ형용사에 「～だ」가 붙는 경우는 추측의 「だろう」뿐이다.

・いいだろう。 좋겠지, 좋을 것이다.

① 추측을 나타낼 때

・妹は 今 家に いないと 思います。　　　　　여동생은 지금 집에 없을 겁니다.

・彼は もうすぐ 結婚すると 思います。　　　　그는 곧 결혼할 거예요.

・今週中に 山田さんから 連絡が あると 思います。

이번 주중에 야마다 씨로부터 연락이 있을 거예요.


② 의견을 나타낼 때

・これは ちょっと 無理な スケジュールだと 思います。

이건 좀 무리한 스케줄이라고 생각합니다.

・本当に 残念だと 思います。

진심으로 유감스럽게 생각합니다.

・このまま だまっていては いけないと 思います。

이대로 가만히 있어서는 안된다고 생각합니다.


## 3 「～と 言いました」 : ～라고 했습니다

① **～と 言いました**　　'~라고 말했습니다' 다른 사람의 말을 그대로 전할 때 쓰는 표현. 뉴스나 보도 등에서 자주 쓴다.

・田中さんは また 韓国に 来たいと 言いました。

다나카 씨는 한국에 또 오고 싶다고 했습니다.


② **～と 言います**　　정의할 때 쓰는 표현으로 '~라고 합니다'의 뜻.

・日本では お正月に 食べる 料理を おせち料理と 言います。

일본에서는 설날에 먹는 음식을 오세치요리라고 합니다.


③ **～と 言っています**　　'~라고 말했습니다' 다른 사람의 말을 전할 때 쓰는 표현.

・山田さんは 来年 また ソウルに 来たいと 言っています。

야마다 씨는 내년에 또 서울에 오고 싶다고 합니다.

## ～という

「AというB」(A라는 B)와 같이 뒤의 명사를 수식하는 형태로도 많이 쓰인다.

· 田中という 人から 電話が あった。　　　　다나카라는 사람으로부터 전화가 왔었다.

· 「もの」という 字は 漢字で どう 書くんですか。　　もの라는 글자는 한자로 어떻게 쓰죠?

· なぜかと 言うと　왜냐하면　　　　　　　· どちらかと 言うと　어느쪽이냐 하면

이 밖에 다음과 같이 문장의 앞부분에서 앞 말을 정리하고 다음 말을 이어갈 때도 쓴다.

· ということで　그러한 사실로 인해

· というもので　그런 것이어서(추상적)

· というわけで　그런 연유로(구체적)

**확인문제**　보통형으로 바꾸어 보세요.

**1** 子供です　어린이입니다　　　→

**2** 教室ではありません　교실이 아닙니다　　　→

**3** 簡単でした　간단했습니다　　　→

**4** やすかったです　쌌습니다　　　→

**5** おもしろくないです　재미있지 않습니다　　　→

**6** 聞きます　듣습니다　　　→

**7** 座りました　앉았습니다　　　→

**8** 見ませんでした　안 봤습니다　　　→

정답
1. 子供だ　2. 教室ではない　3. 簡単だった　4. やすかった
5. おもしろくない　6. 聞く　7. 座った　8. 見なかった

# 연체수식(명사수식)에 대해

명사를 꾸미는 형태는 각 품사의 명사수식형 또는 명사구(句)가 있다. 앞에서 명사수식형에 대해 언급했지만, 현재형에 연결되는 것뿐만 아니라 현재부정, 과거, 과거부정에 연결되는 것 등 명사를 꾸미는 형태를 말한다. 실제 회화나 문장에서 쓰이는 예문을 중심으로 살펴보자.

## 1 연체수식문 만들기

**① 명사    の/だった + 명사**

- 今は 日本語の 時間です。　　　　　　　　지금은 일본어 시간입니다.
- その 建物は ソウル駅の 前に あります。　그 건물은 서울역 앞에 있습니다.

**② ナ형용사    な/だった + 명사**

- どこか 静かな ところへ 行って、話しましょうか。　어디 조용한 곳에 가서 얘기할까요?
- 幸せだった 大学時代。　　　　　　　　　　　행복했던 대학시절.

**③ イ형용사    보통형 + 명사**

- とても おいしい コーヒーですね。　　　　　매우 맛있는 커피네요.
- きのうまで 高かった 株価が 急に 下がってきた。　어제까지 높았던 주가가 갑자기 내려갔다.

**④ 동사    기본형 + 명사**

- 英語が できる 人は 何人ぐらい いますか。　영어가 가능한 사람은 몇 명 정도 있습니까?
- テープを かりる 人は 12時までに 来てください。　테이프를 빌릴 사람은 12시까지 와 주세요.

**⑤ 동사    ～ている + 명사**

- あそこで たばこを 吸っている 人は だれですか。
  저기서 담배를 피우고 있는 사람은 누구입니까?
- あの 電気が ついている 部屋が 私の 部屋です。　저 불이 켜져 있는 방이 제 방입니다.

**⑥ 동사    ～た + 명사**

- これは 先生に 借りた 本です。　　　　　　이건 선생님한테 빌린 책이에요.
- この間 行った ところへ 行きましょう。　　요전에 갔던 곳으로 갑시다.

동사

⑦ 동사　～ていた + 명사

- 昨日 あそこで ギターを ひきながら 歌っていた 人は だれですか。
  어제 저기서 기타를 치면서 노래하던 사람은 누구입니까?

- 朝から 降っていた 雨が さっき やみました。
  아침부터 내리던 비가 아까 그쳤습니다.

## 2 조사「が」가「の」로 바뀌기도 한다.

[Point] 연체수식어(구)의 주어는「の」로 바꿀 수 있다.

- 私の飲んだ コーヒーは あまり おいしくなかった。　내가 마신 커피는 그다지 맛이 없었다.

  (私が飲んだ)

## 3 연체수식문과 그 밖의 표현

① ～という～(～라는 ～) : 사람이나 책, 장소 등 이름을 말할 때 쓴다.

- 田中さんという 人から 電話が ありました。
  다나카 씨라는 사람한테서 전화가 왔었습니다.

- 韓国へ 来るまで 浦和という ところに 住んでいました。
  한국에 올 때까지 우라와라는 곳에 살았습니다.

- 「タイタニック」という 映画を 見た ことが ありますか。
  '타이타닉'이라는 영화를 본 적이 있습니까?

- 木村さんが 会社を やめたという 話を 聞きました。
  기무라 씨가 회사를 그만두었다는 이야기를 들었습니다.

- この 会社に 勤めたいという 人に 会いました。
  이 회사에 근무하고 싶다는 사람을 만났습니다.

② ～のは～です(～것은 ～입니다) : 강조하고 싶은 부분이「～のは」다음에 온다.

- 会議が 終わったのは、夜の 10時でした。　　회의가 끝난 것은 밤 10시였습니다.

- 私が 昨日 買ったのは、この 本です。　　내가 어제 산 것은 이 책입니다.

- あちらの 山田さんと いっしょに 話しているのは、だれですか。
  저쪽에 야마다 씨와 같이 이야기하고 있는 사람은 누구예요?

# 동작의 순서를 나타내는 말

동작의 순서를 나타내는 말은 ～まえに(전에), ～あとで(후에) ～てから(～고 나서)가 있다. まえに 는 조사「に」, あとで는 조사「で」가 오는 것에 유의하자.

| 명사 | の | 前(まえ)に(～전에) | の | 後(あと)で(～후에) | × |
|------|------|------|------|------|------|
| | (수사) | 前(まえ)に(～전에) | (수사) | 後(あと)で(～후에) | |
| 동사 | (기본형) | 前(まえ)に(～하기 전에) | た | 後(あと)で(～한 후에) | てから(～하고 나서) |

## 1  まえに  ～하기 전에

[Point]  동사는 기본형에, 명사는 の에 접속한다.

・出張の 前に スケジュールを 確かめたいです。
출장 전에 스케줄을 확인해 두고 싶습니다.

・授業が 始まる 20分前までには、教室に 来てください。
수업이 시작되기 20분전까지는 교실로 와 주십시오.

・あきらめる 前に もう一度 やってみましょう。
포기하기 전에 다시 한 번 해 봅시다.

## 2  あとで  ～하고 나서

[Point]  하나의 동작이 끝난 다음에 다음 행동을 할 때 쓰는 표현이다.

・食事の あとで コーヒーを 飲みませんか。
식사 후에 커피 마시지 않을래요?

・今は 会議中ですから、1時間あとで もう一度 電話してくださいませんか。
지금은 회의중이므로 1시간 후에 다시 한번 전화해 주시지 않겠습니까?

[Point] 「～たあとで」와 같다. 동사의 て형에 접속한다.

- もう 少し 待ってから もう一度 電話してみましょう。

  조금 더 기다렸다가 다시 한 번 전화해 봅시다.

- 問題を よく 読んでから 答えてください。

  문제를 잘 읽고 나서 답해 주세요.

 확인문제　빈 칸에 들어갈 알맞은 말을 고르세요.

| まえに | てから | あとで | から |
| --- | --- | --- | --- |

**1**　ゲームは 宿題が 終っ＿＿＿＿＿＿＿＿しなさい。

게임은 숙제가 끝난 후에 해.

**2**　お嫁に 行く＿＿＿＿＿＿＿＿ 料理教室に 通いたい。

시집을 가기 전에 요리학원에 다니고 싶다.

**3**　もう 少し 詳しく 調べ＿＿＿＿＿＿＿＿ 行くのは どうですか。

좀더 자세히 알아보고 나서 가는 게 어떨까요?

**4**　頭を 洗った＿＿＿＿＿＿＿＿ せっけんで 体を 洗う。

머리를 감은 후에 비누로 몸을 씻는다.

**5**　保証人として 印を 押す＿＿＿＿＿＿＿＿ もう一度 よく 考えてみなさい。

보증인으로서 도장을 찍기 전에 다시 한 번 잘 생각해 봐.

# やりもらい 표현

'주다' '받다'와 같이 무언가를 주고 받을 때 쓰는 표현을 일본어로는 「やりもらい(주고 받기)」라고 한다. 우리말과 대부분 비슷하게 쓰이지만, 누가 주고, 누가 받느냐에 따라 약간 다른 부분도 있다. 특히 우리말에서는 "누가 누군가에게 주다"와 같이 '주다'라는 표현을 많이 쓰지만, 일본어에서는 '받다'는 표현을 많이 쓴다는 점에 유의하자.

## 1 あげる  주다

[Point]  내가 남에게, 또는 제3자가 제3자에게 '주다'라는 뜻이다.

| 내가 남에게 또는<br>제 3자가 제 3자에게 | さしあげる | 드리다(존경어) |
| --- | --- | --- |
| | あげる | 주다 |
| | やる | 주다(손아랫사람이나 동, 식물) |

- 私は 田中さんに 日本の 歌の テープを あげました。  〈나 → 제3자〉

  나는 다나카 씨에게 일본 노래 테이프를 주었습니다.

- 森さんは 山田さんに ネクタイを あげました。  〈제3자 → 제3자〉

  모리 씨는 야마다 씨에게 넥타이를 주었습니다.

- あなたは 山田さんに 何を あげましたか。  〈상대방 → 제3자〉

  당신은 야마다 씨에게 무엇을 주었습니까?

## 2 くれる  주다

[Point]  「くれる」는 남이 '나'에게 줄 때 쓰는 표현이다. 여기서 '나'라고 하는 것은 '내 쪽 사람(가족이나 같은 회사 직원 등)'이 포함된 개념이다. '주시다'는 「くださる(주시다)」라고 한다. 「くれる」 자체에 '남이 나에게'라는 뜻이 들어 있기 때문에 굳이 「私に(나에게)」라는 말을 쓰지 않아도 된다.

| 남이 '나' 또는 내 쪽 사람에게 | くださる | 주시다(존경어) |
| --- | --- | --- |
| | くれる | 주다 |

· 田中さんは (私に) ライターを くれました。　　　　　　　〈제3자 → 나〉

다나카 씨는 (나에게) 라이터를 주었습니다.

· 母は 私に 青い シャツを くれました。　　　　　　　　〈가족 → 나〉

어머니는 나에게 파란 셔츠를 주셨습니다.

· 田中さんは 弟に きれいな日本の はがきを くれました。　　〈제3자 → 나의 가족〉

다나카 씨는 동생에게 예쁜 일본 엽서를 주었습니다.

· 田中さんは あなたに 何を くれましたか。　　　　　　　〈제3자 → 상대방〉

다나카 씨는 당신에게 무엇을 주었습니까?

**Point** '어머니가 나에게 준 경우'는 우리말로는 '주셨다'고 해야 하지만, 일본어는 「くれる」를 쓰는 것에 주의해야 한다. 타인에게 자신의 가족에 대해 말할 때는 비록 윗사람이라 할지라도 그 말을 듣는 사람을 배려해서 겸손하게 말하는 것이 일본식 경어의 특징이다.



## 3 もらう　받다

**Point** 「もらう」는 받는 쪽에 초점을 둔 표현이다. 단, 윗사람에게 뭔가를 받을 경우에는 정중한 표현 「いただく」를 쓴다. 이런 표현은 우리말로 굳이 직역하면 '삼가받다'이지만, 잘 쓰지 않으므로, 「もらう」와 같이 '받다'고 번역하면 된다.

**Point** '~한테 받다'고 할 때 '한테'에 해당하는 조사는 「に」 또는 「から」를 쓰는데, 사람에게는 둘 다 쓸 수 있지만, '국가로부터 훈장을 받다' 처럼 기관이나 단체로부터 받을 경우에는 「から」만 쓸 수 있다.

<table>
<tr><td>～한테 に(사람)<br>　　　から(사람, 기관, 단체)</td><td>もらう<br>いただく</td><td>받다<br>받다(겸양어)</td></tr>
</table>

- 山田さんは 先生に(から) ネクタイを いただきました。

  야마다 씨는 선생님으로부터 넥타이를 받았습니다.

- あなたは 山田さんに(から) 何を もらいましたか。

  당신은 야마다 씨로부터 무엇을 받았습니까?

- 私は 山田さんに(から) ライターを もらいました。

  나는 야마다 씨로부터 라이터를 받았습니다.

- 妹は 毎月母に(から) お小遣いを もらいます。

  여동생은 매달 어머니한테서 용돈을 받습니다.

- 母校から 賞を もらいました。

  모교로부터 상을 받았습니다.

### Bonus

**꼭 확인하기!**

① 「나」 ： 일본어에서는 「나」라는 개념 속에는 자신이 속한 그룹도 포함된다. 따라서 자기 가족, 자기 회사 등은 '나'와 같이 취급한다는 것.

② 「やる」 ： 손아랫사람(동생, 자녀) 등에 썼지만 최근에는 동식물 외에는 그다지 쓰지 않는다는 것.

③ 「くれる」： 누가 주든 받는 쪽이 항상 '나'이어야 한다는 것.

## 4  やりもらい  요점정리

| 동작의 주체 | 주다 | | 주다 | | 받다 | |
|---|---|---|---|---|---|---|
| | 누가 주는가?<br>나, 제3자 → 제3자 | | 누가 주는가?<br>제3자 → 나 | | 누가 받는가?<br>제3자 → 나, 제3자 | |
| 손윗사람 | さしあげる | 드리다 | くださる | 주시다 | いただく | 받다 |
| 동등한 관계 | あげる | 주다 | くれる | 주다 | もらう | 받다 |
| 손아랫사람<br>(동물 · 식물) | やる | 주다 | くれる | 주다 | もらう | 받다 |

# やりもらい 필수문형

구체적인 물건을 주고 받는 것이 아니라 어떤 행위나 동작을 해주거나 받는 것을 말한다. 「あげる/くれる/もらう」 앞에 「て」가 연결되어 「~てあげる/~てくれる/~てもらう」 형태로 쓰인다. 이 중에서 특히 「~てもらう」는 우리말로 옮기기 어려운 대표적인 표현으로, 가장 일본어다우면서도 학습자에게는 까다로운 부분이다.

## 1 ~て あげる　~해 주다

**Point**　「~て あげる」는 '~해 주다'라는 뜻으로 누군가에게 어떤 행위를 해 주는 것을 말한다. 기본 개념은 「あげる」와 같다.

| 내가 남에게 또는 제3자가 제3자에게 | ~て | さしあげる | ~해 드리다 |
|---|---|---|---|
| | | あげる | ~해 주다 |
| | | やる | ~해 주다 |

**Point**　기본적인 문형은 「~が(가) ~に(에게) ~を(을) ~てあげる(해 주다)」이지만, 내용에 따라서는 「~に(에게)」 대신 「~を(을)」가 올 수도 있다.

・私は 子供に 本を 買ってやった。
　나는 아이에게 책을 사 주었다.

・私は 吉本さんに カメラを 貸してあげました。
　나는 요시모토 씨에게 카메라를 빌려 주었습니다.

・雨が 降ってきましたね。駅まで 送ってあげますよ。
　비가 오는군요. 역까지 바웅해 줄게요.

・ちょっと 分かりにくいですから、簡単な 地図を 書いてあげましょう。
　조금 알기 어려우니까 간단한 지도(약도)를 그려 줄게요.

・山田さんは 田中さんを 車に 乗せてあげました。
　야마다 씨는 다나카 씨를 자동차에 태워 주었습니다.

**〜てあげる에서 주의할 점**

이 표현은 상대방이 못하는 것을 내가 해준다거나 은혜를 베푼다는 뉘앙스가 있어서 듣는 사람은 썩 기분이 좋지 않은 말이다. 뒤의 「あげる」를 「さしあげる」로 바꾸면 정중하게 들리지 않을까 생각하겠지만, 뒷말을 바꾸어도 마찬가지다. 따라서 친한 친구나 손아랫사람에게 쓰고, 윗사람에게는 직접 쓰지 않도록 해야 한다. 우리말에는 '〜을 해 주다, 해 드리다'와 같은 표현을 많이 쓰기 때문에 특히 틀리기 쉬운데, 윗사람에게 뭔가를 '〜해 드릴까요?'하고 말하고 싶을 때는 「〜ましょうか」하고 완곡하게 표현하거나 다른 정중한 표현을 쓰는 것이 좋다.

## ② 〜て くれる　〜해 주다

**Point**　「〜てくれる」는 '〜해 주다'란 뜻으로, 다른 사람이 '나'에게 어떤 행동을 해 주는 것을 말한다. 기본 개념은 「くれる」와 마찬가지로 받는 쪽이 항상 '나'이어야 한다.

**Point**　'아버지가 나에게 차를 사 주셨다'와 같이 같은 가족(또는 회사 직원)끼리 일어난 일에 대해서 남에게 말할 때는 「〜てくださる」가 아니라 「〜てくれる」로 표현한다.

| 남이 '나' 또는 '내 쪽 사람'에게 | 〜て くださる | 〜해 주시다(존경어) |
|---|---|---|
| | 〜て くれる | 〜해주다 |

- 引っ越す 時、友達が 手伝ってくれた。
  이사할 때, 친구가 도와 주었다.

- 父が (私に) 新しい 車を 買ってくれました。
  아버지가 (나한테) 새 차를 사 주셨습니다.

- 彼女は 忙しいと 言って、私に 会ってくれなかった。
  그녀는 바쁘다며 나를 만나주지 않았다.

- 先生は 私に カメラを 貸してくださいました。
  선생님은 나한테 카메라를 빌려 주셨습니다.

- 山田さんは 田中さんを 車に 乗せてくれました。(×) / あげました。(○)
  야마다 씨는 다나카 씨를 자동차에 태워 주었습니다.

【주의】 받는 쪽이 항상 '나'이어야 하기 때문에 위 마지막 예문은 「くれる」로 표현할 수 없다.

**Point** 「もらう」는 물건을 주고 받을 때 '받다'는 뜻으로 우리말과 크게 다를 것이 없지만, 「～て も
らう」는 우리말로 직역하면 '～해 받다'로 누가 행동했느냐를 따져서 거꾸로 '행동을 한 사람
이 ～해 주다'로 번역해야 자연스럽다. 정중한 표현은 「～ていただく」를 쓴다.

**Point** 주로 「～に ～てもらう」형으로 쓰이는데, 자신이 부탁하여 어떤 혜택을 입었다거나 고마운
마음이 들어있는 표현이다.

| ～가 ～에게 | ┌ ～て いただく | ～해 주시다(존경어) |
| --- | --- | --- |
| | └ ～て もらう | ～해 주다 |

**父が 来る**

- 父に 来てもらう。　　　　　(～てもらう형) 자신이 와 달라고 부탁하여 아버지가 오신 경우

- 父に 来られる。　　　　　　(수동형) 아버지가 오신 것이 반갑지 않음 → 피해의식

**Point** 위 표현을 비교해 보면 같은 상황이라도 어떤 느낌인지를 알 수 있을 것이다.

- 引っ越す 時、友達に 手伝ってもらった。

  이사할 때, 친구가 도와 주었다.

- (私は)父に 新しい 車を 買ってもらいました。

  아버지가 (나한테) 새 차를 사 주셨습니다.

- やっと 彼女に 会ってもらいました。

  겨우 그녀가 (나를) 만나 주었습니다.

- 私は 先生に カメラを 貸していただきました。

  선생님께서 나한테 카메라를 빌려 주셨습니다.

**1** 先生が（私に）説明してくださいました。

→ _______________________________________________

**2** 朴さんは 李さんの 荷物を 持ってあげました。

→ _______________________________________________

**3** 田中さんは 鈴木さんに お弁当を 作ってあげました。

→ _______________________________________________

**4** 会社の 社長が 特別ボーナスを くださいました。

→ _______________________________________________

**5** 中村さんは 加藤さんに 指輪を 買ってあげました。

→ _______________________________________________

(6〜8)적당한 표현을 고르세요.

**6** 私の 自転車が こわれてしまったので 友達に 直して くれた / もらった。

**7** 山田君には ボク が 教えて あげる / くれるよ。

**8** A : 山田さんに この スカーフを あげる つもりです。

B : そうですか、きっと 喜んで 使って あげる / くれるでしょう。

동사

# 동사의 의지형

'~할 생각이다, ~할 작정이다'와 같이 의지를 나타내는 표현은 동사의 의지형으로 나타내는 방법과 「의지형 + ~と思う」, 「~つもり」로 나타낼 수 있다. 비슷하게 쓰이지만, 자신의 생각이냐, 아니면 자신의 의지와는 상관없이 결정된 사항인가에 따라 구별해서 쓴다.

## ① 동사의 의지형

**Point** 「う/よう」는 '의지'나 추량을 나타내는 조동사로 1류동사에는 「う」가, 2류동사에는 「よう」가 연결된다.

| A | あ | か(が) | さ | た | な | ば | ま | ら | → ない형 |
|---|---|---|---|---|---|---|---|---|---|
| I | い | き(ぎ) | し | ち | に | び | み | り | → ます형 |
| U | う | く(ぐ) | す | つ | ぬ | ぶ | む | る | → 사전형 |
| E | え | け(げ) | せ | て | ね | べ | め | れ | → 가능형 |
| O | お | こ(ご) | そ | と | の | ぼ | も | ろ | → 의지형 |

### ① 의지형으로 바꾸는 방법

▶ **1류동사** : 끝음 [う]단을 [お]단으로 바꾼 다음 「う」를 붙여 준다. 단독으로 쓰일 경우에는 '~하자'의 뜻이지만, 뒤에 「~と思う」가 연결되면 '~하려고'의 뜻이 된다.

| | | | | | | |
|---|---|---|---|---|---|---|
| 買う | 사다 | → かおう 사자 | | 行く | 가다 | → いこう 가자 |
| 脱ぐ | 벗다 | → ぬごう 벗자 | | 話す | 말하다 | → はなそう 말하자 |
| 立つ | 서다 | → たとう 서자 | | 死ぬ | 죽다 | → しのう 죽자 |
| 飛ぶ | 날다 | → とぼう 날자 | | 読む | 읽다 | → よもう 읽자 |
| 売る | 팔다 | → うろう 팔자 | | 帰る | 돌아가다 | → かえろう 돌아가자 |

▶ **2류동사** : 끝의 「る」를 떼고 「よう」를 연결한다.

| | | | | | | |
|---|---|---|---|---|---|---|
| 見る | 보다 | → みよう 보자 | | かりる | 빌리다 | → かりよう 빌리자 |
| 食べる | 먹다 | → たべよう 먹자 | | かける | 걸다 | → かけよう 걸자 |

▶ **3류동사** : 불규칙하므로 다음 형태를 외우면 된다.

| | | | |
|---|---|---|---|
| 来る 오다 | → | 来よう 오자 | する → しよう 하자 |
| 勉強する 공부하다 | → | 勉強しよう 공부하자 | |

---

**ます의 의지형은?**

~ましょう이다. 의지를 나타내기도 하지만, '~하자고' 상대방에게 권할 때도 이 형태로 쓰기 때문에 청유형이라고도 한다.

---

### ② 의지형의 의미

| | | |
|---|---|---|
| · 현재형 | 行きます | 가겠습니다 |
| · 의지형 | 行こう / 行こうと 思います | 가야지 / 가려고 합니다. |
| · 기본형 + つもりだ | 行く つもりです | 갈 작정입니다 |

**[Point]** ます형은 '~겠습니다'의 뜻으로 의지를 나타내기도 하지만, 원래 의지 표현은 아니다. 적극적으로 의지를 나타낼 때는 「う·よう」나 「つもり」를 쓴다.

### ③ 의지형의 용법

| | | |
|---|---|---|
| · 의지 | 単語を 覚えよう。 | 단어를 외우자. |
| | 夏休みに 日本へ 行こうと 思う。 | 여름 휴가 때 일본에 가려고 생각한다. |
| · 권유/제안 | いっしょに 散歩しよう。 | 같이 산책하자. |
| | いっしょに 散歩しましょう。 | 같이 산책합시다. |
| · 추량 | 明日は 晴れよう。 | 내일은 맑겠지. |
| | そんな ふうにも 考えられよう。 | 그런 식으로도 생각할 수 있겠지. |

---

현대어에서는 '~할 것이다'의 추량표현으로서의 「よう」는 별로 쓰지 않는다. 특히 회화에서는 거의 쓰이지 않고, 대신 「~でしょう」나 「~だろう」를 많이 쓴다.

---

> 私は CDを 買います。 → 私は CDを 買おうと 思っています。

**1** 来年 私は 日本に 行きます。

→ 来年 私は 日本に ＿＿＿＿＿＿＿＿＿＿＿と 思っています。

**2** 今日は 疲れたから 早く ねます。

→ 今日は 疲れたから 早く ＿＿＿＿＿＿＿＿＿＿＿と 思っています。

**3** 明日は 会議が あるので 会社に 早く 来ます。

→ 明日は 会議が あるので 会社に 早く ＿＿＿＿＿＿＿＿＿＿＿と 思っています。

**4** 久しぶりに 田舎の 母に 電話する。

→ 久しぶりに 田舎の 母に 電話 ＿＿＿＿＿＿＿＿＿＿＿と 思っています。

**5** 明日 上映開始する 映画を 見に 行く。

→ 明日 上映開始する 映画を ＿＿＿＿＿＿＿＿＿＿＿と 思っています。

# 의지형 필수문형

つもり는 의지가 들어 있는 말이기 때문에 의지가 없는 말에는 쓸 수 없다. 이 때는 「予定」라는 말을 쓴다.

· 午後 3時から 会議が ある つもりです。(×)　　· 午後 3時から 会議が ある 予定です。(○)
　오후 3시부터 회의가 있을 예정입니다.

여기서는 つもり와 予定의 차이, 〜と思う 문형 등을 익혀두자.

## 1　〜う/よう　〜하겠다/〜하자

[Point] 주로 자신의 생각이나 다짐, 계획 등을 나타낸다.

· 日本語を 一生懸命に 勉強しよう。　　　　일본어를 열심히 공부해야지.

· 来週までに、必ず 論文を 書き上げよう。　　다음 주말까지 반드시 논문을 다 써야지.

## 2　〜と 思う/思っている　〜려고 생각한다/생각하고 있다

[Point] 「〜と思っている」는 「〜と思う」보다 그렇게 생각하고 작정한지 어느 정도 기간이 지났고, 그런 생각을 예전부터 죽 갖고 있었다는 뉘앙스가 들어 있다.

· 明日は 朝が 早いですから、早く 寝ようと 思います。
　내일은 아침 일찍 일어나야 하기 때문에 일찍 자려고 합니다.

· この 件に ついては、森さんの 意見を 聞いてみようと 思います。
　이번 건에 관해서는 모리 씨의 의견을 들어 보고자 합니다.

· タバコを やめようと 思っています。
　담배를 끊으려고 생각하고 있습니다.

「〜かと 思う」(〜할까 하고 생각하다)로도 많이 쓰인다.

· 行こうかと 思ったが、行かなかった。　　갈까 하고 생각했지만, 가지 않았다.

동사

[Point]  말하는 사람의 의지를 나타내므로, 주로 1인칭에 쓰이며 의지가 없는 것에는 이 말을 쓸 수 없다.

| 긍정형 | 부정형 | |
| --- | --- | --- |
| 行く つもりです。   갈 작정입니다. | 行かない つもりです。   안 갈 생각입니다. | |
| | 行く つもりは ありません。   갈 생각은 없습니다. | |

① **1인칭에 쓸 경우**   의지를 나타내며, 실천하려는 의지도 들어 있다.

- 私は お酒を やめる つもりです。

  저는 술을 끊을 생각입니다.

- 私が できる あ手伝いは する つもりだ。

  내가 할 수 있는 일은 도울 생각이야.

② **2인칭에 쓸 경우**   생각이나 계획, 꿍꿍이가 뭐냐고 물을 때 쓴다.

- いったい どうする つもりなの。

  도대체 어떻게 할 작정이야?

- 無理は ダイエットを いつまで 続ける つもりですか。

  무리한 다이어트를 언제까지 계속할 작정이에요?

③ **3인칭에 쓸 경우**   주로「らしい」,「だろう」등과 같이 쓰인다.

- 彼も お酒を やめる つもりらしい。

  그도 술을 끊을 작정인 것 같다.

- 彼は 当分 何も しないで、休む つもりらしい。

  그는 당분간 아무것도 하지 않고 쉴 작정인 듯하다.

④ **부정형**　「~ないつもりです(~하지 않을 생각입니다)」보다「~つもりはありません(~할 생각은 없습니다)」쪽이 좀 더 강한 표현이라고 할 수 있다. 단,「~つもりではありません」은 틀린 표현이다.

・キミと 別(わか)れる つもりは ない。
　너랑 헤어질 생각은 없어.

・この 意見(いけん)を 変(か)える つもりは ない。
　이 의견을 바꿀 생각은 없어.

⑤ **~たつもりだ**　의지와는 상관없이, 사실이나 결과는 다르지만 그 상황을 가정해서 말 할 때 '~한 셈치고' 또는 '(나름대로는)~했다고 생각한다'는 뜻으로 쓰이는 경우이다.

・本(ほん)を 買(か)った つもりで、貯金(ちょきん)した。
　책을 산 셈 치고 저금했다.

・私(わたし)は 私なりに 一生懸命(いっしょうけんめい) やった つもりです。
　저는 제 나름대로 열심히 했다고 생각하고 있습니다.

## 34

# 동사의 가능표현

동사의 가능표현은 몇 가지가 있는데 주로 1류동사(5단동사)는 가능동사로 만들어서 표현하고, 나머지 동사는 가능의 조동사(れる/られる)형으로 만들거나「～ことが できる」로 표현한다.

**1  가능(可能)표현의 종류**

① ～を + ことが できる(동사 사전형)　～을 할 수 있다

[Point]  できる는 '할 수 있다'는 뜻의 동사인데, 「동사의 사전형 + ことが できる(～(하는)것이 가능하다)」로 '～할 수 있다'는 뜻의 가능표현을 만든다.

| | | | | |
|---|---|---|---|---|
| できる | 할 수 있다 | → | できます | 할 수 있습니다 |
| できない | 할 수 없다 | → | できません | 할 수 없습니다 |

- 私は 泳ぐ ことが できます。　　　　　나는 헤엄칠 줄 압니다.
- 私は フランス語を 読む ことが できます。　　나는 프랑스어를 읽을 수 있습니다.

② 가능동사(1류동사의 경우)

[Point]  1류동사만 가능동사로 만들 수 있다. 1류동사는 위 1번 처럼 바꿀 수도 있고, 가능동사로도 쓸 수도 있는데, 가능동사가 짧게 표현할 수 있어서 많이 쓰이는 편이다.

- 私は 泳げます。← 泳ぐ　　　　　나는 헤엄칠 줄 압니다.
- 私は フランス語を 読めます。← 読む　　나는 프랑스어를 읽을 수 있습니다.

③ 명사 が できる　～가 가능하다

[Point]  명사에「～が できる」를 접속하는 방법이다.

- 私は 運転が できます。　　　　　나는 운전이 가능합니다.
- ひまな 時、読書が できます。　　한가할 때 독서가 가능합니다.

① **1류동사** : 끝음을 [e]음으로 바꾼 다음「る」를 붙인다. 〈가능동사〉

| 会う 만나다 | – | 会える 만날 수 있다 | 死ぬ 죽다 | – | 死ねる 죽을 수 있다 |
|---|---|---|---|---|---|
| 聞く 듣다 | – | 聞ける 들을 수 있다 | 遊ぶ 놀다 | – | 遊べる 놀 수 있다 |
| 話す 말하다 | – | 話せる 말할 수 있다 | 飲む 마시다 | – | 飲める 마실 수 있다 |

② **2류동사** : 끝의「る」를 떼고 어간에「られる」를 붙인다. 〈~られる형〉

| 見る 보다 | – | 見られる 볼 수 있다 | 起きる 일어나다 | – | 起きられる 일어날 수 있다 |
|---|---|---|---|---|---|
| 食べる 먹다 | – | 食べられる 먹을 수 있다 | 考える 생각하다 | – | 考えられる 생각할 수 있다 |

조동사「れる・られる」는 가능·수동·존경의 기능이 있는데, 여기서는 '가능'을 나타낸다.

③ **3류동사** : 불규칙하므로 아래 형태를 외워야 한다. 특히「する」의 가능동사는「できる」라는 것에 주의하자.

| する 하다 | – | できる 할 수 있다 | 来る 오다 | – | 来られる 올 수 있다 |
|---|---|---|---|---|---|

> ①「勉強する」처럼「する」로 끝나는 동사는「勉強できる」와 같이 바꾸어 주면 된다.
> ② 일단 가능동사가 되면 모두 2류동사와 같은 모양이 되므로 2류동사와 같이 활용한다.

 다음 동사를 가능동사로 만들고 ～ます・～ません으로 바꾸세요.

| 会う 만나다 | → | 会える 만날 수 있다 | → | 会えます 만날 수 있습니다 | → | 会えません 만날 수 없습니다 |
|---|---|---|---|---|---|---|

| | | | | | | |
|---|---|---|---|---|---|---|
| **1** 聞く | → | | → | | → | |
| **2** 話す | → | | → | | → | |
| **3** 飲む | → | | → | | → | |
| **4** 起きる | → | | → | | → | |
| **5** 考える | → | | → | | → | |
| **6** する | → | | → | | → | |

동사

[Point] 가능동사가 뒤에 올 때는 보통 조사「を」가「が」로 바뀐다. 하지만 다른 조사는 바뀌지 않으므로 무조건 조사를 바꾸지 말고 목적격조사「を」만「が」로 바꾸면 된다.

- 日本語 を 話す ことが できます。　　　　　　　일본어를 말할 수 있습니다.
  → 日本語が 話せます。

- 先生 に 会う ことが できます。　　　　　　　선생님을 만날 수 있습니다.
  → 先生に 会えます。


**4**  가능형으로 바꿀 수 없는 말

[Point] 「見える(보인다)」·「聞こえる(들린다)」와 같이 자신의 의지와는 상관없이 보인다거나 들린다거나 하는 지각(知覚)을 나타내는 말은 가능형으로 바꿀 수 없다.

- よく 見えますか。　　　　　　　잘 보여요?
- となりの 部屋から 男の 人の 声が 聞こえます。　　　　　　　옆 방에서 남자 목소리가 들립니다.

> 단, 見る(보다)와 聞く(듣다)는 다음과 같이 가능형으로 만들 수 있다.
> - 今日は 早く 帰れるので、テレビが 見られる。　　　오늘은 일찍 갈 수 있기 때문에 TV를 볼 수 있다.
> - ラジオが あれば、ニュースが 聞けるんだが…。　　　라디오가 있으면 뉴스를 들을 수 있겠지만….


**5**  가능의 「~得る(える · うる)」

[Point] 「得る」는 단독으로 쓰일 때는 '얻다'는 뜻으로, 「うる」로도 읽고「える」로도 읽을 수 있다. 동사의 ます형에 접속하여 '~할 수 있다'는 가능문을 만든다.

- 考えうる すべての 手段を 用いる。　　　　　　　생각할 수 있는 모든 수단을 사용한다.

- とんでもない、そんな ことは 絶対に あり得ませんよ。
  터무니 없어요, 그런 일은 절대로 있을 수 없어요.

 **확인문제**　다음 (　　　)안에 들어갈 말을 써 넣으세요.

1　私は 日本語で 話す (　　　　　　　　)が できます。

2　英語が (　　　　　　　　)ますか。(話す)

3　そんなこと (　　　　　　)ませんね。(考える)

4　今日は 何時に (　　　　　　)ますか。(帰る)

5　この パン (　　　　　　)ますか。(食べる)

6　私は 朝早く (　　　　　　)ます。(起きる)

7　ここで 待っていれば 先生に (　　　　　　)ます。(会う)

8　風邪が なおったら お酒(　　　　　) 飲めます。

9　今日は 先生 (　　　　　) 会えますか。

10　あなたは 日本語 (　　　　　　) 読めますか。

11　あなたは お酒が どのくらい (　　　　　)ますか。(飲む)

12　100メートルを 何秒くらいで (　　　　　)ますか。(走る)

13　私は 夜 8時まで 働く(　　　　　)が できます。

14　この カードで バス(　　　　)も 地下鉄(　　　　　)も 乗れます。

15　そんな ことは 絶対に (　　　　　)得ません。(ある)

**정답**
1. こと　2. 話せ　3. 考えられ　4. 帰れ　5. 食べられ
6. 起きられ　7. 会え　8. が　9. に　10. が
11. 飲め　12. 走れ　13. こと　14. に　15. あり

# 동사의 가정표현

우리말의 '~라면, ~한다면'에 해당하는 표현으로「~たら・なら・ば・と」네 가지가 있다. 뜻은 비슷하지만 접속방법과 쓰임새는 약간씩 다르다. 주로 뒤에 어떤 표현과 같이 어울리는지를 잘 파악하고 절대 같이 쓰면 안 되는 표현 등도 주의깊게 익혀두어야 하는 부분이다.

## 1 동사의 가정형 + ~ば

**Point**  「~ば」는 동사의 가정형에 접속한다.「A ば B」는 장래 일어날 수 있는 조건이 두 개가 있어, 그 조건에 따라 뒤의 내용이 결정될 때,「~ば~が、~ば~(~하면 ~지만, ~하면 ~)」의 문형으로 쓰일 때가 많다.

앞의 조건이 달성되면 어떻게 하겠다는 '목적달의 조건'이라는 느낌이 강하여 미래에 대한 '가정'보다는 '조건'을 나타낼 때 주로 쓰인다. ナ형용사와 명사는「~ば」형이 없고, 대신「~なら(ば)」를 쓴다. イ형용사는 어미「い」를 없애고「ければ」를 붙여 주면 된다.

① **1류동사** : 끝의 [U]음을 [E]음으로 바꾼 다음「ば」를 붙여 준다.

| | | | | | | | |
|---|---|---|---|---|---|---|---|
| 買う | 사다 | → | か**え**ば 사면 | 行く | 가다 | → | い**け**ば 가면 |
| 脱ぐ | 벗다 | → | ぬ**げ**ば 벗으면 | 話す | 말하다 | → | はな**せ**ば 말하면 |
| 立つ | 서다 | → | た**て**ば 서면 | 死ぬ | 죽다 | → | し**ね**ば 죽으면 |

| | | | | | | | |
|---|---|---|---|---|---|---|---|
| 飛ぶ | 날다 | → | と**べ**ば 날면 | 読む | 읽다 | → | よ**め**ば 읽으면 |
| 売る | 팔다 | → | う**れ**ば 팔면 | 帰る | 돌아가다 | → | かえ**れ**ば 돌아가면 |

② **2류동사** :「る」를 떼고「れば」를 연결한다.

| | | | | | | | |
|---|---|---|---|---|---|---|---|
| 見る | 보다 | → | み**れば** 보면 | かりる | 빌리다 | → | かり**れば** 빌리면 |
| 食べる | 먹다 | → | たべ**れば** 먹으면 | かける | 걸다 | → | かけ**れば** 걸면 |

③ **3류동사** : 불규칙하므로 다음 형태를 외우면 된다.

| | | | | | | | |
|---|---|---|---|---|---|---|---|
| 来る | 오다 | → | 来**れば** 오면 | する | 하다 | → | す**れば** 하면 |
| 勉強する | 공부하다 | → | 勉強す**れば** 공부하면 | | | | |

A : 森さん、いつ 日本へ 行きますか。

모리 씨 언제 일본에 가요?

B : 来週 テストが なければ 行きますが、あれば さ来週にでも 行くつもりです。

다음 주에 시험이 없으면 가겠지만, 있으면 다다음주에라도 갈 생각입니다.

A : 田中さん、夏休みに 旅行に 行きませんか。

다나카 씨, 여름 휴가때 여행 가지 않을래요?

B : あまり 暇が ないので、近い ところならば 行きます。

시간이 별로 없으니까 가까운 곳이라면 가겠습니다.

A : 鈴木さん、今 この コンピューター 使っていますか。

스즈키 씨 지금 이 컴퓨터 써요?

B : これは 今 使っていますが、あれなら(ば) 使っても いいですよ。

이건 지금 쓰고 있구요, 저거라면 써도 돼요.

> 명사는 「～ならば」로도 쓰지만 「～なら」로 쓰는 경우가 많다.

## 2 기본형 + ～なら

Point 「AならB」는 확정된 조건에 의하여 자신의 행위나 생각을 쓰는 표현으로, 주로 상대방의 이야기나 생각, 결심 등을 듣고 그것을 근거로 하여 말할 때 쓰인다.

A : カメラを 買おうと 思っているんですが、どこの 店が いいでしょうか。

카메라를 살려고 하는데 어느 가게가 좋을까요?

B : カメラを 買うなら、駅前の 店が いいですよ。

카메라를 산다면, 역 앞에 있는 가게가 좋아요.

A : 日本の 歌を 一曲 覚えたいんですが、どんな 曲が いいでしょうか。

일본 노래를 한 곡 배울려고 하는데요, 어떤 곡이 좋을까요?

B : 日本の 歌なら、五輪真弓の 「恋人よ」が いいですよ。歌詞も いいし、メロディーも 覚えやすいから。

일본 노래라면 이츠와마유미의 '고이비토요'가 좋아요. 가사도 좋고, 멜로디도 배우기 쉬우니까요.

 **과거형 + ~たら**

[Point] 과거형(た형)에 접속한다. 앞에 오는 일이 완료했을 때 뒤에 오는 일이 성립한다는 시간적 순서를
나타낸다.

・この 仕事が 終わったら 家に 帰りましょう。 　　　이 일이 끝나면 집에 갑시다.

・書き終わったら 出してください。 　　　다 썼으면 제출해 주세요.

・向こうに 着いたら すぐ 電話します。 　　　그 쪽에 도착하면 바로 전화할게요.

・買い物に 行ったら 偶然 友達に 会った。 　　　쇼핑하러 갔는데 우연히 친구를 만났다.


4 **たら・と・ば・なら 비교**

① **접속방법**

|  | たら | と | ば | なら |
|---|---|---|---|---|
| 명사 | 韓国人だったら | 韓国人だと | × | 韓国人なら |
| ナ형용사 | 静かだったら | 静かだと | × | 静かなら |
| イ형용사 | 高かったら | 高いと | 高ければ | 高いなら |
| イ형용사 | 高くなかったら | 高くないと | 高くなければ | 高くないなら |
| 1류동사 | 行ったら | 行くと | 行けば | 行くなら |
| 1류동사 | 行かなかったら | 行かないと | 行かなければ | 行かないなら |
| 2류동사 | 見たら | 見ると | 見れば | 見るなら |
| 3류동사 | 来たら | 来ると | 来れば | 来るなら |
| 3류동사 | したら | すると | すれば | するなら |

② **몇가지 주의사항**

(1) と : 문말에 의지, 명령, 의뢰, 금지, 충고, 권유, 희망, 추측과 같은 표현이 올 수 없다.

[의지] 午後に なると、散歩しよう。 　　(×)　　[명령] 午後に なると、散歩しなさい。 　　(×)
[의뢰] 午後に なると、散歩して下さい。 　(×)　　[금지] 午後に なると、散歩してはいけません。 (×)
[충고] 午後に なると、散歩した方がいい。(×)　　[권유] 午後に なると、散歩しましょう。 　(×)
[희망] 午後に なると、散歩したい。 　(×)

**Point** 위 표현들은 모두 「たら」로 써야 한다.

**(2) ば**

ⓐ 문말에 과거문이 올 수 없다.

> 어제 백화점에 갔는데(갔더니), 선생님을 만났다.
>
> ・昨日 デパートへ 行けば、先生に 会った。　　(×)
> ・昨日 デパートへ 行ったら、先生に 会った。　(○)
> ・昨日 デパートへ 行くと、先生に 会った。　　(○)

ⓑ 「と」와 같이 뒷문장에 의지, 명령, 의뢰, 금지, 충고, 권유, 희망, 추측과 같은 표현이 올 수 없다.

[의지]　午後に なれば、散歩しよう。　　　(×)　[명령]　午後に なれば、散歩しなさい。　　　(×)
[의뢰]　午後に なれば、散歩して下さい。　(×)　[금지]　午後に なれば、散歩してはいけません。(×)
[충고]　午後に なれば、散歩した方がいい。(×)　[권유]　午後に なれば、散歩しましょう。　　(×)
[희망]　午後に なれば、散歩したい。　　(×)

**(3) なら** : 동작의 순서가 시간적으로 뒷 문장이 먼저 이루어질 때는「なら」만 쓸 수 있다.

・この 本を (あなたが) 読むなら、(あなたに)貸してあげます。

　이 책을 (당신이) 읽는다면 (당신에게) 빌려 줄게요.

・出版するなら 書きます。　　　　　　　　　　출판한다면 쓰겠습니다.

**(4) たら**

ⓐ 뒷문장에 과거가 오는 경우에는 '~면'으로 해석하기보다는 '~했더니 ~했다'로 해석하는 것이 자연스럽다.

・電気を つけたら、明るくなった。　　　　　불을 켰더니 밝아졌다.

・電気を つけると、明るくなった。　　　　　불을 켰더니 밝아졌다.

・電気を つければ、明るくなった。　(×)

ⓑ 우연한 결과가 과거형으로 뒤에 올 때도 해석은 '~했더니'로 하는 것이 자연스럽다.

・家に 帰ったら、手紙が 来ていた。　　　　집에 갔더니 편지가 와 있었다.

・家に 帰ると、手紙が 来ていた。　　　　　집에 갔더니 편지가 와 있었다.

・家に 帰れば、手紙が 来ていた。(×)

ⓒ 뒷문장에 의지나 명령, 의뢰, 금지, 충고, 권유, 희망, 추측 등 의사표현이 올 때

- 雨が 降ったら、窓を 閉めてください。　　　　비가 오면 창문을 닫아 주세요.

- 雨が 降ると、窓を 閉めてください。(×)

- 雨が 降れば、窓を 閉めてください。(×)

**봄이 되면 꽃이 핍니다.**

・春に なったら、花が 咲きます。　・春に なると、花が 咲きます。　・春に なれば、花が 咲きます。

위 예문의 경우는 たら, と, ば를 모두 쓸 수 있지만, たら는 '봄이 되면'이라는 가정이 강조된 반면, と를 쓰면 '봄이 되기만 하면 반드시 꼭 그렇게 된다'는 느낌이 강하다. 또 ば 역시 조건성이 강한 표현이다. 따라서, 대개 일반·적인 자연의 법칙을 나타내는 의미라면 と가 가장 자연스럽다고 할 수 있겠다.

## 확인문제 　문장 중에 틀린 곳을 찾아 고치세요.

**1** デパートに 行けば、先生に 会った。　　→

백화점에 갔는데 선생님을 만났다.

**2** 家に 帰れば 小包が きていた。　　→

집에 갔더니 소포가 와 있었다.

**3** 12時に なると 起こしてください。　　→

12시가 되면 깨워 주세요.

**4** あなたも 行ったら 予約しておきます。　　→

당신도 간다면 예약을 해 놓겠습니다.

**5** 住むと 都　정들면 고향.(속담)　　→



**정답** 
1. デパートに 行ったら / デパートに 行くと
2. 家に 帰ったら / 家に 帰ると
3. 12時になったら
4. 行くなら
5. 住めば

# 동사의 명령형

여기서는 동사의 명령형과 함께 금지를 나타내는 말을 확인해 두자. 보통 회화에서는 「~てください」, 「~ないで ください」를 쓰고, 친구끼리나 손아랫사람에게는 「行って」(가)와 같이 「て」형으로도 많이 쓴다.

## 1 명령형으로 만드는 방법

**Point** 일반 회화에서는 부모가 자식에게, 선배가 후배에게 반말로 할 때 쓰고, 보통은 「~て ください」와 같은 형태로 표현한다.

| | 끝음을 [e]음으로 바꾼다. | | | | |
|---|---|---|---|---|---|
| **1류동사** | 行く | 가다 | → | 行け | 가, 가라 |
| | 飲む | 마시다 | → | 飲め | 마셔, 마셔라 |
| | 帰る | 돌아가다 | → | 帰れ | 돌아가, 돌아가라 |
| **(예외)** | なさる | 하시다 | → | なさい | 하시오 |
| | いらっしゃる | 오시다 | → | いらっしゃい | 오세요 |
| | 끝의 「る」를 「ろ」로 바꾼다 | | | | |
| **2류동사** | 見る | 보다 | → | 見ろ | 봐, 봐라 |
| | 食べる | 먹다 | → | 食べろ | 먹어라 |
| **3류동사** | 来る | | → | 来い | 와, 와라 |
| | する | | → | しろ | 해, 해라 |

- 止まれ! 　멈춰!
- 早く しろ! 　빨리 해!
- やめろ! 　그만 해!

## 2 기본형 + **な**(부정의 명령문)

**Point** 동사의 기본형에 종조사 「な」를 붙이면 '~하지마'란 뜻으로 매우 강한 금지를 나타낸다.

- カンニングするな。　　　　　부정행위하지 마.
- ここで たばこを 吸うな。　　여기서 담배 피우지 마.

[Point] 이것 역시 '〜하지 말 것'이란 뜻으로 강한 금지를 나타내는데 주로 규칙이나 규범 주의사항 등에 쓰인다. 긍정형은 기본형에「こと」를 붙이면 된다.

- 廊下では 走らないこと。

  복도에서는 뛰지 말 것.

- レポートは 金曜日までに 出すこと。

  리포트는 금요일까지 제출할 것.


**4** 〜ように　〜하도록(명령)

[Point] 동사의 기본형에 접속한다. 부정 명령문은「〜ないように」(〜하지 않도록 / 〜하지 말도록)이다.

- お忘れ物の ないように お確かめください。

  잊으신 물건이 없도록 확인하여 주십시오.

- 風邪など ひかないように お体を 大事にしてください。

  감기 같은 것 걸리지 않도록 몸 조심하십시오.

- 先生が「二度と 遅れないように」と 言った。

  선생님이 "두 번 다시는 지각하지 않도록" 하고 말했다.

- 健康の ために あまり 太らないように 気を つけてください。

  건강을 위해 너무 살찌지 않도록 조심하세요.

- お医者さんは「薬を 一日 3回 きちんと 飲むように」と 言った。

  의사 선생님은 "약을 하루 세 번 꼭 먹도록" 하고 말했다.

| する 한다 | → | しろ 해라 | しない 안한다 | → | するな 하지 마 |
|---|---|---|---|---|---|

| | | | | | |
|---|---|---|---|---|---|
| 1 食べる | → | | 食べない | → | |
| 2 帰る | → | | 帰らない | → | |
| 3 飲む | → | | 飲まない | → | |
| 4 来る | → | | 来ない | → | |
| 5 起きる | → | | 起きない | → | |

정답 1. 食べろ/食べるな　2. 帰れ/帰るな　3. 飲め/飲むな　4. 来い/来るな　5. 起きろ/起きるな



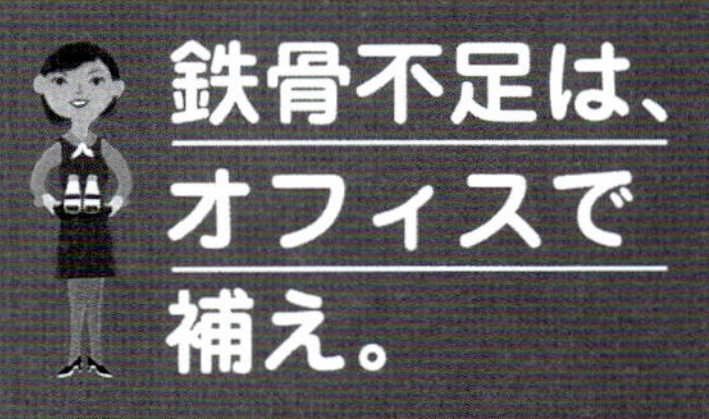


鉄骨飲料発売11年記念
ペア5千組・1万人
モニターキャンペーン実施！
あなたのオフィスに
鉄骨飲料を届けます。

忙しい現代人の鉄分不足、
カルシウム不足を考えて誕生した鉄骨飲料も、
今年で発売11年目を迎えます。
そこで、忙しい皆様にオフィスで
鉄分・カルシウムを補給してもらいたく、
1万人モニターキャンペーンを実施。
鉄分・カルシウムの足りないあなた、
お友達を誘ってご応募ください。
ペアの相手は男女を問いません。
今なら 新発売の野菜・果実ミックス飲料
『緑黄色野菜 ありがと』もついています。
仕事しながら、健康になっちゃいましょう。

※次の(　　　　)のところに入るものとして適当なものを@ⓑⓒⓓの中から一つ選びなさい。

**1** じゃ、あした どこで (　　　　　　)ましょうか。

　ⓐ あう　　　　　ⓑ あい　　　　　ⓒ あって　　　　　ⓓ あわ

**2** きのうは 友達を (　　　　　　)に 空港に 行きました。

　ⓐ むかえ　　　　ⓑ むかえる　　　ⓒ むかえた　　　　ⓓ むかえて

**3** 私は 毎朝6時に (　　　　　　)、散歩を します。

　ⓐ 起きます　　　ⓑ 起きた　　　　ⓒ 起きて　　　　　ⓓ 起きる

**4** 風邪を (　　　　　　)寝ています。

　ⓐ ひきます　　　ⓑ ひいて　　　　ⓒ ひきながら　　　ⓓ ひく

**5** 駐車場に 車が たくさん (　　　　　　)います。

　ⓐ とまって　　　ⓑ とめて　　　　ⓒ とまり　　　　　ⓓ とめ

**6** 田中さんは お母さんに よく (　　　　　　)。そっくりだわ。

　ⓐ 似ましたね　　ⓑ 似ますね　　　ⓒ 似ていますね　　ⓓ 似たんですね

**7** "乾杯"という 歌を (　　　　　　)。

　ⓐ 知りますか　　　　　　　　　　ⓑ 知っていますか
　ⓒ わかりますか　　　　　　　　　ⓓ わかっていますか

**8** まず、ズボンを（　　　　　　　　）ます。それから 靴下を（　　　　　　　　）ます。

   ⓐ き－き　　　　　　ⓑ き－はき　　　　　　ⓒ はき－き　　　　　　ⓓ はき－はき

**9** 部屋が きれいに（　　　　　　　　）あります。

   ⓐ 片付けて　　　　　　ⓑ 片付いて　　　　　　ⓒ 片付きて　　　　　　ⓓ 片付かれて

**10** きのう（　　　　　　　　）ビデオは とても おもしろかったです。

   ⓐ 見る　　　　　　　　ⓑ 見て　　　　　　　　ⓒ 見た　　　　　　　　ⓓ 見

**11** Ａ：日本へ（　　　　　　　　） ことが ありますか。

   Ｂ：いいえ、まだ 一回も（　　　　　　　　） ことが ありません。

   ⓐ 行き　　　　　　　　ⓑ 行って　　　　　　　ⓒ 行く　　　　　　　　ⓓ 行った

**12** 廊下では（　　　　　　　　）ないでください。

   ⓐ はしら　　　　　　　ⓑ はしり　　　　　　　ⓒ はしる　　　　　　　ⓓ はしって

**13** 今週中には 田中さんから 連絡が（　　　　　　　　）と思います。

   ⓐ あり　　　　　　　　ⓑ ある　　　　　　　　ⓒ あって　　　　　　　ⓓ あるでしょう

**14** うむ。風邪気味ですね。じゃ、すぐ 薬を（　　　　　　　　）ほうが いいですよ。

   ⓐ 食べる　　　　　　　ⓑ 食べた　　　　　　　ⓒ 飲む　　　　　　　　ⓓ 飲んだ

**15** （　　　　　　　　）前に もう一度 やってみましょう。

   ⓐ あきらめた　　　　　ⓑ あきらめ　　　　　　ⓒ あきらめない　　　　ⓓ あきらめる

**16** 地下鉄で 知らない人が 私に 席を ゆずって（　　　　　　）。

    ⓐ あげました      ⓑ くれました      ⓒ もらいました      ⓓ やりました

---

**17** だれかから プレゼントを（　　　　　　）時は ありがとうと 言います。

    ⓐ あげた      ⓑ くれた      ⓒ もらった      ⓓ やった

---

**18** 先生は 私に "広辞苑"という 辞書を 貸して（　　　　　　）。

    ⓐ いただきました      ⓑ くださいました      ⓒ もらいました      ⓓ 差し上げました

---

**19** A：アルバイトで お金を ためて 何を する つもりですか。
    B：夏休みに アメリカに（　　　　　　）と思います。

    ⓐ 行き      ⓑ 行く      ⓒ 行って      ⓓ 行こう

---

**20** 英語は 少し できますが、ドイツ語は ぜんぜん（　　　　　　）。

    ⓐ 話します      ⓑ 話しません      ⓒ 話せます      ⓓ 話せません

---

**21** すみません。テープの 音が よく（　　　　　　）。もう 少し 大きく してください。

    ⓐ ききません      ⓑ きけません      ⓒ きこえません      ⓓ きかれません

---

**22** 電気を（　　　　　　）、明るくなった。

    ⓐ つけたら      ⓑ つければ      ⓒ つけても      ⓓ つけるなら

---

**23** A：コンピューターを 買おうと 思っていますが、どこの 店が いいでしょうか。
    B：コンピューターを（　　　　　　）Tマートが いいですよ。安いし、種類も 多いですから。

    ⓐ 買ったら      ⓑ 買えば      ⓒ 買うと      ⓓ 買うなら

---

**24** 医者から タバコを（　　　　　　　）と 言われた。

 ⓐ やめます    ⓑ やめる    ⓒ やめろ    ⓓ やめよう

**25** お忘れ物の（　　　　　　　）ように お確かめください。

 ⓐ ない    ⓑ ある    ⓒ なる    ⓓ できる

**정답**

| | | | | |
|---|---|---|---|---|
| 1. ⓑ | 2. ⓐ | 3. ⓒ | 4. ⓑ | 5. ⓐ |
| 6. ⓒ | 7. ⓑ | 8. ⓓ | 9. ⓐ | 10. ⓒ |
| 11. ⓓ | 12. ⓐ | 13. ⓑ | 14. ⓓ | 15. ⓓ |
| 16. ⓑ | 17. ⓒ | 18. ⓑ | 19. ⓓ | 20. ⓓ |
| 21. ⓒ | 22. ⓐ | 23. ⓓ | 24. ⓒ | 25. ⓐ |

1. 会う의 ます형.
2. に いく ～하러 가다.
4. 원인의 て.
5. とまる→とまっている(자동사).
6. 似ていますね는 항상 진행형으로 쓰는 말.
8. 바지나 양말처럼 아래로 입는 것은 はく를 쓴다.
9. 타동사 + てある형.
11. ～た ことがある ～한 적이 있다.
12. 동사의 ない형.
13. 동사의 기본형 ＋と思う ～할 거라고 생각한다.
14. 薬を飲む도 알아야 하고, ～たほうがいい 문형도 알아야 하는 문제.
15. 포기하기 전에 한번 더 해봅시다.
16. '다른 사람'이 주어다.
18. 선생님이 빌려주셨으므로 て くださいました.
19. 의지형 ＋ と思う ～하려고 생각하다
21. '테이프 소리가 잘 안 들립니다'이므로 きこえません.
22. 불을 켰더니 밝아졌다.
23. 상대방의 말을 듣고 의견을 얘기할 때 흔히 쓰는 표현.
24. 의사한테서 담배를 끊으라는 말을 들었다.

# 조동사

조동사란 말 그대로 동사를 도와주는(助) 역할을 하는 말이다. 앞에서 익힌 동사의 기본활용만 숙지한다면 조동사에서는 그다지 어려울 것은 없다. 단, 어떤 형태에 접속하는지와 의미, 비슷한 표현과의 차이점 등을 익히면 되는데, たい나 ない 등 이미 앞에서 다룬 내용도 있으므로, 여기서는 가장 중요한 부분인 사역, 수동, 존경, 양태, 추량 표현 등을 중심으로 정리하였다.

## 1 형태에 따라 나누었을 때

| | |
|---|---|
| 동사처럼 활용하는 것 | れる / られる 수동, 가능, 존경 , せる / させる 사역 |
| い형용사처럼 활용하는 것 | ない 부정 , たい 희망 , らしい 추측 |
| ナ형용사처럼 활용하는 것 | だ 단정 , そうだ 전문 , ようだ 비유, 추측 |
| 특별하게 활용하는 것 | です 단정 , ます 정중 , た 과거 , ぬ 부정 , ん 부정 |
| 활용을 하지 않는 것 | う / よう 의지 , まい 부정 |

【주의】 동사처럼 활용하는 경우는 −る로 끝나고 앞의 음이 모두 e음이므로 2류동사(하1단동사)와 같이 활용한다.

[Point] 여기서 「ない」는 イ형용사의 「ない」(없다)가 아니라, 조동사의 「ない」라는 것을 다시 한번 기억해 두자.

## 2 접속방법에 따라 나누었을 때

| | |
|---|---|
| ない형(미연형)에 접속하는 것 | ない, ぬ(ん), せる / させる, れる / られる 등 |
| ます형(연용형)에 접속하는 것 | ます, そうだ, たい, たがる |
| た형(て형)에 접속하는 것 | た |
| 명사수식형에 접속하는 것 | ようだ, みたいだ |
| 의지형에 접속하는 것 | う / よう |
| 명사에 접속하는 것 | らしい, だ, です |
| 조사에 접속하는 것 | らしい, だ, です, ようだ |

# 양태의「そうだ」

조동사「~そうだ」는 '~것 같다'는 뜻으로 어떤 모양이나 상태를 나타내는 양태(樣態)의「~そうだ」와 남의 말을 전할 때 '~라고 한다'의 뜻으로 쓰이는 전문(伝聞)의「~そうだ」두 가지 기능이 있다. 같은「~そうだ」이지만, 기능도 다르고 접속하는 방법도 다르므로 문장에서 어떤 용도로 쓰였는지를 파악할 수 있어야 한다.

## 1 「~そうだ」의 기능

- ~할 것 같다 〈양태〉
- ~라고 한다 〈전문〉

- **そうだ의 활용표**

| 기본형 | 미연형 | 연용형 | 종지형 | 연체형 | 가정형 | 명령형 |
|--------|--------|--------|--------|--------|--------|--------|
| そうだ | そうだろう<br>そうで<br>そうに | そうだった | そうだ | そうな | そうなら | × |

## 2 접속방법과 활용

### ① 접속방법

| | 접속방법 |
|--------|----------|
| 명사 | ×　　*명사는 주로「~のようだ」나「らしい」로 표현한다. |
| ナ형용사 | 「だ」를 떼고「そうだ」를 붙인다.<br>元気だ　건강하다　　→　　元気そうだ　건강한 것 같다, 건강해 보인다 |
| イ형용사 | 「い」를 떼고「そうだ」를 붙인다.<br>おいしい　맛있다　　→　　おいしそうだ　맛있을 것 같다, 맛있어 보인다 |
| 동사 | 「ます형」에「そうだ」를 붙인다.<br>落ちる　떨어지다　　→　　落ちそうだ　떨어질 것 같다 |

② 주의해야 할 예외 표현

| いい | 좋다 | よ さ そうだ | 좋아 보인다, 좋은 것 같다 | よそうだ （×） |
| ない | 없다 | な さ そうだ | 없어 보인다, 없을 것 같다 | なそうだ （×） |

- この カメラ、よさそうですね。　　　　　이 카메라 좋은 것 같은데요.
- 結婚には まだ 関心が なさそうですね。　　결혼에는 아직 관심이 없어 보이는군요.

③ そうだ의 활용

Point　모양이 ナ형용사와 같기 때문에 ナ형용사식 활용을 한다.

| 정중형 | 부사형 | 명사수식형 |
| --- | --- | --- |
| そうです | そうに | そうな |

- あの かばんは 高そうです。　　　　　저 가방은 비쌀 것 같습니다.(비싸 보입니다.)
- みんな 楽しそうに 笑っていました。　　모두들 즐거운 듯이 웃고 있었습니다.
- おいしそうな 料理ですね。一度食べてみたいです。
  맛있어 보이는 요리네요. 한번 먹어 보고 싶어요.

④ 부정형 만드는 방법

Point　형용사의 경우 일단 부정형으로 만든 다음, 부정형이 「~ない」로 끝나므로 「~なさそうだ」로 바꾸면 된다. 하지만, 동사는 다음 표와 같이 바뀌므로 잘 확인해 두자.

| [명사] | 独身だ | 독신이다 | → | 独身 | ではなさそうだ | 독신이 아닐 것 같다 |
| [ナ형용사] | 元気だ | 건강하다 | → | 元気 | ではなさそうだ | 건강하지 않은 것 같다 |
| [イ형용사] | おいしい | 맛있다 | → | おいし | くなさそうだ | 맛없을 것 같다 |
| [동사] | 落ちる | 떨어지다 | → | 落ち | そうにない | 떨어질 것 같지 않다 |
| | | | | 落ち | そうもない | |
| | | | | 落ち | そうにもない | |

### ① 동사 + そうだ : ~할 것 같다

**Point** 양태의 「そうだ」에서 중요한 것은 판단기준이 '눈으로 들어온 정보'라는 점이다. 동작성이 있는 동사에 「そうだ」가 붙으면, 눈 앞에 있는 상태나 사건을 보고 곧 일어날 일을 판단해서 '~할 것 같다'하고 추측할 때 쓴다.

- 今にも 雨が 降りそうです。
  지금이라도 비가 내릴 것 같습니다.

- 今にも 泣き出しそうな 顔を している。
  지금이라도 울음을 터뜨릴 것 같은 얼굴을 하고 있다.

- お腹が すいて、死にそうです。
  배가 고파서 죽을 것 같습니다.

- ボタンが 落ちそうです。
  단추가 떨어질 것 같습니다.

- 雨が なかなか やみそうにない。
  비가 좀처럼 그칠 것 같지 않다.

### ② 형용사 + そうだ : ~해 보인다

**Point** 형용사에 「そうだ」가 붙었을 때는 아직 확인해보지 않아서 실제로는 어떨지 모르지만 겉으로 보기엔 '~(인)것 같다/~해 보인다'는 뜻이다.

- あの 学生は、頭が よさそうだ。
  저 학생은 머리가 좋아 보인다.

- 先生は 成績には 関心が なさそうです。
  선생님은 성적에는 관심이 없어 보입니다.

- 彼は いつも 忙しそうに 働いている。
  그는 언제나 바쁜 듯이 일하고 있다.

- 丈夫そうな かばんですね。
  튼튼해 보이는 가방이군요.

**긍정문 + そうではない**

형용사는 「긍정문 + そうではない」 형태로 부정을 나타내기도 한다.

- おいしそうではない。  맛이 있을 것 같지 않다.
- 元気そうではない。   건강한 것 같지 않다.

### ③ 명사의 추량

**[Point]** 명사는 긍정문의 경우 「そうだ」를 쓸 수 없기 때문에 대신 「ようだ」나 「らしい」를 써서 표현한다. 단, 부정문은 「명사 + ではなさそうだ」로 표현할 수 있다.

**긍정문**

・あの 二人は どうも 夫婦のようだ。 　　　　저 두 사람은 아무래도 부부 같다.

・彼は お金持ちらしい。 　　　　그는 부자인 것 같다.

**부정문**

・あの 二人は どうも 夫婦ではなさそうだ。 　　저 두 사람은 아무래도 부부 같지 않다.

・彼は お金持ちではなさそうだ。 　　　　그는 부자가 아닌 것 같다.

---

**확인문제** 다음 빈 칸에 들어갈 말을 쓰세요.

**1** 今にも ＿＿＿＿＿＿＿ 顔で 入ってきた。(死ぬ)

지금이라도 죽을 것 같은 얼굴로 들어왔다.

**2** 怪我を した 人が＿＿＿＿＿＿＿もがいていた。(苦しい)

다친 사람이 고통스러운 듯이 몸부림 치고 있었다.

**3** 熟した 柿が 木から ＿＿＿＿＿＿＿。(落ちる)

익은 감이 나무에서 떨어질 것 같다.

**4** 今日は 顔色が＿＿＿＿＿＿＿見える。(いい)

오늘은 안색이 좋아 보인다.

**5** 彼女は ＿＿＿＿＿＿＿。(独身だ)

그녀는 독신이 아닌 것 같다.

**[정답]** 1. 死にそうな　　2. 苦しそうに　　3. 落ちそうだ　　4. よさそうに　　5. 独身ではなさそうだ

丸美屋

「おかわり！」の声が
うれしそうだと、
私もうれしい。

丸美屋の釜めしの素は、
たっぷり具材をじっくり煮込んであって、
旨味がしっかりしみ込んでる。

だからいつも、家族に大好評なんです。
今日もいっぱいおかわりしてね。

ふつうの日の、ごちそうごはん

丸美屋　釜めしの素

ボリュームたっぷりバランスしっかり
食卓の主役に!!

鶏肉が
主役！

野菜が
主役！

（季節限定）　（季節限定）

おなじみ素材でカンタン・スピーディ！
釜めしレシピ公開中
http://www.marumiya.co.jp/kamameshi/

五目釜めしいなり

栗おこわ

# 전문의「そうだ」

전문(伝聞)의「〜そうだ」는 남의 말을 전하는 기능으로 '〜라고 한다'는 뜻이다. 모양은 양태의「〜そうだ」와 같지만, 접속방법은 다르다. 동사, 형용사 모두 기본형에 연결된다는 것을 꼭 기억해야 한다. 따라서 같은「〜そうだ」라도 어떤 뜻으로 쓰였는지는 앞에 연결된 형태를 보면 알 수 있다.

• 양태의 そうだ와 전문의 そうだ 비교

|  | 양태 |  | 전문 |  |
|---|---|---|---|---|
| ナ형용사 | ひまそうだ | 한가한 것같다 | ひま**だ**そうだ | 한가하다고 한다 |
| イ형용사 | いそがしそうだ | 바쁜 것 같다 | いそがし**い**そうだ | 바쁘다고 한다 |
| 동사 | できそうだ | 가능할 것 같다 | でき**る**そうだ | 가능하다고 한다 |

## 1 접속방법

[Point] 전문의「〜そうだ」(〜라고 한다)는 각 품사의 보통형에 연결된다.

### ① 명사에 연결될 경우

| タレント だ | タレント だそうだ | 탤런트라고 한다 |
|---|---|---|
| タレント ではない | タレント ではないそうだ | 탤런트가 아니라고 한다 |
| タレント だった | タレント だったそうだ | 탤런트였다고 한다 |
| タレント ではなかった | タレント ではなかったそうだ | 탤런트가 아니었다고 한다 |

### ② ナ형용사에 연결될 경우

| まじめ だ | まじめ だそうだ | 성실하다고 한다 |
|---|---|---|
| まじめ ではない | まじめ ではないそうだ | 성실하지 않다고 한다 |
| まじめ だった | まじめ だったそうだ | 성실했다고 한다 |
| まじめ ではなかった | まじめ ではなかったそうだ | 성실하지 않았다고 한다 |

③ イ형용사에 연결될 경우

| おおき い | おおき いそうだ | 크다고 한다 |
| おおき くない | おおき くないそうだ | 크지 않다고 한다 |
| おおき かった | おおき かったそうだ | 컸다고 한다 |
| おおき くなかった | おおき くなかったそうだ | 크지 않았다고 한다 |

④ 동사에 연결될 경우

| 行　く | 行く そうだ | 간다고 한다 |
| 行か ない | 行か ないそうだ | 가지 않는다고 한다 |
| 行っ た | 行っ たそうだ | 갔다고 한다 |
| 行か なかった | 行か なかったそうだ | 가지 않았다고 한다 |

## ② 의미와 용법

**Point** 보통형에 연결되어 다른 사람으로부터 들었거나 TV에서 본 것, 라디오에서 들은 것 등을 그대로 전할 때 쓰는 표현이다. 주로 앞에는 「~によると(~에 의하면)」나 「~の話では(~의 말로는)」와 같이 어디서 정보를 얻었는지를 나타내는 말이 온다.

- 森さんの 奥さんは 中学の 先生だそうです。

  모리 씨 부인은 중학교 선생님이라고 합니다.

- ニュースに よると 明日から 梅雨が 始まるそうです。

  뉴스에 의하면 내일부터 장마가 시작된다고 합니다.

- テレビの ニュースに よると、日本の 地震の 被害は 大きいそうです。

  TV뉴스에 의하면, 일본의 지진 피해가 크다고 합니다.

- 来月 人事異動が あるそうです。　→ 인사이동은 한자에 주의!

  人事異動（○）　人事移動（×）

  다음 달에 인사 이동이 있다고 합니다.

- きのう 高速道路で 大きな 事故が 起きたそうです。

  어제 고속도로에서 커다란 사고가 일어났다고 합니다.

전문의 「そうだ」는 「だろう·らしい·ようだ」와 같은 추측을 나타내는 말과 같이 쓸 수 없다.

- お医者さんの 話に よると、二、三日で よくなるだろうそうです。(×)
- お医者さんの 話に よると、二、三日で よくなるだろうということです。(○)

  의사 선생님 말에 의하면, 2,3일이면 좋아질 것이라고 합니다.

## Bonus

**그외 전문표현**　　　そうだ 외에도 다음과 같은 표현이 있다. 모두 자주 쓰는 표현.

- ~ということです　　　　　　~라는 것입니다. (= そうです)
- ~とのことです　　　　　　　~라고 합니다.
- ~と言いました　　　　　　　~라고 했습니다.
- ~という話です　　　　　　　~라는 얘깁니다.
- ~んですって / ~んだって　　(~래요) 등

---

- 明日から 梅雨に 入るって。

  내일부터 장마철에 들어간대.

- 聞くところに よると 消費税が また 上がるんですって。(여성어)

  들은 바에 의하면 소비세가 또 오른대요.

- 近い 未来に 大地震が 起きるとか。

  가까운 미래에 큰 지진이 온대나.

- 期末試験の 試験範囲が 発表されるということです。

  기말시험의 시험범위가 발표된다고 합니다.

# 「ようだ」

「ようだ」는 '마치 ~같다'의 뜻으로 「비유」를 나타내는 용법과, '~같다, ~하는 모양이다'와 같이 「추측」을 나타내는 용법 두 가지가 있다. 비유의 「ようだ」는 주로 어떤 것을 다른 것에 비유해서 말할 때 쓰기 때문에 명사가 앞에 오는 경우가 많다. 「そうだ」와 마찬가지로 부사형은 「ように」, 명사수식형은 「ような」이다.

## ① ~ようだ의 기능

- ~같다 　　　　〈비유〉
- ~(할)것 한다 　〈추측〉

- ようだ의 활용표

| 기본형 | 미연형 | 연용형 | 종지형 | 연체형 | 가정형 | 명령형 |
|---|---|---|---|---|---|---|
| ようだ | ようだろう<br>ようで<br>ように | ようだった | ようだ | ような | ようなら | × |

## ② ようだ형으로 만드는 방법

| 명사 | ナ형용사 | イ형용사 | 동사 | |
|---|---|---|---|---|
| の | な | い | ーU(기본형) | |
| ではない | ではない | くない | ない | + ようだ |
| だった | だった | かった | た | |
| ではなかった | ではなかった | くなかった | なかった | |

| 정중형 | 부사형 | 명사수식형 |
|---|---|---|
| ようです | ように | ような |

① 비유

**Point** 비유의 「ようだ」는 '~같다'는 뜻으로 어떤 것을 다른 것에 비유해서 말하거나 예를 들어 말할 때 쓴다. 주로 「まるで(마치)」와 같이 쓰인다.

· この 景色は まるで 絵のようだ。　　　　　　　　이 경치는 마치 그림 같다.

· 山田さんは 魚のように 上手に 泳げます。
야마다 씨는 물고기처럼 능숙하게 헤엄칠 수 있습니다.

· 韓国のように 四季が ある 国では、季節に よって 景色が ずいぶん 違います。
한국처럼 사계절이 있는 나라에서는 계절에 따라서 경치가 매우 다릅니다.

**word**

· 景色(けしき)　경치(한자 읽기에 주의)　　　　　· 季節(きせつ)　계절

「ようだ」의 또다른 기능

목적이나 내용을 나타낼 때 '~처럼' '~하도록'의 뜻으로 쓰인다.

· 私が 書く ように 書いてください。　　　　내가 쓰는 것 처럼 쓰세요.
· 授業に 遅れない ように してください。　　수업에 늦지 않도록 해 주세요.

② 추측

**Point** 추측의 「ようだ」는 '~것 같다'의 뜻으로 추측을 나타낼 때 쓰는데, 당시의 상황이나 데이터 등 외부자료를 근거로 할 수도 있고, 말하는 사람의 느낌에 의한 주관적인 판단에 의해 추측할 때 쓸 수도 있다.

· 당시의 상황이나 데이터 등 외부 자료를 근거로 한 추측　－「らしい」로 바꿀 수 있다.
· 말하는 사람 자신의 느낌 등 주관적인 판단에 의한 추측　－「らしい」로 바꿀 수 없다.

· 何か 事故が あったようですね。電車が だいぶ 遅れていますよ。
무슨 사고가 난 것 같아요. 전차가 상당히 늦어지고 있어요.

· 塩が 少し 足りないようですが、もう 少し 入れましょうか。
소금이 조금 모자라는 것 같은데, 좀 더 넣을까요?

# 「みたいだ」

「みたいだ」는 접미어「みたい」에「だ」가 붙은 형태로,「ようだ」와 마찬가지로 비유와 추측을 나타내는데, 단, 접속방법이 다르다. 가령 '장난감 같다'고 할 때「おもちゃのようだ」와 같이「の」가 들어가지만「みたいだ」를 쓰면「おもちゃみたいだ」와 같이 명사에 바로 연결된다.

## 1  みたいだ형으로 만드는 방법

| 명사 | ナ형용사 | イ형용사 | 동사 | |
|---|---|---|---|---|
| 명사에 바로연결 | 어간에 바로 연결 | い | ―U(기본형) | |
| ではない | ではない | くない | ない | |
| だった | だった | かった | た | + みたいだ |
| ではなかった | ではなかった | くなかった | なかった | |

 참고

조동사는 아니지만 ようだ와 같이 익혀두어야 하는 내용이므로 여기에 넣어두었다.

| 정중형 | 부사형 | 명사수식형 |
|---|---|---|
| みたいです | みたいに | みたいな |

## 2  みたいだ의 용법

### ① 비유

**Point** 비유의「ようだ」와 마찬가지로 '~것 같다'는 뜻으로 어떤 것을 다른 것에 비유해서 말하거나 예를 들어 말할 때 쓴다. 주로「まるで(마치)」와 같이 쓰인다.

・この 景色は まるで 絵みたいだ。　　　　　　　이 경치는 마치 그림 같다.

・山田さんは 魚の みたいに 上手に 泳げます。
야마다 씨는 물고기처럼 능숙하게 헤엄칠 수 있습니다.



조동사

- 韓国みたいに 四季が ある国では、季節に よって 景色が ずいぶん 違います。

  한국처럼 사계절이 있는 나라에서는 계절에 따라서 경치가 매우 다릅니다.

- 田中さんみたいに なりたいです。

  다나카 씨 처럼 되고 싶어요.


## ② 추측

[Point] 「みたいだ」는 「ようだ」보다 회화체적인 느낌이 든다. 따라서 회화에서는 「みたいだ」를 많이 쓴다.

- 何か 事故が あったみたいですね。電車が だいぶ 遅れていますよ。

  무슨 사고가 났나 봐요. 전차가 상당히 늦어지고 있어요.

- 塩が 少し 足りないみたいですが、もう 少し 入れましょうか。

  소금이 조금 모자라는 것 같은데, 좀더 넣을까요?


## 3 みたいだ와 ようだ

みたいだ는 ようだ의 회화체라고 생각하면 OK!

[Point] 쓰임새는 같지만, 명사와 ナ형용사에 연결되는 형태가 다르므로 그 점만 주의하면 된다.

| | ようだ | | みたいだ | |
|---|---|---|---|---|
| 명사 | おもちゃのようだ | 장난감 같다 | おもちゃみたいだ | 장난감 같다 |
| ナ형용사 | 楽なようだ | 편한 것 같다 | 楽みたいだ | 편한 것 같다 |
| イ형용사 | 大きいようだ | 큰 것 같다 | 大きいみたいだ | 큰 것 같다 |
| 동사 | だれか来たようだ | 누가 온 것 같다 | だれか来たみたいだ | 누가 온 것 같다 |

- 彼みたい。 — 그 사람 같아.

- そうみたい。 — 그런 것 같아.

- この ごろ すごく 忙しいみたい。 — 요즘 굉장히 바쁜가봐.

- あの 人たち 別れたみたい。 — 저 사람들 헤어졌나봐.

# 42

## 「らしい」

조동사 らしい는 추측·불확실한 전문(伝聞)·'~답다'의 세 가지 용법이 있다. 추측을 나타내는 것은 앞에서 익힌 「そうだ」「ようだ(みたいだ)」와 비슷하지만, '~답다'는 전혀 다른 뜻으로 쓰이는 경우이다. 모양이 イ형용사와 같기 때문에 イ형용사와 같이 활용한다.

**①  らしい의 기능**

- 추측
- 불확실한 전문(伝聞)
- ~답다

- **らしい의 활용표**

| 기본형 | 미연형 | 연용형 | 종지형 | 연체형 | 가정형 | 명령형 |
| --- | --- | --- | --- | --- | --- | --- |
| らしい | × | らしかった<br>らしく | らしい | らしい | × | × |

**②  らしい형으로 만드는 방법**

| 명사 | ナ형용사 | イ형용사 | 동사 | | |
| --- | --- | --- | --- | --- | --- |
| 명사에 바로연결 | 어간에 바로 연결 | い | —U(기본형) | | |
| ではない | ではない | くない | ない | + | らしい |
| だった | だった | かった | た | | |
| ではなかった | ではなかった | くなかった | なかった | | |

| 정중형 | 부사형 | 명사수식형 | 명사수식형 |
| --- | --- | --- | --- |
| らしいです | らしく | らしい | らしくない |

## 3 らしい의 용법

### ① 추측

**Point** 추측의「らしい」는 외부적인 상황이나 정황으로 볼 때 그럴 것이라고 추측할 때 쓰는 말로, 대부분「ようだ」로 바꿀 수 있지만,「ようだ」보다 근거가 불확실한 느낌을 준다.

- どうも 事故が あったらしいですね。　　아무래도 사고가 난 모양이에요.
- あの 人は どうも 外国人らしいです。　　저 사람은 아무래도 외국인 같아요.

### ② 불확실한 전문의 らしい

**Point** 남의 말을 그대로 전할 때는「そうだ」를 쓰지만, 불확실한 이야기를 전할 때도 이「らしい」를 쓴다. 근거가 불확실하고 무책임한 표현이기 때문에 주로 남에게서 들은 소문을 다른 사람에게 전할 때 많이 쓴다.

- マリさん 先月 日本へ 帰ったらしいよ。　　마리 씨 지난 달에 일본으로 돌아갔대요.
- あの タレント 離婚したらしいですよ。　　저 탤런트 이혼했대요.

　【주의】 남의 말을 전할 때 쓰는 말이므로 자신의 이야기에 대해서는「らしい」를 쓸 수 없다.

- どうも(私は) 熱が あるらしいです。　　(×)

  どうも(私は) 熱が あるようです。　　(○)　　아무래도 (나는) 열이 있는 것 같아요.

### ③「~답다」의「らしい」

**Point** '~답다'의 뜻으로 추측이나 전문의 뜻과는 전혀 상관없이 독립적으로 쓰이는 말이다.

| | | | |
|---|---|---|---|
| ・男らしい | 남자답다 | 男らしくない | 남자답지 못하다 |
| ・女らしい | 여자답다 | 女らしくない | 여자답지 못하다 |
| ・大人らしい | 어른답다 | 大人らしくない | 어른답지 못하다 |
| ・子供らしい | 아이답다 | 子供らしくない | 아이답지 못하다 |

**Point** 각각 다른 용법도 있지만, 공통적으로 '～것 같다'는 추측을 나타내는 말이다.

① **そうだ・ようだ・らしい의 접속 방법**

|  | そうだ(전문) | そうだ(양태) | ようだ | らしい |
|---|---|---|---|---|
| 동사 | 行くそうだ<br>行かないそうだ<br>行ったそうだ<br>行かなかったそうだ | 行きそうだ<br>行きそうに(も)ない<br>×<br>× | 行くようだ<br>行かないようだ<br>行ったようだ<br>行かなかったようだ | 行くらしい<br>行かないらしい<br>行ったらしい<br>行かなかったらしい |
| イ형용사 | 高いそうだ<br>高くないそうだ<br>高かったそうだ<br>高くなかったそうだ | 高そうだ<br>高くなさそうだ<br>×<br>× | 高いようだ<br>高くないようだ<br>高かったようだ<br>高くなかったようだ | 高いらしい<br>高くないらしい<br>高かったらしい<br>高くなかったらしい |
| ナ형용사 | 楽だそうだ<br>楽ではないそうだ<br>楽だったそうだ<br>楽ではなかったそうだ | 楽そうだ<br>楽ではなさそうだ<br>×<br>× | 楽なようだ<br>楽ではないようだ<br>楽だったようだ<br>楽ではなかったようだ | 楽らしい<br>楽ではないらしい<br>楽だったらしい<br>楽ではなかったらしい |
| 명사 | 医者だそうだ<br>医者ではないそうだ<br>医者だったそうだ<br>医者ではなかったそうだ | ×<br>医者ではなさそうだ<br>×<br>× | 医者のようだ<br>医者ではないようだ<br>医者だったようだ<br>医者ではなかったようだ | 医者らしい<br>医者ではないらしい<br>医者だったらしい<br>医者ではなかったらしい |

② **そうだ・ようだ・らしい의 용법 비교**

|  | そうだ | ようだ(みたいだ) | らしい |
|---|---|---|---|
| 판단의<br>근거 | 현장이나 상황을 직접 관찰한 것 | 시청각적 정보<br>감촉 ○ / 전언 × | 시청각적 정보<br>감촉 × / 전언 ○ |
| 서술태도 | 직관적 판단 | 직관적·일반적 판단<br>말하는 사람과의 심적 거리가<br>가깝다. | 객관적·논리적 판단<br>말하는 사람과의 심적 거리가<br>있다. |
| 서술범위 | 현재에서 매우 가까운 미래 | 과거～미래 이미 체험한 일 | 과거～미래 |
| 주의사항 | 직접 체험한 일에는 쓸 수 없다. | 가정형 문장이 앞에 올 수 없다.<br>남의 말을 전할 때는 쓸 수 없다. | 1인칭(私)의 신체고통, 감각 등에<br>는 쓸 수없다. 내부감각 등에 사<br>용할 수 없다. |

> きのうは 雨だった そうですね。(雨だ)　　　어제는 비가 왔었다면서요.

**1** 友達の 話に よると 日本の 夏は とても（　　　　　）そうですね。(暑い)
친구 말에 의하면 일본의 여름은 굉장히 <u>덥다고 하던데요.</u>

**2** 森さんの 話では 林さんは 会社を（　　　　　）そうですよ。(やめる)
모리 씨 말로는 하야시 씨가 회사를 <u>그만둔다고 그러던데요.</u>

**3** （　　　　　）そうな ケーキですね。(おいしい)
케이크가 <u>맛있어 보이네요.</u>

**4** 道が こんでいますね。（　　　　　）ようです。(事故だ)
길이 막히네요. <u>사고인가봐요.</u>(사고가 났나봐요.)

**5** 電気が ついているのを 見ると だれか（　　　　　）ようですね。(来る)
불이 켜진 걸 보니까 <u>누가 왔나봐요.</u> (누군가 온 것 같습니다.)

**6** いまにも 雨が（　　　　　）そうです。(降る)
당장이라도 비가 <u>올 것 같습니다.</u>

**7** まるで（　　　　　）ような トラです。(ネコだ)
꼭 <u>고양이 같은</u> 호랑이예요.

**8** あの ふたり 結局（　　　　　）らしいですよ。(別れる)
저 두 사람 결국 <u>헤어진 모양이에요.</u>

**9** どうも かぜを（　　　　　）ようです。(ひく)
아무래도 <u>감기 걸린 것 같아요.</u>

**10** 彼女は とても（　　　　　）らしいです。(女だ)
그녀는 아주 <u>여성스럽습니다.</u>

# 수동의 「れる・られる」

조동사 「れる・られる」에는 가능과 수동・존경이라는 세 가지 기능을 갖고 있는데, 여기서는 수동으로 쓰인 경우이다. 「れる・られる」가 가능인지, 수동인지, 존경인지는 문맥을 보면 알 수 있지만, 1류동사의 경우 가능형은 「れる・られる」형을 쓰지 않고 [-eru]형으로 많이 쓰고, 존경의 「れる・られる」는 일상회화에서 많이 쓰는 캐주얼한 경어라고 할 수 있다.

## ① 수동형으로 만드는 방법

| | 사전형 | | 가능형 | | 수동형 | |
|---|---|---|---|---|---|---|
| 1류동사 | 書く | 쓰다 | 書ける | 쓸 수 있다 | 書かれる | 쓰여지다 |
| 2류동사 | 食べる | 먹다 | 食べられる | 먹을 수 있다 / 먹여지다 | | |
| 3류동사 | する | 하다 | できる | 할 수 있다 | される | 당하다 |
| | 来る | 오다 | 来られる | 올 수 있다 / 와지다 | | |

① **1류동사** : 동사의 「ない형」에 「れる」를 붙인다. 일단 수동형이 되면 모두 2류동사가 되므로 2류동사와 같이 활용한다.

| | | | | | |
|---|---|---|---|---|---|
| 言う | 말하다 | 言 わ ない | 言 われる | 말해지다, 말을 듣다 |
| 書く | 쓰다 | 書 か ない | 書 かれる | 쓰여지다 |
| しかる | 야단치다 | しから ない | しか られる | 야단맞다 |

② **2류동사** : 끝의 「る」를 떼고 어간에 「られる」를 붙여 준다.

| | | | | | |
|---|---|---|---|---|---|
| 見る | 보다 | 見 + られる | 見 られる | 보여지다 |
| 食べる | 먹다 | 食べ + られる | 食べ られる | 먹여지다 |

・2류동사는 가능형과 수동형이 같다.

③ **3류동사**

| | | | | | | |
|---|---|---|---|---|---|---|
| する | 하다 | される | 당하다 | 来る | 오다 | 来られる | 와지다 |

④ 수동형으로 바꿀 수 없는 동사

| ある 있다 / できる 할 수 있다 / 要る 필요하다 / 見える 보이다 / 聞こえる 들리다 |

**확인문제** 다음 동사를 예와 같이 수동형으로 바꾸어 보세요.

| 降る　　　→　　降られる |

**1** こわす　　→　　　　　**2** しかる　→　　　　　**3** なぐる　　→

**4** 送る　　　→　　　　　**5** 届ける　→　　　　　**6** 渡す　　　→

**7** 発見する　→　　　　　**8** 呼ぶ　　→　　　　　**9** 招待する →

정답 1. こわされる　2. しかられる　3. なぐられる　4. 送られる　5. 届けられる　6. 渡される　7. 発見される　8. 呼ばれる　9. 招待される

## 2　수동문의 형태

|  | 직접 수동 | 간접 수동 |
|---|---|---|
| 자동사 | × | 私は 会社の 帰りに、雨に 降られた。<br>나는 퇴근길에 비를 맞았다. |
| 타동사 | 私は 先生に しかられた。<br>나는 선생님께 야단맞았다. | (私は)弟に カメラを こわされた。<br>남동생이 카메라를 고장냈다. |
|  | ↓ | ↓ |
|  | 「(사람)に ～れる/られる」형 | 「(사람)に (사물)を ～れる/られる」형 |

**Point**　수동문이 직접수동인지 간접수동인지는 문맥을 보면 알 수 있다. 단, 수동문에서는 행위자가 누구인지를 파악하여 '누가 ～했다'로 해석하는 것이 자연스러운 경우도 있다. 피해자가 주어가 되는 수동문에서는 피해자에게 초점이 맞추어져 있다고 할 수 있다.

① 「〜に」 : ～한테

**Point**  수동문은 기본적으로 'A는 B한테 ~당하다'는 형태이므로 이 '~한테'에 해당하는 조사가 「〜に」이다.

- 先生は Aさんを しかりました。  능동문  선생님은 A씨를 야단쳤습니다.
- Aさんは 先生に しかられました。  수동문  A씨는 선생님께 야단맞았습니다.
- 父が 私を なぐった。  능동문  아버지가 나를 때렸다.
- 私は 父に なぐられた。  수동문  나는 아버지한테 맞았다.
- 母は 私を 呼びました。  능동문  어머니는 나를 불렀습니다.
- 私は 母に 呼ばれました。  수동문  나는 어머니에게 불렸습니다.

② 「〜から」 : ～로부터

**Point**  'B한테'의 B가 사람일 때는 조사 「に」와 함께 쓰는 것이 대부분인데, 주고 받는 동작이나 행위의 출처를 분명히 나타낼 때는 「から」를 쓰기도 한다.

- 「~から 送られた」  :  ～로부터 보내졌다(물건 등)
- 「~から 届けられた」  :  ～로부터 보내졌다(편지나 소포 등)
- 「~から 渡された」  :  ～로부터 전달되었다

③ 「〜に よって」 : ～에 의해

**Point**  주로 문장에서 객관적인 기술을 할 때 쓰인다. 또 역사적인 발견이나, 창조 등에도 쓰는데, 이 때는 「に」로 바꿀 수 없다.

- アメリカ大陸は、コロンブスに よって 発見された。
  미국 대륙은 콜럼부스에 의해서 발견되었다.

- ハムレットは シェイクスピアに よって 書かれました。
  햄릿은 셰익스피어에 의해 쓰여졌습니다.

④「〜で」: 〜로, 〜때문에

 자연 현상에는 원인이나 이유의 「で」를 쓰기도 한다.

・<ruby>台風<rt>たいふう</rt></ruby>で、<ruby>家<rt>いえ</rt></ruby>が <ruby>壊<rt>こわ</rt></ruby>された。　　　태풍 때문에 집이 부셔졌다.

・<ruby>風邪<rt>かぜ</rt></ruby>で、<ruby>頭<rt>あたま</rt></ruby>が <ruby>痛<rt>いた</rt></ruby>いです。　　　감기 때문에 머리가 아픕니다.

**'〜께'에 해당하는 조사는 없는가?**

우리말에서는 '아이들에게' '친구에게' '부모님께'와 같이 앞에 오는 말에 따라 조사도 구분해서 쓰는데, '〜께'에 해당하는 일본어는 따로 없다. '〜한테, 에게, 께' 모두 일본어로는 「に」를 쓴다.

## 4 수동문의 종류

① 사람을 대상으로 하는 동사의 수동(B가 사람일 때)

| A は | B を(に) | + 동사 | … | 능동문 |
|---|---|---|---|---|
| B は | A に | + 동사(ら)れる | … | 수동문 |

・<ruby>先生<rt>せんせい</rt></ruby>は <ruby>木村<rt>きむら</rt></ruby>さんを <ruby>呼<rt>よ</rt></ruby>んだ。　　　선생님은 기무라 씨를 불렀다.

　→ <ruby>木村<rt>きむら</rt></ruby>さんは <ruby>先生<rt>せんせい</rt></ruby>に <ruby>呼<rt>よ</rt></ruby>ばれた。　　　기무라 씨는 선생님께 불렸다.

・<ruby>学生<rt>がくせい</rt></ruby>は <ruby>田中先生<rt>たなかせんせい</rt></ruby>を <ruby>尊敬<rt>そんけい</rt></ruby>している。　　　학생들은 다나카 선생님을 존경하고 있다.

　→ <ruby>田中先生<rt>たなかせんせい</rt></ruby>は <ruby>学生<rt>がくせい</rt></ruby>に <ruby>尊敬<rt>そんけい</rt></ruby>されている。　　　다나카 선생님은 학생들에게 존경받고 있다.

・<ruby>警官<rt>けいかん</rt></ruby>は どろぼうを <ruby>捕<rt>つか</rt></ruby>まえました。　　　경관은 도둑을 체포하였습니다.

　→ どろぼうは <ruby>警官<rt>けいかん</rt></ruby>に <ruby>捕<rt>つか</rt></ruby>まえられました。　　　도둑은 경관에게 체포되었습니다.

*Bonus*

**수동형으로 자주 쓰이는 동사**

・<ruby>招待<rt>しょうたい</rt></ruby>する　→　<ruby>招待<rt>しょうたい</rt></ruby>される　초대받다　　　・<ruby>殺<rt>ころ</rt></ruby>す　→　<ruby>殺<rt>ころ</rt></ruby>される　살해당하다

・<ruby>尊敬<rt>そんけい</rt></ruby>する　→　<ruby>尊敬<rt>そんけい</rt></ruby>される　존경받다　　　・<ruby>反対<rt>はんたい</rt></ruby>する　→　<ruby>反対<rt>はんたい</rt></ruby>される　반대당하다

② 신체의 일부분이 대상이 되었을 경우

[Point] 이 때는 '신체의 일부분'의 주인, 즉 사람이 주어가 된다.

| | |
|---|---|
| A が ＼ B の N を ＋ 동사 … 능동문 | |
| B は ／ A に N を ＋ 동사(ら)れる … 수동문 | |

・となりの 人が 私の 足を 踏んだ。　　　옆 사람이 내 발을 밟았다.

　→ 私は となりの 人に 足を 踏まれた。　나는 옆 사람에게 발을 밟혔다.

・犬が 私の 指を かんだ。　　　　　　　개가 내 손가락을 물었다.

　→ (私は) 犬に 指を かまれた。　　　　(나는) 개한테 손가락을 물렸다.

・エレベーターに 指を はさまれた。　　엘리베이터에 손가락이 끼었다.


③ 소유물이 대상이 되었을 경우

[Point] 이 때도 위와 마찬가지로 물건의 주인(소유주)이 주어가 된다. 우리말로 옮겼을 때는 능동문과
별 차이가 없을 수도 있는데, 수동문은 '싫은 느낌'이나 '억지로 ~한 느낌'을 나타낸다.

| | |
|---|---|
| A が ＼ B の (もの) を ＋ 동사 … 능동문 | |
| B は ／ A に (もの) を ＋ 동사(ら)れる … 수동문 | |

・母が 私の 日記を 読んだ。　　　　　　엄마가 내 일기를 읽었다.

　→(私は) 母に 日記を 読まれた。　　　(보여드리기 싫었는데)엄마가 일기를 읽었다.

・友達が 私の 弁当を 食べた。　　　　　친구가 내 도시락을 먹었다.

　→(私は)友だちに 弁当を 食べられた。　친구가 내 도시락을 먹었다.(그래서 싫었다.)

・どろぼうに お金を 盗まれた。　　　　　도둑에게 돈을 강탈당했다.

④ 목적어가 따로 있는 경우

[Point] 문장 안에 목적어가 따로 있는 경우이다. 행위자가 없이 동사만 단독으로 쓰이는 경우도 있는데 주로 「~に ~(ら)れる」형으로 쓰이는 동사(여격동사)로 다음과 같은 동사가 여기에 해당된다.

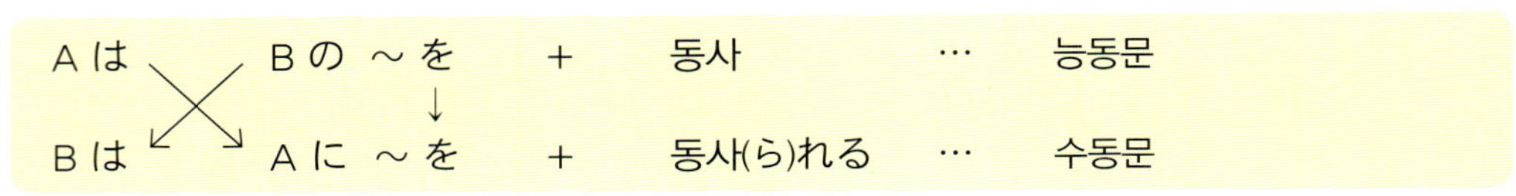


| ～に ~에게 | | | ～に ~한테서 ~로부터 | | |
|---|---|---|---|---|---|
| 言う | 말하다 | | 言われる | 말해지다, 듣다 | |
| 頼む | 부탁하다 | | 頼まれる | 부탁받다 | |
| 伝える | 전하다 | | 伝えられる | 전해지다 | |
| 質問する | 질문하다 | | 質問される | 질문받다, 질문당하다 | |
| 答える | 대답하다 | | 答えられる | 대답하게 되다 | |
| 送る | 보내다 | | 送られる | 보내지다 | |
| 届ける | 보내다, 부치다 | | 届けられる | 부쳐지다, 도착되다 | |
| 渡す | 건네주다 | | 渡される | 건네받다 | |

・先生が 私たちに 質問を しました。
　선생님이 우리들에게 질문을 했습니다.

　→私たちは 先生に 質問を されました。
　우리들은 선생님한테서 질문을 받았습니다.

・友達が 私に 通訳を 頼みました。
　친구가 나한테 통역을 부탁했습니다.

　→私は 友達に 通訳を 頼まれました。
　나는 친구한테서 통역을 부탁받았습니다.

・鈴木先生は 人に 頼まれたら、いやと 言えない 性格です。
　스즈키 선생님은 남한테서 부탁받으면 싫다고 말 못하는 성격입니다.

・道を 歩いていたら、日本の 観光客に 道を 聞かれた。
　길을 걷고 있는데, 일본 관광객이 길을 물었다.

・総理は 学生たちに タマゴを 投げられた。
　학생들이 총리에게 계란을 던졌다.

・妹に 届けられた 荷物を 開けてみると、なんと、子犬が 入っていた。
　여동생이 보내준 물건을 열어 보았더니 웬 강아지가 들어 있었다.

⑤ **자동사의 수동**(피해의 수동)

**Point** 일본어 특유의 수동형으로 우리말로 옮길 때는 능동문과 별 차이가 없을 수도 있지만, 피해를 입었다거나, 곤란했다거나, 싫었다거나 하는 느낌(피해의식)이 들어 있는 표현이다.

- 窓を 開けておいたら、どろぼうに 入られてしまった。
  창문을 열어두었더니, 도둑이 들어와 버렸다. ← どろぼうが 入る

- せっかく 勉強をしようと 思っていたのに、友だちに 来られて 困りました。
  모처럼 공부를 할려고 했는데, 친구들이 와서 곤란했습니다. ← 友だちが 来る

- 私は 子供の頃、母に 死なれて 祖母に 育てられた。
  나는 어릴 적에, 어머니가 돌아가셔서 할머니가 키워 주셨다. ← 母が 死ぬ

- 山登りの 途中で 雨に 降られた。
  등산 도중에 비를 맞았다. ← 雨が 降る

- 年末の 忙しい時に 同僚に 休まれて、とても 困りました。
  바쁜 연말에 동료직원이 안 나와서, 매우 곤란했습니다. ← 同僚が 休む


⑥ **행위자가 문제가 되지 않는 수동**

> ⓐ 행위자가 불특정 다수이거나 일반 다수인 경우
> ⓑ 행위자가 누구인지는 그다지 중요하지 않은 경우
> (대신「いつ(언제) どこで(어디서) なにが(무엇이)」가 중요한 경우)
> ⓒ 책이나 신문 기사 등에서 일반적으로 쓰이는 경우

- この ニュースは みんなに 知られている。　　이 뉴스는 모두에게 알려져 있다.

- 2002年に ソウルで ワールドカップが 開かれた。　　2002년에 서울에서 월드컵이 개최되었다.

- この ビルは 3年前に 建てられました。　　이 빌딩은 3년전에 세워졌습니다.

- 明日新入社員の 入社式が 行われます。　　내일 신입사원 입사식이 행해집니다.

- 聖書は 世界各国で 読まれている。　　성서(성경)는 세계 각국에서 읽히고 있다.

- 昨夜、プラス銀行から 現金3億ウォンが 盗まれました。
  어젯밤, 플러스은행에서 현금 3억원이 도난당했습니다.

- コンピューターは、いろいろな 分野で 使われている。
  컴퓨터는 여러 분야에서 쓰이고 있다.

**1** 妹は 私に 相談しました。

여동생은 나에게 상의했습니다.

→

**2** へびが かえるを 食べました。(かえる : 개구리)

뱀이 개구리를 먹었습니다.

→

**3** 母は 私の 日記を 読みました。

엄마는 내 일기를 읽었습니다.

→

**4** 雨が 降りました。

비가 왔습니다.

→

**5** 父が 死にました。

아버지가 돌아가셨습니다.

→

**6** 友達が 来ました。

친구가 왔습니다.

→

**7** 先生が 私の 名前を 呼びました。

선생님이 내 이름을 불렀습니다.

→

**8** 母は 私を 叱りました。

어머니가 나를 꾸짖었습니다.

→

**9** 蚊が 私を 刺しました。

모기가 나를 물었습니다.

→

10 両親が 私の 結婚を 反対しました。

부모님이 내 결혼을 반대했습니다.

→

11 犬が 私の 指を かみました。

개가 내 손가락을 물었습니다.

→

12 彼は 私を 招待しました。

그는 나를 초대했습니다.

→

13 となりの 人が 私の 足を 踏みました。

옆 사람이 내 발을 밟았습니다.

→

14 母は 私に お使いを 頼みました。

어머니가 나에게 심부름을 부탁했습니다.

→

15 泥棒が 美術館の 絵を 盗みました。

도둑이 미술관의 그림을 훔쳤습니다.

→



정답
1. 私は 妹に 相談されました。
2. かえるは へびに 食べられました。
3. 私は 母に 日記を 読まれました。
4. 雨に 降られました。
5. 父に 死なれました。
6. 友達に 来られました。
7. 私は 先生に 名前を 呼ばれました。
8. 私は 母に 叱られました。
9. 私は 蚊に 刺されました。
10. 私は 両親に 結婚を 反対されました。
11. 私は 犬に 指を かまれました。
12. 私は 彼に 招待されました。
13. 私は となりの 人に 足を 踏まれました。
14. 私は 母に お使いを 頼まれました。
15. 泥棒に 美術館の 絵を 盗まれました。

# 44

## 사역문「せる・させる」

사역문이란 '~에게 ~을 시키다, 하게 하다'와 같은 구문으로 다른 사람에게 어떤 행동을 시키는 것을 말한다. 우리말에도 사역표현이 있기 때문에 크게 어려운 부분은 아니지만, 몇가지 주의할 사항도 있으므로 잘 익혀두어야 한다. 이 때 '~에게'에 해당하는 조사는「に」를 쓴다.

### ① 사역형으로 만드는 방법

| | 사전형 | | 가능형 | 수동형 | |
|---|---|---|---|---|---|
| 1류동사 | 書く | 쓰다 | 書かない | 書かせる | 쓰게 하다 |
| 2류동사 | 食べる | 먹다 | 食べない | 食べさせる | 먹게 하다 |
| 3류동사 | する | 하다 | しない | させる | 시키다 |
| | 来る | 오다 | 来ない | 来させる | 오게 하다 |

① **1류동사** : 동사의「ない형」에「せる」를 붙인다. 일단 사역형이 되면 모두 2류동사가 되므로 2류동사와 같이 활용한다.

| 会う 만나다 | 会 わ ない | 会 わせる | 만나게 하다 |
|---|---|---|---|
| 書く 쓰다 | 書 か ない | 書 かせる | 쓰게 하다 |

② **2류동사** : 끝의「る」를 떼고 어간에「させる」를 붙여 준다.

| 見る 보다 | 見 ＋ させる | 見させる | 보게 하다 |
|---|---|---|---|
| 食べる 먹다 | 食べ ＋ させる | 食べさせる | 먹게 하다 |

③ **3류동사**

| する 하다 | させる 시키다 | 来る 오다 | 来させる 오게 하다 |
|---|---|---|---|

**Point**  사역문의 가장 기본적인 구조는 'A가 B에게 ~을 시키다'는 형태를 갖추게 된다. 여기서 '~에게'에 해당하는 조사는 보통 「に」를 쓰지만, 「を」를 쓰는 경우도 있다.

|  | 주어 | 행위자 | 사역문 |
|---|---|---|---|
| 자동사의 경우 | Aは<br>Aは | (人)を<br>(人)に | ～(さ)せる<br>～(さ)せる |
| 타동사의 경우 | Aは | (人)に | (何)を　～(さ)せる |

① 사람의 심리적 현상을 나타내는 무의지 동사에는 「～を」를 쓴다.

**Point**  '기쁘게 하다, 웃기다'와 같이 사람의 심리적인 현상을 나타내는 말이 올 때는 행위자(실제로 웃거나 기뻐하는 사람)에 붙는 조사 「～を」를 쓴다.

- 冗談を 言って、みんなを 笑わせた。

  농담을 해서 모두를 웃겼다.

- 兄は 弟の 頭を たたいて、弟を 泣かせました。

  형이 동생 머리를 때려 동생을 울게 했습니다./울렸습니다.

- いい 大学に 入って、母を 喜ばせたかった。

  좋은 대학에 들어가 어머니를 기쁘게 해드리고 싶었다.

- 南先生は 学校を やめて、学生を 悲しがらせました。

  미나미 선생님은 학교를 그만두어 학생들을 슬프게 했습니다.

- 人を びっくりさせた ことが ありますか。

  사람을 놀라게 한 적이 있습니까?

② 손윗사람에게 의뢰하는 경우 :「～てもらう/いただく」

[Point] 사역형은 기본적으로 윗사람이 아랫사람에게 시킨다는 뜻이 들어 있기 때문에 윗사람에게 뭔가를 의뢰할 때는「～てもらう/いただく」를 쓴다. 다음 예문을 서로 비교해 보자.

・先生は 中村さんに「黒板に 漢字を 書きなさい。」と 言いました。

선생님은 나카무라 씨에게 "칠판에 한자를 쓰시오."라고 말했습니다.

→ 先生は 中村さんに 黒板に 漢字を 書かせました。

선생님은 나카무라 씨에게 칠판에 한자를 쓰게 했습니다.

행위자는
나카무라

【주의】 위 예문은, 칠판에 한자를 쓰는 것은 나카무라이고, 그것을 시킨 사람은 선생님이다. 반면에, 다음 예문은 써달라고 부탁을 받아 한자를 쓰는 사람은 선생님이고 한자를 써 달라고 한 사람은 나카무라가 된다.

・中村さんは 先生に「黒板に 漢字を 書いてください。」と 言いました。

나카무라 씨는 선생님께 "칠판에 한자를 써 주십시오."라고 말했습니다.

→ 中村さんは 先生に 黒板に 漢字を 書いてもらいました。

나카무라 씨는 선생님께 칠판에 한자를 써 받았습니다.

→ 선생님이 (나카무라 씨를 위해) 칠판에 한자를 써 주었습니다.

행위자는
선생님

③ 서로 대응하는 자동사와 타동사가 있는 경우

[Point] 자동사와 타동사가 서로 짝을 이루는 동사는 타동사를 이용하여 사역문을 만든다.

起きる 일어나다 〈자동사〉　　　↔　　　起こす 일으키다 〈타동사〉

ⓐ 母親は 子供を 起きさせました。　　（×）

ⓑ 母親は 子供を 起こしました。　　（○）　　어머니는 아이를 일으켰습니다.

ⓒ 母親は 兄に 弟を 起こさせました。　　（○）　　어머니는 형에게 동생을 일어나게 했습니다.

【주의】 b와 c는 옳은 문장이지만 서로 뜻이 같은 것은 아니다. b는 행위자가 '어머니'이고 c는 행위자가 '형'이다. 즉 c는 형으로 하여금 동생을 일어나게 했다는 뜻이 된다.

④ 이동을 나타내는 조사「を」를 취하는 동사

Point  '~에게 ~을 건너게 하다, 걷게 하다'와 같은 문형이다. 이때 행위자(실제로 건너거나 걷는 사람)에 붙는 조사는「に」를 쓴다.

・横断歩道を 渡る。  　　　　　　　　　　　　　　　　횡단 보도를 건너다.

・先生は 子供たちを 渡らせています。　　　　　　　선생님은 아이들을 건너게 하고 있습니다.

・先生は 子供たちに 横断歩道を 渡らせています。
　선생님은 아이들에게 횡단 보도를 건너게 하고 있습니다.


⑤ 타동사이지만「を」를 취하는 동사 : 待つ · 勉強する

Point  타동사가 사역형으로 쓰일 때는 행위자에 조사「に」가 오는 것이 보통이지만,「待つ」,「勉強する」와 같은 동사는 조사「を」를 취한다. 물론 문장에「を」가 두 번 나올 때는「人に~を」형으로 쓰인다.

・友達は 私を 待たせた。　　　　　　　　　　　　　친구는 나를 기다리게 했다.

・友達は 私に 山田さんを 待たせた。　　　　　　　친구는 나에게 야마다 씨를 기다리게 했다.


⑥「~(さ)せてください」「~(さ)せていただきたい」

Point  자신이 뭔가를 하고 싶을 때 상대방에게 정중하게 '~하게 해 달라고'부탁하거나 자신의 희망을 나타낼 때 쓰는 표현이다. 또한,「~(さ)せていただきます」는 '~하겠습니다'란 뜻으로 남이 꼭 시켜서 하는 행동이라기 보다는 자신의 행동을 겸손하게 나타내기 위해 쓰는 표현이다.

・発表させていただきます。　　　　　　　　　　　　발표하겠습니다.

・自己紹介をさせていただきます。　　　　　　　　　제 소개를 하겠습니다.

・今日は 早く 帰らせてください。　　　　　　　　　오늘은 빨리 집에 가게 해 주세요.

・その 仕事は ぜひ 私に やらせてください。　　　　그 일은 꼭 저에게 시켜 주십시오.

・日本へ 行くのなら、私も 一緒に 行かせてください。　일본에 가는 거라면, 저도 같이 가게 해 주세요.

・あのう、部長、明日は 休ませてくださいませんか。

저, 부장님, 내일 쉬게 해 주시지 않겠습니까?

・あなたの そばに いさせてください。

당신 곁에 있게 해 주세요.(노래가사 중에서)


### ⑦ 방임, 묵인, 방치, 무책임의 사역

[Point] 이것은 누군가에게 뭔가를 시키는 것이 아니라 어떤 행동을 내버려두거나 그것을 묵인하는 것, 또는 무책임한 행동 등에 쓰이는 경우이다.

・本人の したい ように させました。　　　　　　본인 하고 싶은 대로 하게 했습니다.

・うっかりして 牛乳を くさらせてしまった。　　깜빡하고 우유를 상하게 해 버렸다.

・大人の せいで 子供たちを 死なせてしまった。

어른들 때문에 아이들을 죽게 하고 말았다.


**확인문제** 다음 동사를 사역형으로 만들어 보세요.

> 帰る　→　帰らせる

**1** 行く　→　　　　　　**2** いる　→　　　　　　**3** する　→

**4** やる　→　　　　　　**5** 休む　→　　　　　　**6** くさる　→

**7** 死ぬ　→

[정답] 1. 行かせる　2. いさせる　3. させる　4. やらせる　5. 休ませる　6. くさらせる　7. 死なせる

**다음 문장을 일본어로 바꾸어 보세요.**

**1** 선생님은 나카무라 씨에게 책을 읽게 했습니다. (読む)

→ _______________________________________________

**2** 사람을 기다리게 해서는 안 된다. (待つ)

→ _______________________________________________

**3** 어머니는 나에게 일본어를 공부시켰다. (勉強する)

→ _______________________________________________

**4** 그의 죽음은 모두를 슬프게 했습니다. (悲しがる)

→ _______________________________________________

**5** 죄송하지만, 오늘은 쉬게 해 주세요. (休む)

→ _______________________________________________

**6** 당신 곁에 있게 해 주세요. (いる)

→ _______________________________________________

**7** 이번은 저에게 맡겨 주세요. (まかせる)

→ _______________________________________________

**8** 어머니는 딸에게 심부름을 가게 했습니다. (おつかいに行く)

→ _______________________________________________

**9** 아들에게 숙제를 하게 했습니다. (やる)

→ _______________________________________________

**10** 과일을 상하게 해 버렸습니다. (くさる)

→ _______________________________________________

조동사

**정답**

1. 先生は 中村さんに 本を 読ませました。
2. 人を 待たせては いけない。
3. 母親は 私に 日本語を 勉強させた。
4. 彼の 死は みんなを 悲しがらせました。
5. 申し訳ありませんが、今日は 休ませてください。
6. あなたの そばに いさせてください。
7. 今回は 私に まかせてください。
8. 母親は 娘に おつかいに 行かせました。
9. 息子に 宿題を やらせました。
10. 果物を くさらせてしまいました。

# 사역수동

사역수동이란 일단 사역형으로 만든 동사를 다시 수동형으로 바꾼 것으로, 누군가가 자신의 의지와는 상관없이 어떤 일을 시켰을 때, 그것을 어쩔 수 없이 해야 하는 사람의 입장을 나타내는 표현이다.

## 1  사역수동형으로 만드는 방법

|  | 사전형 | 사역형 | 사역수동형 | 사역수동 축약형 |
|---|---|---|---|---|
| 1류동사 | 書く 쓰다<br>読む 읽다 | 書かせる<br>読ませる | 書か せられる<br>読ま せられる | 書か される<br>読ま される |
| 2류동사 | 見る 보다<br>食べる 먹다 | 見させる<br>食べさせる | 見させられる<br>食べさせられる |  |
| 3류동사 | する 하다<br>来る 오다 | させる<br>来させる | させられる<br>来させられる |  |

① **1류동사** : 동사의 「ない형」에 「せられる」를 붙인다. 일단 사역수동형이 되면 모두 2류동사가 되므로 2류동사와 같이 활용한다.

| 会う 만나다 | 会 わ ない | 会 わせられる 억지로 만나다 |
|---|---|---|
| 書く 쓰다 | 書 か ない | 書 かせられる 억지로 쓰다 |

② **2류동사** : 끝의 「る」를 떼고 어간에 「させられる」를 붙여 준다.

| 見る 보다 | 見させられる 억지로 보게 되다 |
|---|---|
| 食べる 먹다 | 食べさせられる 먹기 싫은데 먹게 되다 |

③ **3류동사**

| する | させられる 시켜서 하다 |
|---|---|
| 来る | 来させられる 오라고 해서 오게 되다 |

④ **축약형** : 1류동사는「−せられる」부분을 줄여서「される」형으로도 쓰는데, 단「す」로 끝나는 동사는 제외된다.

<br>

| | | |
|---|---|---|
| 書く | 書か せられる | 書か される |
| 飲む | 飲ま せられる | 飲ま される |
| ＊話す | 話さ せられる | 話さ される (×) 話させられる (○) |

## 2  사역수동문의 구성

Aは (人)に ～を ～(さ)せられる　　　A는 (다른 사람)에게 ～을 ～시킴을 당하다

**Point** 이 문형에서 A는 마지못해 행동하는 행위자이고, 명령하는 사람은「人に」부분에 온다. 일반 수동문과 사역문을 같이 비교해 보면 다음과 같다.

ⓐ 母は「もう 遅いから 寝なさい」と言って、テレビを 消しました。
어머니는 "이제 늦었으니 자거라"라고 말하고, TV를 껐습니다.

　→ 私は (母に) テレビを 消されました。〈수동〉 TV를 끈 사람은 '어머니'
　〈나는 더 보고 싶었는데〉 어머니가 TV를 껐습니다.

ⓑ 母は「もう 遅いから テレビを 消しなさい」と 言いました。
어머니는 "이제 늦었으니 TV를 끄거라"라고 말했습니다.

　→ 私は テレビを 消しました。TV를 끈 사람은 '나'
　나는 TV를 껐습니다.

　→ 母は 私に テレビを 消させました。〈사역〉
　어머니는 나에게 TV를 끄게 했습니다.

　→ 私は 母に テレビを 消させられました。〈사역수동〉
　나는 〈어머니가 끄라고 해서 할 수 없이〉 TV를 껐습니다.

**1** バスが 遅れて、30分も ＿＿＿＿＿＿＿＿＿＿。(待つ)

버스가 늦어져 30분이나 기다렸다.

**2** いやなのに 人前で 歌を ＿＿＿＿＿＿＿＿＿＿。(歌う)

싫은데 사람들 앞에서 (누군가가 시켜서) 노래를 불렀다.

**3** いやなのに 無理やり お酒を ＿＿＿＿＿＿＿＿＿＿。(飲む)

싫은데 억지로 술을 마셨다.

**4** 好きな 人の 名前を ＿＿＿＿＿＿＿＿＿＿。(書く)

좋아하는 사람의 이름을 (누군가가 시켜서) 썼다.

**5** きらいな 人参を ＿＿＿＿＿＿＿＿＿＿。(食べる)

싫어하는 당근을 (누군가가 시켜서) 먹었다.

**6** 班長を ＿＿＿＿＿＿＿＿＿＿ ことに なった。(する)

반장을 (누군가가 시켜서) 하게 되었다.

**7** いやなのに、無理やり 塾に ＿＿＿＿＿＿＿＿＿＿。(通う)

다니기 싫은데 억지로 학원에 다니게 되었다.

**8** 私は 母に ゲームを ＿＿＿＿＿＿＿＿＿＿。(やめる)

나는 (어머니가 그만하라고 해서 할 수 없이) 게임을 그만뒀다.

**9** 見たくなかったが、犯人の 顔を ＿＿＿＿＿＿＿＿＿＿。(確認する)

보고 싶지 않았는데, (경찰관이 보라고 해서) 범인의 얼굴을 확인했다.

10　私の 生い立ちを ＿＿＿＿＿＿＿＿＿＿＿＿。（話す）

(누군가가 시켜서) 내 살아온 내력을 이야기하게 되었다.

정답
1. 待たされた　　2. 歌わされた　　3. 飲まされた　　4. 書かされた
5. 食べさせられた　　6. させられる　　7. 通わされた　　8. やめさせられた
9. 確認させられた　　10. 話させられた

※次の(　　　　)のところに入るものとして適当なものを②⑤ⓒⓓの中から一つ選びなさい。

**1**　みんなで 行くのも (　　　　　　　)そうですね。

　ⓐ いい　　　　　　　ⓑ よく　　　　　　　ⓒ いさ　　　　　　　ⓓ よさ

**2**　林さんは まだ 結婚には 関心が (　　　　)そうです。

　ⓐ なし　　　　　　　ⓑ なく　　　　　　　ⓒ な　　　　　　　　ⓓ なさ

**3**　小さい 女の子が (　　　　　　　)そうに ケーキを 食べている。

　ⓐ おいしい　　　　　ⓑ おいし　　　　　　ⓒ おいしく　　　　　ⓓ おいしかった

**4**　急に 暗くなりましたね。今にも 雨が (　　　　　　)そうですね。

　ⓐ 降り　　　　　　　ⓑ 降ら　　　　　　　ⓒ 降る　　　　　　　ⓓ 降った

**5**　今度の プロジェクトは どうも うまく (　　　　　)そうもない。景気も 悪いし。

　ⓐ いかない　　　　　ⓑ いける　　　　　　ⓒ いく　　　　　　　ⓓ いき

**6**　ニュースによると、来週から 梅雨が (　　　　　　)そうです。

　ⓐ 始まる　　　　　　ⓑ 始める　　　　　　ⓒ 始まり　　　　　　ⓓ 始め

**7**　さっきから ずっと 見ていたんですが、あの 二人は どうも 夫婦の(　　　　　　　)。

　ⓐ らしいです　　　　ⓑ みたいです　　　　ⓒ ようです　　　　　ⓓ そうです

**8**　なにか 事故が (　　　　　　)ようですね。電車が だいぶ 遅れていますよ。

　ⓐ あり　　　　　　　ⓑ あった　　　　　　ⓒ ある　　　　　　　ⓓ あって

**9** Ａ：どうしましたか。 Ｂ：どうも 風邪を (　　　　　　)ようです。

ⓐ ひき　　　　　　ⓑ ひく　　　　　　ⓒ ひいた　　　　　　ⓓ ひかれた

---

**10** ここから 見ると 自動車が まるで おもちゃの (　　　　　　)。

ⓐ みたいですね　　　ⓑ らしいですね　　　ⓒ そうですね　　　ⓓ ようですね

---

**11** 直美さんは まるで 魚(　　　　　　)上手に 泳げます。

ⓐ みたいに　　　　ⓑ らしく　　　　ⓒ ように　　　　ⓓ そうに

---

**12** 彼が そう 言ったんですか。彼(　　　　　　)ないですね。

ⓐ みたく　　　　ⓑ らしく　　　　ⓒ ようで　　　　ⓓ そうも

---

**13** 田中さんの 家に 電話を かけましたが、誰も 出ませんでした。家に (　　　　　　)。

ⓐ いるらしいです　　ⓑ いないらしいです　　ⓒ いるそうです　　ⓓ いないそうです

---

**14** 会社の 帰りに 雨に (　　　　　　)、びっしょり 濡れました。

ⓐ 降って　　　　ⓑ 降られて　　　　ⓒ 降らせて　　　　ⓓ 降らせられて

---

**15** せっかく 勉強しようと 思っていたのに、友達に (　　　　　　)困りました。

ⓐ 来てもらって　　　ⓑ 来て　　　　ⓒ 来られて　　　　ⓓ 来てくれて

---

**16** いい 大学に 入って 親を (　　　　　　)。

ⓐ 喜んだ　　　　ⓑ 喜んであげた　　　ⓒ 喜ばれた　　　ⓓ 喜ばせた

---

**17** あのう、課長、今日は 早く (　　　　　　)くださいませんか。ちょっと 体の 具合いが 悪くて。

ⓐ 帰って　　　　ⓑ 帰られて　　　　ⓒ 帰らせて　　　　ⓓ 帰されて

**18** カラオケでは いやでも 人の 歌を (　　　　　　　　)。

 ⓐ きける   ⓑ きこえる   ⓒ きかれる   ⓓ きかされる

---

**19** バスが 遅れて 30分も (　　　　　　　　)。

 ⓐ 待たせた   ⓑ 待つだろう   ⓒ 待たれた   ⓓ 待たされた

---

**20** ゆう べは 子供に(　　　　　　　　)、全然 眠れなかった。

 ⓐ 泣いて   ⓑ 泣いてもらって   ⓒ 泣かせて   ⓓ 泣かれて

**정답**

| | | | | | | |
|---|---|---|---|---|---|---|
| 1. ⓓ | 2. ⓓ | 3. ⓑ | 4. ⓐ | 5. ⓓ | 6. ⓐ | 7. ⓒ |
| 8. ⓑ | 9. ⓒ | 10. ⓓ | 11. ⓐ | 12. ⓑ | 13. ⓑ | 14. ⓑ |
| 15. ⓒ | 16. ⓓ | 17. ⓒ | 18. ⓓ | 19. ⓓ | 20. ⓓ | |

**풀이**

1. いい는 활용할 때는 よい로 하므로 よさそうですね.
2. よさそうだ, なさそうだ는 쌍으로 외워두자.
3. イ형용사에 양태의 そうだ가 붙은 형태.
4. 동사에 양태의 そうだ가 붙은 형태. 기본형에 そうだ가 붙으면 전문(伝聞)이 되어 '〜라고 한다'는 뜻이 된다.
5. 行きそうだ → 行きそうもない. 이번 프로젝트는 아무래도 잘 될 것 같지 않다. 경기도 안좋고.
6. 전문의 そうだ. 앞에 조사 が가 왔으므로 자동사가 와야 한다.
7. 앞에 の가 있으므로 ようだ가 와야 한다. の가 없다면 夫婦みたい도 OK.
11. まるで가 앞에 오면 みたい나 ようだ가 오는데, 조사 の가 없이 바로 명사에 붙어야 하므로 みたい가 와야 한다.
12. '답다'란 뜻의 らしい.
13. 집에 없는 모양입니다. (없는 것 같습니다.)
14. 降る의 수동형은 降られる.
15. 友達に가 앞에 왔으므로 수등형으로 써야 한다.
16. 喜ぶ의 사역형은 喜ばせる.
17. 사역형 + てください는 〜하게 해 주세요.
18. きく→きかせる(사역)→きかせられる(사역수동)→きかされる(사역수동의 축약형)
20. 앞에 に가 왔으므로 수동형으로 표현해야 한다. 泣く→泣かれる

# 경어표현

일본어의 경어에는 상대방을 높이는 존경어, '나'를 낮추는 겸양어, '~니다'체인 정중어 이 세 가지가 있다. 일본어 경어표현의 가장 큰 특징은 '내 쪽'이냐 '상대방 쪽'이냐 하는 개념이다. '내 쪽' 사람은 무조건 낮추고, '상대방 쪽' 사람은 높여야 하는데 특히 가족이나 같은 직장에 있는 사람을 남에게 말할 때 주의해야 한다.

## 1 일본어 경어법의 특징

### ① 경어의 종류

- **尊敬語(존경어)**     상대방을 높이는 표현.     ~하시다
- **謙讓語(겸양어)**     자신을 낮추는 표현.     ~해 드리다
- **丁寧語(정중어)**     듣는 사람에게 정중하게 말하는 표현.     ~니다

**Point** 존경어와 겸양어는 결과적으로 상대방을 높여주고 나를 낮추는 것으로 '상대방'이 주어일때는 존경어를 쓰고, '내'가 주어일 때는 겸양어를 쓴다. 겸양어는 우리말로 번역했을 때는 보통어와 차이가 없지만, 겸양의 뜻이 들어 있다고 생각하면 된다.

### ② 일본식 경어법의 특징

**Point** 우리말은 나이나 지위에 따라 윗사람이면 무조건 높이고 아랫사람이면 무조건 낮추지만, 일본어 경어법은 '내 쪽'이냐 '상대방 쪽'이냐를 따져서 '내 쪽' 사람이라면 무조건 낮추어서 말해야 한다.

A : 金社長は いらっしゃいますか。     김 사장님 계십니까?

B : 社長の 金は ただ今 席を はずしておりますが。
김 사장님은 지금 자리를 비우고 안 계십니다만.

**社長の金와 金社長**

일본에서는 사장, 부장, 과장과 같은 직함에는 이미 존경의 뜻이 들어있어서, 様(さん·さま)를 붙이지 않는다. 그래서 金社長이라고 하면 '김사장님'이 되기 때문에, '사장직을 맡고 있는 김'이란 뜻으로 社長의 金라고 표현하는 것이다. 하지만 상대방 회사의 사람에 대해서는 「○○社長」와 같이 불러야 한다.

| 보통어 | | 존경어 | | 겸양어 | |
| --- | --- | --- | --- | --- | --- |
| する | 하다 | なさる | 하시다 | いたす | 해 드리다 |
| 来る | 오다 | いらっしゃる<br>おいでになる・お越しになる<br>お見えになる | 오시다 | まいる・伺う | 오다 |
| 行く | 가다 | いらっしゃる | 가시다 | まいる・伺う | 가다 |
| いる | 있다 | いらっしゃる<br>おいでになる | 계시다 | おる | 있다 |
| 訪ねる・訪問する | 찾아가다 | | | 伺う・おじゃまする | 찾아뵙다 |
| 言う | 말하다 | おっしゃる | 말씀하시다 | 申す・申し上げる | 말씀 드리다 |
| 思う | 생각하다 | | | 存じる | 생각하다 |
| 知っている | 알고 있다 | ご存じだ<br>ご存じでいらっしゃる | 알고 계시다 | 存じている・存じておる<br>存じ上げている | 알고 있다 |
| 食べる | 먹다 | 召し上がる | 드시다 | いただく | 먹다, 들다 |
| 飲む | 마시다 | 召し上がる | 드시다 | いただく | 마시다, 들다 |
| 着る | 입다 | お召しになる | 입으시다 | | |
| 聞く | 듣다 | お聞きになる<br>(〜が)お耳に入る | 들으시다 | 伺う・承る<br>拝聴する | 경청하다 |
| 会う | 만나다 | | | (〜に)お目にかかる | 만나뵙다 |
| 見せる | 보이다 | | | (〜に)お目にかける<br>ご覧にいれる | 보여 드리다 |
| 見る | 보다 | ご覧になる | 보시다 | 拝見する | 삼가 보다 |
| 上げる | 주다 | | | (〜に)差し上げる | 드리다 |
| もらう | 받다 | | | (〜に・から)いただく | 받다 |
| くれる | 주다 | くださる | 주시다 | | |
| わかる | 알다 | | | 承知する・かしこまる | 알다 |
| 寝る | 자다 | お休みになる | 주무시다 | 休む | 자다, 쉬다 |
| 死ぬ | 죽다 | なくなる<br>おなくなりになる | 돌아가시다 | | |
| ある | 있다 | | | ござる | 있다 |
| *です | 입니다 | 〜でいらっしゃいます | 〜이십니다 | 〜でございます | 〜입니다 |

## ② 특별경어

**Point** 일본에서도, 우리말의 '하다 − 하시다' '밥 − 진지'와 같이 특별한 경어가 따로 있다. 앞의 표와 같이 특별한 형태의 경어동사가 없는 말은 따로 경어표현을 써야 하지만, 경어동사가 있으면 보통 경어동사로 표현한다. 가능표현은 「お(ご) 〜になれる(〜하실 수 있다)」로 하면 된다.

食べる 먹다 　→　 お食べになる 드시다 :「お〜になる」형
　　　　　　→　 召し上がる :특별경어(※이쪽을 더 많이 쓴다)
　　　　　　→　 食べられる :특별경어보다는 경어의 도가 약간 낮은 표현.

## ③ 존경표현

① お(ご) 〜になる　〜하시다 : 대부분의 동사에 사용한다.

**Point** 〜부분에는 동사의 ます형에 접속한다. 대부분의 동사는 모두 이 형태로 바꿀 수 있으며, 뜻은 '〜하시다'가 된다.

| 보통형 | 존경형 | 존경의 가능형 |
| --- | --- | --- |
| 買う 사다 | お買いになる 사시다 | お買いになれる 사실 수 있다 |

書く 쓰다 　→　 お書きになる 쓰시다 　→　 お書きになれる 쓰실 수 있다
使う 사용하다 　→　 お使いになる 사용하시다 　→　 お使いになれる 사용하실 수 있다
読む 읽다 　→　 お読みになる 읽으시다 　→　 お読みになれる 읽으실 수 있다
帰る 돌아가다 　→　 お帰りになる 돌아가시다 　→　 お帰りになれる 돌아가실 수 있다

【주의】 단, 「見る」와 같이 ます형 바로 앞의 음이 한 음절일 경우에는 이 형태로 바꿀 수 없다.

　· 見る 보다 → ご覧になる 보시다. (○)　　お見になる (×)

## 경어표현에 쓰이는 お와 ご는 어떻게 구별하는가?

예외도 있지만, 주로 순수 일본어에는 お가 붙고, 한자어에는 ご가 붙는다.

・お書きになる　쓰시다　↔　ご記入になる　기입하시다

---

・チケットは いつ お買いになりましたか。　　　　　티켓은 언제 구입하셨습니까?

・先生が お書きになった 本。　　　　　선생님께서 쓰신 책.

・もう お帰りになるんですか。　　　　　벌써 가십니까?

・修理が 終わりましたので、もう いつからでも ご使用になれます。

수리가 끝났기 때문에, 이제 언제부터라도 사용하실 수 있습니다.

・今なら あ安い お値段で お求めになれます。

지금이라면 싼 가격으로 구입하실 수 있습니다.

・ここを 押すと 日本語で お読みになれます。

여기를 누르면 일본어로 읽으실 수 있습니다.

使用する　→　ご使用になる　사용하시다　→　ご使用になれる　사용하실 수 있다
求める　→　お求めになる　구하시다　→　お求めになれる　구하실 수 있다

일본 인터넷 사이트에서 자주 보는 문구(정중한 표현)

・お買い物の しかた。　　　　　구입하시는 방법.
・この 商品は 在庫が ございます(あります)。　　　　　이 상품은 재고가 있습니다.
・～も 含まれております(ています)。　　　　　～도 포함되어 있습니다.
・ゆでてから お召し上がりください。　　　　　(상품 카탈로그)삶고 나서 드십시오.
・お届けに 関しての ご希望が ございましたら ご記入ください。

배달에 대해 희망 사항이 있으시면 기입하여 주십시오.

② お(ご) 〜です　〜하고 계시다

[Point]　〜부분에는 동사의 ます형이 온다. '〜하고 계시다'의 뜻으로 「〜ている」로 대체할 수 있는 것이 많다. '〜하실 (분)'과 같이 뒤에 명사가 올 때는 「お(ご)〜の」형태로 쓰인다.

- いかが お考えですか。　　　　　　　　　　어떻게 생각하십니까?
- お客様が お待ちです。　　　　　　　　　손님께서 기다리십니다.
- 入場券を お持ちの 方 いらっしゃいますか。　입장권을 가지고 계신 분 계십니까?
- ご乗車の 方　　　　　　　　　　　　　　승차하실 분
- お乗りの 方　　　　　　　　　　　　　　타실 분


③ お(ご) 〜くださる/ください　〜해 주시다 / 〜해 주세요

[Point]　〜부분에는 동사의 ます형이 온다. 「〜てくれる (〜해 주다)」, 「〜てください(〜해주세요, 하세요)」의 경어표현이다. 「お(ご)〜ください」는 손윗사람에게 정중하게 의뢰할 때 많이 쓰는 표현이다.

- ご記入ください。 기입하여 주십시오.　　　　　　← 記入してください。
- お父様が お帰りになったら、よろしく お伝えください。　　　← 伝えてください。
  아버님께서 돌아오시면 안부 전해 주십시오.
- 少々お待ちください。 잠시만 기다려 주십시오.　　　← ちょっと 待ってください。

존경어의 의뢰표현은 「お(ご)〜ください」 외에도 특별존경어나 「お + ます형 + になる」에 「てください」를 붙이면 된다.

- お待ちください。/お待ちになってください。　　　기다려 주십시오.
- お教えください。/お教えになってください。　　　가르쳐 주십시오


④ 존경의 れる·られる

[Point]　조동사 「れる·られる」는 수동, 가능, 존경 세 가지 용법이 있는데, '〜(하)시다'의 뜻으로 존경을 나타내는 경우이다. 단, 「わかる」나 「できる」, 가능동사 등은 이 형태로 바꿀 수 없다. 「お〜になる」나 「お〜です」보다는 경어의 정도가 약간 낮은 캐주얼한 경어라고 할 수 있다.

- 日本では どの ホテルに 泊られますか。　　　일본에서는 어느 호텔에 묵으십니까?

- 日本語の 勉強は いつから 始められましたか。　　　일본어 공부는 언제부터 시작하셨어요?


⑤ 경어표현에 관한 주의사항

　ⓐ 복합동사 또는 동사가 2, 3개 계속될 경우 : 맨끝에 오는 동사를 경어로 한다.

- 先生は 毎朝 6時に 起きて、散歩なさいます。
　선생님께서는 머일 아침 6시에 일어나셔서 산책하십니다.


　ⓑ 「ごらんなさい(보세요)」「いらっしゃい(어서 와요, 어서 오세요)」 : 관용적으로 쓰는 명령
　　표현으로 존경표현이 아니다.

- おいしいから、食べてごらんなさい。　　　맛있으니까 먹어 봐요.


## 4　형용사와 명사의 존경어

**Point**　형용사와 명사는 단어 앞에 「お」나 「ご」를 넣으면 된다. 단, 모든 형용사에 「お」나 「ご」가 붙는 것이 아니므로 예문을 중심으로 익히는 것이 좋다.

① 형용사

| 忙しい | 바쁘다 | → | お忙しい | 바쁘시다 |
|---|---|---|---|---|
| 若い | 젊다 | → | お若い | 젊으시다 |
| 強い | 강하다 | → | お強い | 강하시다, 세시다 |
| ひまだ | 한가하다 | → | おひまだ | 한가하시다 |

② 명사

| | | | | |
|---|---|---|---|---|
| 名前（な まえ） | 이름 | → | お名前 | 성함 |
| 電話（でん わ） | 전화 | → | お電話 | 전화　＊한자어지만,「お」가 붙은 경우 |
| 時間（じ かん） | 시간 | → | お時間 | 시간 |
| 意見（い けん） | 의견 | → | ご意見 | 고견 |
| 連絡（れん らく） | 연락 | → | ご連絡 | 연락 |
| 注文（ちゅうもん） | 주문 | → | ご注文 | 주문 |
| 住所（じゅうしょ） | 주소 | → | ご住所 | 주소 |

ⓐ 「お」가 붙는 말 : 순수 일본어

| | | | | |
|---|---|---|---|---|
| 話（はなし） | 이야기 | → | お話 | 말씀 |
| 顔（かお） | 얼굴 | → | お顔 | 얼굴 |
| 友達（ともだち） | 친구 | → | お友達 | 친구분 |
| 名前（な まえ） | 이름 | → | お名前 | 성함 |

ⓑ 「ご」가 붙는 말 : 한자어

| | | | | |
|---|---|---|---|---|
| 案内（あんない） | 안내 | → | ご案内 | 안내 |
| 意見（い けん） | 의견 | → | ご意見 | 의견 |
| 住所（じゅうしょ） | 주소 | → | ご住所 | 주소 |
| 注文（ちゅうもん） | 주문 | → | ご注文 | 주문 |
| 連絡（れん らく） | 연락 | → | ご連絡 | 연락 |

ⓒ 예외

| | | | | |
|---|---|---|---|---|
| 電話（でん わ） | 전화 | → | お電話 | 전화 |
| 時間（じ かん） | 시간 | → | お時間 | 시간 |
| 食事（しょく じ） | 식사 | → | お食事 | 식사 |
| 誕生日（たんじょう び） | 생일 | → | お誕生日 | 생일 |
| 都合（つ ごう） | 형편 | → | ご都合 | 형편 |

ⓓ 정중한 뜻을 가진 말

| | | | | | |
|---|---|---|---|---|---|
| 今日（きょう） | 오늘 | → | 本日（ほんじつ） | 금일 |
| あした・あす | 내일 | → | 明日（みょうにち） | 명일 |
| きのう | 어제 | → | 昨日（さくじつ） | 어제 |
| この間（あいだ） | 요전 | → | 先日（せんじつ） | 일전에 |
| 今（いま） | 지금 | → | ただ今（いま） | 지금 |
| 今度（こんど） | 이번 | → | この度（たび） | 금번 |

・ご案内（あんない）いたします。　　　　　　　　　　　안내해 드리겠습니다.

・お誕生日（たんじょうび）おめでとうございます。　　　생신 축하 드립니다.

・ご注文（ちゅうもん）よろしいですか。　　　　　　　　주문하시겠습니까?

> **참고**
>
> 이밖에「お花（はな）」(꽃)「おはし」(젓가락)「お酒（さけ）」처럼 명사에「お/ご」를 붙여서 말하는 경우가 있는데 이 때는 존경의 뜻이 있는 것이 아니라 말을 듣기 좋게 하기 위해 쓰는 말로 미화어(美化語)라고 한다. 이런 말은 보통 여자들이 많이 쓴다. 그리고「お電話（でんわ）」(전화)나「ご連絡（れんらく）」(연락) 같은 경우 자신의 행동을 나타낼 때는 존경어가 아니라 겸양어로 쓰이기도 한다는 것을 기억하자.
>
> ・お電話（でんわ）します。　　　　전화 드리겠습니다.　〈겸양어〉
> ・ご連絡（れんらく）いたします。　　연락 드리겠습니다.　〈겸양어〉

● 회화에서 자주 쓰는 경어표현

| 보통체 | | 경어체 | |
|---|---|---|---|
| いいですか | 좋습니까? | よろしいですか | 좋으십니까? |
| どうですか | 어떻습니까? | いかがですか | 어떠십니까? |
| だれですか | 누굽니까? | どなたですか | 어느분입니까? |
| | | どちらさまですか | 누구십니까? |
| しますか | 합니까? | なさいますか | 하십니까? |
| できますか | 할 수 있습니까? | おできになりますか | 하실 수 있습니까? |
| 飲みたいですか | 마시고 싶습니까? | お飲みになりたいですか | 마시고 싶으십니까? |
| 待ってください | 기다리세요. | お待ちください | 기다려 주세요. |
| | | お待ちになってください | 기다려 주십시오 |
| 書いて | 쓰고 | お書きになって | 쓰시고 |
| あったら | 있으면 | ありましたら | 있으시면 |
| | | おありでしたら | 있으시면 |
| ～だったら | ～라면 | ～でしたら | ～라면 |
| ～ています | ～하고 있습니다 | ～ていらっしゃいます | ～하고 계십니다 〈존경〉 |
| | | ～ております | ～하고 있습니다 〈겸양〉 |
| ～です | ～입니다 | ～でございます | ～입니다 |

**이밖에 자주 쓰는 표현**

| | |
|---|---|
| ・また おいでください。 | 또 오십시오. |
| ・先生も おいでくださいました。 | 선생님도 와 주셨습니다. |
| ・ぜひ お越しください。 | 꼭 와 주십시오. |
| ・どのように 考えていらっしゃるんですか。 | 어떻게 생각하고 계세요? |
| ・どうぞ こちらに お座りください。 | 어서 이쪽으로 앉으세요 |
| ・どうぞ ご遠慮なく お使いください。 | 자, 사양 마시고 쓰세요. |

### ① お(ご) ～する/いたす　～해 드리다

[Point] 상대방을 위해 '～해 드리다'라고 할 때 가장 일반적으로 쓰는 표현으로 ～부분에는 동사의 ます형이 온다. 「お(ご)～する」보다「お(ご)～いたす」가 더욱 정중한 표현이다.

・ご紹介します。こちらは 山田さんです。
  소개해 드리겠습니다. 이쪽은 야마다 씨입니다.

・重そうですね。その かばん お持ちしましょうか。
  무거워 보이네요. 그 가방 (제가) 들어드릴까요?

・また こちらから お電話いたします。
  다시 제 쪽에서 전화 드리겠습니다.

### ② お(ご) ～いただく　상대방으로부터 은혜를 입은 경우

[Point] '～해 주시다'의 뜻으로 상대방으로부터 은혜를 입은 경우, 또는 내가 부탁해서 ～해 받은 경우에 쓰는 표현이다. ～부분에는 역시 동사의 ます형이 온다.

・ちょっと お待ちいただければ、すぐ お直しいたします。
  잠시 기다려 주시면 바로 고쳐 드리겠습니다.

・以上の 説明で 大体の 事情は お分かりいただけたのではないかと 思います。
  이상의 설명으로 대체적인 사정은 이해하셨을 줄 압니다.

・興味を お持ちの 方は ご参加いただきたいと 思います。
  흥미를 갖고 계신 분은 참가해 주셨으면 합니다.

③ **お(ご) ～願う**　～하시길 바랍니다

<u>Point</u>　'～하시길 부탁드립니다/바랍니다'의 뜻으로 손윗사람에게 공손히 부탁할 때 쓰는 표현이다. (약간 딱딱한 표현)

・間違いは ないと 思いますが、念の ため お調べ願います。
　착오는 없다고 생각합니다만, 혹시 모르니까 조사를 부탁드립니다.

・異常を 発見された 方は、直ちに お知らせ願います。
　이상을 발견하신 분은 즉시 알려주시기 바랍니다.

・明朝午前10時まで、電気工事の ため 停電しますので、ご注意願います。
　내일 아침 오전 10시까지 전기 공사로 인하여 정전되므로, 주의를 부탁드립니다.

④ **주의 : 손윗사람에게 사용할 수 없는 표현**

ⓐ '(내가)～해드리다'라고 할 때「～てあげる」,「～てさしあげる」는 사용하지 않는 것이 좋다. 이 표현 대신「お(ご) ～する/いたす」를 쓰면 된다.

들어드리겠습니다　　　　　持ってあげます (×)　　　　　お持ちします (○)

ⓑ「ごくろうさま(수고했습니다)」,「ごめんなさい(미안해요)」와 같은 말은 손윗사람에게는 사용하지 않는다. 대신「ありがとうございました(감사합니다)」나「申し訳ありません(죄송합니다)/すみませんでした(죄송했습니다)」와 같은 표현을 쓴다.

ⓒ 특히「お(ご) ～する」(～해 드리다)와「お(ご) ～に なる」(～하시다)는 주어를 혼동하는 경우가 많으므로 주의가 필요하다.

・私が お書きします。　　　　　　　　　　제가 쓰겠습니다.

・先生が お書きになります。　　　　　　　선생님께서 쓰시겠습니다.

・私が お読みします。　　　　　　　　　　제가 읽겠습니다.

・先生が お読みになります。　　　　　　　선생님께서 읽으시겠습니다.

**1** 課長、さっき 森田という 方が ＿＿＿＿＿＿＿＿＿＿＿。

① 来ました                 ② まいりました
③ お見えになりました      ④ おりました

**2** お名前は 存じておりますが、まだ ＿＿＿＿＿＿＿＿＿＿ことは ありません。

① 会った                 ② お会いになった
③ お目にかかった        ④ お目にかけた

**3** この 時計は 私の 誕生日に 父が ＿＿＿＿＿＿＿＿＿＿。

① 買ってくれました       ② 買ってくださいました
③ 買ってもらいました     ④ お買いになってくださいました

**4** どうぞ こちらへ。私が ＿＿＿＿＿＿＿＿＿＿。

① 案内してあげましょう     ② 案内してさしあげましょう
③ ご案内になりますか      ④ ご案内しましょう

**5** 合格者の 発表について ＿＿＿＿＿＿＿＿＿＿。

① 知らせてあげます       ② お知らせになります
③ お知らせいたします     ④ お知らせいただきます

※ 다음 밑줄친 부분을 존경어나 겸양어로 바꾸세요.

**6** 私の 方から 電話します。         →

**7** ここまで 何で 来ましたか。       →

**8** 田中先生は いますか。           →

**9** 私は 朴と 言います。             →

10 どうぞ 食べて ください。　　　　　　→

11 明日3時に 行きます。　　　　　　　→

12 田中部長から もらいました。　　　　→

13 ぜひ 来てください。　　　　　　　　→

14 昨日先生が 死にました。　　　　　　→

15 その 事件は 私も 知っています。　　→

※次の(　　　　)のところに入るものとして適当なものを ⓐⓑⓒⓓ の中から一つ選びなさい。

**1** A：さあ、どうぞ 召し上がって ください。

B：はい、(　　　　　　　)。

　ⓐ 食べます　　　　　　　　　　ⓑ いただきます
　ⓒ 召し上がります　　　　　　　ⓓ ごちそうさま

**2** もしもし、私、谷と (　　　　　　　)が、先生は いらっしゃいますか。

　ⓐ 言います　　　　　　　　　　ⓑ 話します
　ⓒ 申します　　　　　　　　　　ⓓ おっしゃいます

**3** この ノートブックは 卒業祝いに 母が (　　　　　　　)。

　ⓐ 買ってくれました　　　　　　ⓑ 買ってくださいました
　ⓒ 買っていただきました　　　　ⓓ お買いになってくださいました

**4** 社長、さっき 清水という 方から 電話が ありましたが、(　　　　　) 方ですか。

　ⓐ ご存じの　　　　　　　　　　ⓑ 存じ上げている
　ⓒ お知りする　　　　　　　　　ⓓ 存じる

**5** 入場券を (　　　　　　) かた いらっしゃいますか。

　ⓐ 持たれる　　　　　　　　　　ⓑ お持ちする
　ⓒ 持つ　　　　　　　　　　　　ⓓ お持ちの

**6** 現在の 大学入試制度について、先生は いかが (　　　　　　　)。

　ⓐ 考えていますか　　　　　　　ⓑ お考えですか
　ⓒ お考えしますか　　　　　　　ⓓ 考えですか

**7** ご主人が お帰りに なりましたら、よろしく（　　　　　　　　　）ください。

 ⓐ 伝えて    ⓑ お伝え    ⓒ 伝えさせて   ⓓ お伝えして

---

**8** 先生、その かばん 重そうですね、私が（　　　　　　　　　）。

 ⓐ 持ってあげましょうか    ⓑ 持って差し上げましょうか
 ⓒ お持ちになりましょうか    ⓓ お持ちしましょうか

---

**9** じゃ、私が 午後4時まで そちらに（　　　　　　　　　）。

 ⓐ 行かれます    ⓑ まいります
 ⓒ いらっしゃいます   ⓓ お見えになります

---

**10** 私に できる ことが（　　　　　　　　　） 何でも おっしゃってください。

 ⓐ いらっしゃいましたら    ⓑ おりましたら
 ⓒ ございましたら    ⓓ おられましたら

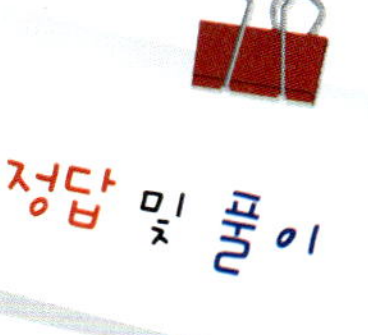


**정답**

| 1. ⓑ | 2. ⓒ | 3. ⓐ | 4. ⓐ | 5. ⓓ |
|---|---|---|---|---|
| 6. ⓑ | 7. ⓑ | 8. ⓓ | 9. ⓑ | 10. ⓒ |

**풀이**

1. 잘 먹겠습니다.
2. ⓐ로 해도 되지만, 뒷말이 경어이므로 겸양어를 쓰는 것이 자연스럽다.
3. 자기 가족에 대해서 남에게 말할 때는 높임말을 쓰면 안된다.
4. '아시는 분'에 해당하는 말.
5. a는 보통표현이고, 여기서는 정중한 표현을 써야 하므로 お持ちの가 맞다.
7. お + 동사 ます형 + ください ～해 주세요. 정중한 의뢰표현.
8. お + 동사 ます형 + する ～해 드리다.
9. '내'가 가는 것이므로 겸양어를 써야 한다.
10. ありましたら의 겸양어는 ございましたら.



경<br>어

# 조사

조사는 문법적인 성격에 따라 격조사, 접속조사, 부조사, 종조사로 나눌 수 있는데, 그 용어보다는 뜻과 쓰임새를 파악하는 것이 중요하다. 여기서는 찾아보기 쉽도록 あいうえお 순으로 대표적인 뜻과 용례를 중심으로 정리하였다.

| 격조사 | が, の, を, に, へ, と, で, や, より, から |
|---|---|
| 접속조사 | て·し 순서나 열거, ので·から·て 이유, と·ば 가정,<br>が·けれども·のに·ても·ながら 역접, ながら·たり 열거 |
| 부조사 | は, も, など, くらい(ぐらい), か, だけ, しか, まで, ばかり, でも, ほど, きり, こそ, さえ,<br>なり, やら |
| 종조사 | か, ね, よ, な, ぞ, の, さ, わ, とも, かしら, や |

が, か, の와 같이 한 단어라도, 두 가지 기능을 하는 것들도 있다.

 **〜か**

① 〜까?(질문이나 의문)

- これは 何<sup>なん</sup>ですか。　　　　　이건 뭡니까?

- コーヒーでも いかがですか。　　　커피라도 (한 잔) 어떠세요?

① 질문이나 의문 외에 자신의 생각을 나타낼 때도 쓴다.

- さあ 行<sup>い</sup>くか　　　자, 갈까?　　　・10分<sup>か</sup>。　　　10분이라….
- そうか。　　　그래?　　　・買<sup>か</sup>ってきてあげようか。　　　사다줄까?

② 비슷한 말로 かい도 있지만, 이건 남자들만 쓰는 말이다.

- けんかでも したのかい?　　싸움이라도 한 거냐?

② ～인가, 인지(불확실한 의문)

ⓐ 의문사(+보통형) + か : ～지

**Point** 명사와 ナ형용사는 어간에, 나머지는 보통형에 연결된다.

- 誰か わかりません。 　　　　　　　　누군지 모르겠어요.

- 何枚 必要か、 聞いてみてください。 　몇 장 필요한지, 물어봐주세요.

- いつ 来られるか 私も わかりません。 　언제 올 수 있을지 나도 몰라요.

- 会議は 何時に 終わるか、わかりません。 　회의가 몇 시에 끝날지 모르겠어요.

ⓑ ～か どうか : 인지 아닌지

**Point** 대개 우리말에서는 '～인지 아닌지'로, 일본어에서는 '～인지 어떨지'로 표현하는 것이 다르다.

- できるか どうか わかりません。 　　　　할 수 있을지 어떨지 모르겠어요.

- 席が あるか どうか 確かめてください。
  자리가 있는지 없는지(어떤지) 확인해보세요.

- お口に 合うか どうか わかりませんが、どうぞ 召し上がってください。
  입에 맞으실지 어떨지 모르겠습니다만, 많이 드세요.

③ ～이나(두가지 중의 선택)

- どちらか 正しい 答えを 選びなさい。 　　둘 중에 바른 답을 고르시오.

---

**2** **かしら**(종조사)

**Point** かしらは 여성어로 ～でしょうか(일까요?)의 뜻으로 쓴다.

- あら、誰かしら。 　　　　　　　　　어머, 누구지?

- お気に召すかしら。 　　　　　　　　마음에 드시는지. (모르겠어요.)

**① ～이/가(주어)**

・これが 新商品の カタログです。　　　이게 신제품 카탈로그입니다.

**② ～을/를(가능, 희망 등 조사 가를 취하는 말이 뒤에 올 때)**

・日本語が できますか。　　　일본어를 할 줄 압니까?

・私は 魚が 好きです。　　　저는 생선을 좋아합니다.

・新しい カメラが 欲しいです。　　　새 카메라를 갖고 싶어요.

・歌が 上手ですね。　　　노래를 잘하네요.

**③ ～지만, ～는데(두 문장을 이어준다.)**

・仁寺洞に 行きたいんですが、行き方を 教えてくださいませんか。
인사동에 가고 싶은데, 가는 방법을 가르쳐 주시지 않겠습니까?

・これから 買い物に 行くんですが、いっしょに 行きませんか。
지금(부터) 장보러 갈 건데, 같이 안갈래요?

4 から

**① ～에서, ～로부터(시작점이나 출처를 나타낼 때)**

・会議は 2時から 4時までです。　　　회의는 2시부터 4시까지입니다.

・ソウルから ピョンヤンまで 飛行機で 40分ぐらい かかります。
서울에서 평양까지 비행기로 40분정도 걸립니다.

**② ～니까, 때문에(원인을 나타낼 때)**

・もう 遅いから 早く 寝なさい。　　　이제 늦었으니까, 얼른 자거라.

## ⑤ くらい(ぐらい) : ～가량, 정도, 쯤, 만큼

**Point** 시간이나 분량, 정도나 상황 등을 나타낸다.

- どれ**ぐらい** かかりますか。

  얼마나 걸립니까? 〈비용,시간,거리 등〉

- 体重（たいじゅう）が 3キロ**ぐらい** 増（ふ）えました。

  체중이 3킬로그램 정도 늘었습니다.

- りんご**ぐらい**の 大（おお）きさで、赤（あか）いのを ください。

  사과 만한(사과정도 되는) 크기로, 빨간 것을 주세요. 〈비슷한 정도〉

- 図書館（としょかん）には 本（ほん）が 2万冊（まんさつ）**ぐらい** あります。

  도서관에는 책이 2만권정도 있습니다. 〈대체적인 양〉

- こんな 簡単（かんたん）な 仕事（しごと）も ちゃんと できない**ぐらい**なら、やめた方（ほう）がいい。

  이런 간단한 업무도 제대로 못할 정도라면 그만두는 게 낫겠다.

【주의】 이때는 주로 ～ぐらいなら(～할 정도라면), ～できないぐらいなら(～할 수 없을 정도라면)의 형태로 쓰인다.

**くらい와 ぐらい·ころ와 ごろ**

くらい와 ぐらい는 거의 비슷하게 쓰는데, 앞의 말에 붙어 쓸 때는 ぐらい를 쓰고, 명사처럼 쓸 때는 くらい로 표기하기도 한다. 또, ころ는 보통 '시절' '때'란 뜻이고, ごろ는 '～경'의 뜻으로 쓰인다.

- どのくらい / どれぐらい　어느 정도
- いつごろ　언제쯤 / 子供（こども）の ころ　어렸을 적

### 시간표현 ぐらい와 ごろ

「ごろ」(경)는 대체로 시각이나 날짜를 나타내는 말에 붙고, 「ぐらい」(정도)는 대체로 시간이나 기간을 나타내는 말에 붙는다.

- 8時（じ）ごろに 起（お）きました。　　8시경에 일어났습니다. 〈시각〉
- 8時間（じかん）ぐらい 寝（ね）ました。　　8시간정도 잤습니다. 〈시간〉
- 15日（にち）ごろに アメリカへ 行（い）きます。　　15일경에 미국에 갑니다. 〈날짜〉
- 15日間（にちかん）ぐらい 滞在（たいざい）する予定（よてい）です。　　15일간 정도 체류할 예정입니다. 〈기간〉

조사

## 6  けれども＝けれど＝けど ： 〜지만(두 문장을 이어준다.)

- 私も コンサートに 行きたかったんですけど、チケットが なかったんです。

  나도 콘서트에 가고 싶었지만, 표가 없었어요.

- 私は 日本語は できますけれども、英語は ぜんぜん できません。

  저는 일본어는 할 줄 알지만, 영어는 전혀 못합니다.

- 何度も そう 言ったんですけど、結局 だめでした。

  몇번이나 그렇게 말했는데, 결국 안됐습니다.

- 彼は 有名な お医者さんですけれども、今は 患者として 入院しています。

  그는 유명한 의사선생님이지만, 지금은 환자로서 입원해 있습니다.

참고
역접은 아니고, 특별한 의미없이 단지 두 문장을 이어주기도 한다.


## 7  こそ ： 〜야말로, 〜만은

[Point]  주로 체언에 붙어서 강조할 때 쓴다.

- 今度こそ 運転免許を 取ろう。

  이번에야말로 운전면허를 따야지.

- こちらこそ 本当に ありがとうございました。

  저야말로 정말 너무너무 감사했습니다.

- これこそ みんなに 知らせなければならない。

  이거야말로 모든 사람들에게 알리지 않으면 안된다.


## 8  さ

[Point]  ね와 비슷한 용법으로 주로 반말에서 쓰는 말이다. (특히 남자들이 많이 쓴다.)

- おれは お前を 待っているのさ。

  난 널 기다리고 있어.(노래가사 중에)

- きみは 知らなくて いいのさ。

  넌, 몰라도 돼.

・それでさ、彼に 会ってさ、全部 話そうと思ってさ…

그래서 말이야, 그 사람을 만나가지고, 전부 말하려고 했는데 말이야...


## 9 さえ : 조차, 마저

### ① 조차, ～마저

**Point** 조사 も(～도)와 비슷한 뜻으로, 부정문에서는 '～조차', 긍정문에서는 '～도(모두다)'의 뜻으로 쓰인다.

・つわりが ひどくて 水さえ 飲むことが できません。　　입덧이 심해서 물조차 마실 수가 없습니다.

・元気が なくて、歩くことさえ できなかったんです。　　힘이 없어서 걸을 수조차 없었습니다.

・まだ 子供なのに ひらがなだけではなく 漢字さえ 書けます。

아직 어린애인데 히라가나뿐만 아니라 한자도 쓸 줄 압니다.


### ② ～조차, 마저(주로 「명사 +でさえ」의 형태로 쓰인다.)

・そんな こと 子供でさえ 知っていますよ。　　그런 건 어린애들도 다 알아요.


### ③ ～만

**Point** 그것 하나뿐임을 강조할 때, 주로 뒤에는 あれば・なければ(있으면, 없으면)와 같이 ～ば가 온다.

・お金さえ あれば いいと 思いますか。　　돈만 있으면 된다고 생각합니까?

・君さえ だまっていれば なんの 問題も ない。　　너만 잠자코 있으면 아무 문제 없어.


## 10 し

### ① ～기도 하고

**Point** 게다가, 그위에 더, 그뿐만이 아니라 등의 의미가 들어있는 표현.

・彼女は 頭も いいし、仕事も できる。　　그녀는 머리도 좋고, 일도 잘한다.

・今日は 雨も 降っているし、風も 強いですね。　　오늘은 비고 오고, 바람도 세군요.

② ～기도 하고, ～기도 하니까(주로 이유를 나타낼 때)

· 雨も 降っているし、今日は 早目に 帰りましょう。

비도 오고(하니까) 오늘은 일찌감치 들어갑시다.

· タクシーは 来ないし、道は こむし…大変だったわ。

택시는 안오지, 길은 막히지... 애먹었어 정말.


## 11 しか : ～밖에(뒤에 부정문이 온다.)

**Point** 대응하는 조사로는 긍정문에서만 쓰는 だけ(~뿐)가 있다.

### ① 명사에 접속할 경우 : ～밖에

· 10人で はじまったが、今は たった ひとりしか 残っていない。

열 명으로 시작했는데, 지금은 겨우 한사람밖에 안 남았다.

· この 猫は 牛乳しか 飲まない。

이 고양이는 우유밖에 안 마신다.

· 残された 道は これしかない。

남은 선택(길)은 이것밖에 없다.


**Point** 더욱더 강조하기 위해 だけしか(~밖에)와 같은 형태로도 쓴다.

· 井上さんは 日本語だけしか 話せません。

이노우에 씨는 일본어밖에 할 줄 모릅니다.


### ② 동사에 접속할 경우 : ～할 수밖에

**Point** 동사의 기본형 + しか + ない의 형태로 '~하는 수밖에 없다'는 뜻을 나타낸다.

· 今の ところ、あきらめるしかないでしょう。

지금으로선, 포기할 수밖에 없겠지요?

· こうなったら、戦うしか ありません。

이렇게 된 이상, 싸울 수밖에 없어요.

## 12　ずつ : 씩(수량이나 분량을 나타낼 때)

- 一人ずつ 入ってください。　　　　　　　　한 사람씩 들어오세요.

- 少しずつ 歩けるようになりました。　　　조금씩 걸을 수 있게 되었습니다.


## 13　ぞ

**Point**　남성어로 자신의 판단이나 결심을 혼잣말로 하거나, 강조해서 말할 때 쓴다.

- あぶないぞ。　　　　　　　　　　　　　위험해!

- さあ、始めるぞ。　　　　　　　　　　　자, 시작하자.

- 許せないぞ。　　　　　　　　　　　　　용서할 수 없어!


## 14　だけ

### ① ～뿐, ～만

- 中国語の できる 人は 課長だけです。

  중국어를 할 줄 아는 사람은 과장님뿐이에요.

- たばこを 吸っている人と いっしょに いるだけでも 体に 悪いそうです。

  담배 피우는 사람이랑 같이 있는 것만으로도 몸에 안 좋답니다.

- あの 人は お金持ちなだけではなく、人柄も いいです。

  저 사람은 부자일 뿐만 아니라, 인품도 좋습니다.


### ② ～정도, 만큼(정도를 나타낼 때)

- 必要なだけ、自由に 持って行っても いいです。　　필요한 만큼, 자유롭게 가져가도 좋습니다.

- できるだけ 手術は ひかえてください。　　　　가능한 한 수술은 피해 주세요.

- 商品の 数が 多くなっただけ、売り上げも 上がった。　상품수가 많아진 만큼, 매상도 올랐다.

## 15 だって

**Point** ～도, ～도 역시(주로 체언에 붙는 말로, 회화체에서 많이 쓰인다.)

- 私だって 彼と 別れる つもりは なかった。    나 역시 그 사람이랑 헤어질 마음은 없었어.

- 君だって 行きたくないだろう。    너도 가기 싫잖아?

**Point** 접속사로 쓰일 때는 '왜냐하면' '그것도 그럴것이…' 등 이유를 나타낸다.

- だって そうじゃないの。    아니, 그게 그렇잖아… (약간 따지는 느낌)

A : きょうは… ちょっと 帰らないとまずいんだ…。
　　오늘은 좀 집에 안 가면 곤란한데…

B : だって 今夜は 大丈夫だって 言ったじゃないの。
　　아니 왜 그래? 오늘 밤은 괜찮다고 했잖아!(추리소설중에서)

【주의】 大丈夫だって의 だって는 ～だと의 회화체 표현으로, '～라고'의 뜻이다.

## 16 たり

① ～たり ～たり(～기도 하고, ～기도 하고)

**Point** 동사에 연결될 때는 반드시 뒤에 する가 붙는다. 과거형(た형)에 접속하지만 과거의 뜻은 전혀 없다.

- 朝ごはんは ごはんだったり パンだったりです。
　　아침밥은 밥이기도 하고 빵이기도 합니다.(밥을 먹거나 빵을 먹거나 합니다.)

- 彼女は 笑ったり、泣いたりしながら ドラマを 見ていた。
　　그녀는 웃기도 하고, 울기도 하며 드라마를 보고 있었다.

- 休みの 日は そうじを したり 洗濯を したりします。
　　휴일에는 청소도 하고 빨래도 합니다.

② ～たりする(~거나 하다)

[Point] 여러 가지 중에 하나를 예를 들어서 말할 때 쓴다.

- 絶対 これ、こわしたりしては いけない。　　절대 이거, 깨뜨리거나 하면 안돼.

- それでも おどろいたりしては いけない。　　그래도 놀라거나 해선 안돼.


③ ～たり～たりです(~하다가 안 하다가)

[Point] 긍정형과 부정형을 나란히 써서 '~하다 말다' '하다가 안 하다가'의 뜻으로 쓰인다. 제대로
안 한다는 뜻이다.

- 朝ごはんは 食べたり 食べなかったりです。　　아침밥은 먹다가 안 먹다가 합니다.

- 彼とは このごろ 会ったり 会わなかったりです。　　그 사람이랑은 요즘 만났다 안 만났다 합니다.

- たばこを 吸ったり 吸わなかったりです。　　담배를 피우다 말다 합니다.

 **17** **て : ～하고, ～해**

[Point] 동사의 て형(음편형), 형용사의 て형에 접속하므로, 접속방법에 유의하자.


① ～하고, 해서, 해

[Point] 대표적인 뜻은 이렇지만, 문장의 내용에 따라 나열이나, 순서, 이유 등 다양한 뜻을 나타낸
다.

- 私は 毎朝 7時に 起きて、顔を 洗って、ごはんを 食べます。
  저는 매일아침 7시에 일어나, 세수를 하고 밥을 먹습니다. 〈나열〉

- テープの 音が 小さくて よく 聞こえません。
  테이프 소리가 작아서 잘 들리지 않습니다. 〈이유〉

- 手を 洗って、食事を します。　　손을 씻고 식사를 합니다.　　〈순서〉

- 学校までは 歩いて 行きます。　　학교까지는 걸어서 갑니다.　　〈수단〉

② ～해(반말체로 가벼운 명령을 나타낸다.)

- 早く 着替えて。

그 빨리 옷 갈아입어.

- できると 言ったでしょ。 やってみて。

할 수 있다고 했지. 해 봐.

③ ～해도, ～한데도(てもなのに와 같은 뜻으로 쓰일 경우)

- そんなこと 言っていいの。

그런 말 해도 되는 거야?

- 電話を かけて、何も 言わなかった。

전화를 걸고는 아무 말도 하지 않았다.

④ て에 연결되는 문형

| | | |
|---|---|---|
| ～ている ～하고 있다 | ～てある ～해져 있다 | ～てください ～해 주세요 |
| ～てみる ～해 보다- | ～ておく ～해 두다 | ～てくる・ていく ～해오다 / 해가다 |
| ～てしまう ～해버리다 | ～てもいい・てはいけない ～해도 된다/ 해서는 안된다 | |
| ～てあげる・てくれる・てもらう・てやる ～해주다 | | |

① 조동사 ない에 て가 붙을 때는 ないで와 なくて가 있는데, ないで는 동사의 부정형에만 붙는다.

② 다음과 같은 말은 て형으로 굳어진 말로, 전체가 하나의 조사처럼 쓰이는 말이다.

- ～において　～에 있어서, ～에서
- ～について　～에 관해
- ～によって　～에 의해
- ～に対して　～에 대해
- ～にとって　～에 있어서
- ～にしても　～라도

## 18 で : ～에서, ～로

① ～에서(동작의 장소를 나타낸다.)

- 喫茶店で コーヒーを 飲む。

커피숍에서 커피를 마시다.

② ～로(수단이나 방법)

- 鉛筆で 書いても いいですか。

연필로 써도 됩니까?

・地下鉄で 来ました。　　　　　　　　　　지하철로 왔습니다.

비즈니스나 문서상에서 정중하게 말할 때 :「にて」라는 표현도 쓴다.
・英文表記にて ご記入ください。 영문표기로 기입하여 주십시오.

③ ～로(재료를 나타낸다.)

・木で 作った いす。　　　　　　　　　　나무로 만든 의자(재료)

④ ～로, 로 인하여(때문에)(이유를 나타낸다.)

・風邪で 熱が 39度まで 上がった。　　　감기로(때문에) 열이 39도까지 올랐다.

⑤ ～에서(범위를 나타낸다.)

Point ‘～에’로 번역될 수도 있어서, 조사 に와 혼동하는 경우가 많으므로 주의해야 한다.

・この クラスで 一番 日本語の 上手な 人は だれですか。
이 반에서 제일 일본어를 잘하는 사람은 누구죠?

・私は 果物の 中で、ぶどうが 一番 好きです。
나는 과일 중에 포도를 제일 좋아합니다.

⑥ 이밖에 자주 쓰는 용법

Point 수치, 상태 등을 나타내는데, 통째로 외워두는 것이 좋다.

・全部で いくらですか。　　　　　　　　　전부해서 얼마죠?

・みんなで 歌を 歌った。　　　　　　　　모두(다같이) 노래를 불렀다.

・小さい アパートを 借りて 一人で 住んでいます。　작은 아파트를 빌려 혼자서 살고 있습니다.

・手ぶらで 来ても いいよ。　　　　　　　빈손으로 와도 좋아.

・これで いいですか。　　　　　　　　　　이걸로 됐어요?/이거면 돼요?

- シャワーを あび**てから** 飲むビールは おいしい。　　샤워를 하고 나서 마시는 맥주는 맛있다.

- 彼女と 分れ**てから**は 毎日 お酒だった。　　그녀와 헤어지고 나서는 매일 술이었다.


**20**  でも : ～라도

- これは 子供**でも** 知っていますよ。　　이건 애들도(애들이라도) 알아요.

- 先生**でも** 知らない ことが あるものだ。　　선생님이라도 모르는 게 있게 마련이다.

- お茶**でも** 飲みませんか。　　차라도 (한잔) 마시지 않겠어요?

이밖에 의문을 나타내는 말과 같이 쓰여 제한이 없음을 나타낸다.

いつでも 언제든지　　どこでも 어디든지　　だれでも 누구라도　　なんでも 뭐든지


**21**  と

① ～와, 과, 랑

- 友達**と** いっしょに 英会話を 習っている 。

  친구랑 같이 영어회화를 배우고 있다.

- 老人**と** 海。

  노인과 바다.

- 昔**と** ちがって 今は 自分の 考えを 素直に 言えるように なった。

  옛날과 달리 지금은 자신의 생각을 솔직하게 말할 수 있게 되었다.


② ～라고(인용문에서)

- テレビでは 午後から 雨が 降る**と** 言っていた。

  텔레비전에서는 오후부터 비가 온다고 했다.

③ ~하면, 했더니(자세한 내용은 가정법 참조)

・春に なると あたたかくなる。

봄이 되면 따뜻해진다.

・電話番号は 手帳を 見ると わかります。

전화번호는 수첩을 보면 알 수 있습니다.

**Bonus**

**と가 들어가는 문형**

| | | | | | |
|---|---|---|---|---|---|
|・~という|…|~라고 하다, ~라고 하는|・~と思う|…|~라고 생각하다|
|・~となる|…|~로(가) 되다(になる와 비슷한 표현)|・~と言いました|…|~라고 말했습니다|

## 22  とか : 라든지

**Point**  어떤 사물이나 동작을 열거할 때 쓴다.

・掃除とか 洗濯とか 家事は きりが ない。
청소라든지 빨래라든지 가사는 끝이 없다.

・行くとか 行かないとかで 意見が 食いちがっている。
가니 마니 의견이 엇갈리고 있다.

・何とか なるでしょう。

어떻게든 되겠지요.

・何とか かんとか。

이러쿵 저러쿵.

## 23  として : ~로서

**Point**  입장이나 자격을 나타낸다. 수단을 나타내는 말은「で」이다.

・親としての 生き方。

부모로서의 삶.

・彼としては そう 言うしかないわね。

그로서는 그렇게 말할 수밖에 없겠지.

・人生の 先輩として 一言 お願いします。

인생의 선배로서 한 말씀 부탁합니다.

## 24 　とも : ~하고 말고

(Point)　종조사. 대부분 이걸로 문장이 끝난다.

- いい<u>とも</u>。　　　　　　　　　　　좋고 말고.

- 言<sup>い</sup>います<u>とも</u>。　　　　　　　　　말하고 말고요.

> 부사 ともかく(=ともかくも 하여튼)도 같이 알아두자. 「~は ともかく」(하여간, 어쨌든)문형으로 많이 쓰인다.


## 25 　な(=なあ) (종조사)

① **동사의 기본형 + な** 형태로 '~하지마'란 뜻을 나타낸다.

- 言<sup>い</sup>う<u>な</u>。　　　　　　　　　　　말하지 마.

- けんかを する<u>な</u>。　　　　　　　싸우지 마.

② 느낌이나 감동, 확인 등을 나타낸다.

(Point)　주로 혼잣말처럼 쓰기 때문에 반말표현에서 많이 쓰인다.

- きれいだ<u>なあ</u>。　　　　　　　　　우와 예쁘다~.

- うらやましい<u>な</u>。　　　　　　　　부럽다~.

- そうか。あ、そうだった<u>なあ</u>。　　그런가? 참 그랬었지….

- 仕事<sup>し ごと</sup>が あった<u>な</u>。　　　　　　참 할 일이 있었지.(혼잣말)

- わかった<u>な</u>。　　　　　　　　　　알겠지? 알았지?

- また あとで<u>な</u>。　　　　　　　　그럼, 이따가 또 보자고.

> ね와 비슷한 용법으로, 상대에게 동의를 구하거나, 자신의 생각을 말할 때, 확인할 때 등에 쓰는데, 주로 윗사람이 아랫사람에게 말하거나 혼잣말할 때 자주 쓴다. 또, 같은 의미로 쓸 때 여성은 ね, 남성은 な를 쓰는 경향이 있다.

## 26 ながら : ~면서

### ① ~하면서

**Point** 동사의 ます형에 접속한다. 두 가지 동작을 동시에 할 때 쓰는데, 주동작은 뒤에 오는 동사라고 보면 된다.

- 歩きながら アイスクリームを 食べている。　　　걸으면서 아이스크림을 먹고 있다.
- アルバイトを しながら 大学に かよっている。　　아르바이트를 하면서 대학에 다니고 있다.

### ② ~면서, 지만

**Point** 명사와 い형용사에 접속하여 のに, けれども와 같은 뜻으로 쓰인다.

- 知っていながら 知らない ふりを している。　　알면서 모르는 척 하고 있다.
- 小さいながら 機能は いっぱいですね。　　　　　작으면서도 기능은 많네요.

다음과 같이 쓰기도 한다.
- 失礼ながら　　　　　실례지만, 실례를 무릅쓰고
- 末筆ながら　　　　　끝으로(편지에서 맨 뒤에 하고 싶은 말을 할 때 쓰는 말)

## 27 に : ~에, 로

**Point** に는 で와 더불어 아주 중요한 조사의 하나로, 대표적인 뜻은 '에', '로'이지만, 용법이 다양하므로, 어떤 의미로 쓰였는지는 문장의 전체적인 의미를 해석해보면 알 수 있다. 웬만한 문장은 '에'로 해석하면 되지만, 그렇지 않은 경우는 で・へ・を 등과 구별할 수 있어야 한다.

### ① ~에

**Point** 「で」(에서)가 동작의 장소를 나타내는데 비해, 「に」(에)는 존재의 장소를 나타낸다.

- テレビの 上に 電話が あります。　　　　　텔레비전 위에 전화가 있습니다.
- 駅前に 新しい レストランが できました。　역 앞에 새 음식점이 생겼습니다.

② ~에(시각, 요일, 날짜 등 시간을 나타내는 말에 붙어)

· 日曜日には 教会に 行きます。　　　　　일요일에는 교회에 갑니다.

· 娘は 1996年に 生まれました。　　　　　딸애는 1996년에 태어났습니다.


● に가 붙는 말과 붙지 않는 말

| 「に」를 붙이는 말 | ~時 | 시 | ~分 | 분 | ~曜日 | 요일 |
| | ~月 | 월 | ~日 | 일 | ~年 | 년 |

| 「に」를 붙이지 않는 말 | いま | 지금 | いつ | 언제 | いつも | 항상 |
| | 朝 | 아침(에) | 昼 | 점심(에) | 夜 | 저녁(에), 밤(에) |
| 先~ | 先日 | 요전 날 | 先月 | 지난 달 | 先週 | 지난 주 |
| 今~ | 今日 | 오늘 | 今朝 | 오늘 아침(에) | 今晩 | 오늘 밤 |
| | 今週 | 이번 주(에) | 今月 | 이번 달(에) | 今年 | 금년(에) |
| 来~ | 来週 | 다음 주(에) | 来月 | 다음 달(에) | 来年 | 내년(에) |
| 毎~ | 毎日 | 매일 | 毎朝 | 매일 아침 | 毎晩 | 매일 밤 |
| | 毎週 | 매주 | 毎月 | 매달 | 毎年 | 매년 |
| 昨~ | 昨日 | 어제 | 昨晩 | 어젯밤 | 昨年 | 작년 |


③ ~에게, 한테(동작이나 작용의 대상을 나타낸다.)

· 子供に 絵の具を 買ってあげた。　　　　아이한테 물감을 사 주었다.

· 外国人に 韓国語を 教えた ことが ありますか。　　　외국인한테 한국어를 가르친 적이 있습니까?

· 電話が あったと 鈴木さんに 伝えてください。　　　전화 왔었다고 스즈키 씨에게 전해 주십시오.

조사를 용도나 기능으로 나누는 것은 막연한 뜻으로만 외우면 비슷한 말을 가려쓰기 어렵기 때문이다. 기능과 용법을 이해해두면 문장에서 조사의 쓰임이 다른 것을 묻는 문제 등을 푸는 데 도움이 된다.

④ ~에, ~하는 데(용도를 나타낸다.)

**Point** 용도나 목적을 나타내므로 '~할 때, ~할 경우'의 뜻이 포함되어 있고, 뒤에는 대개 다음과
같은 말이 온다.

| | | | | | | | |
|---|---|---|---|---|---|---|---|
| 형용사 … | いい 좋다 | 便利だ 편리하다 | 必要だ 필요하다 | 簡単だ 간단하다 등 |
| 동 사 … | 使う 쓰다 | 要る 필요하다 등 | 役に立つ 도움이 되다 | |

ⓐ **명사 + に** ~에

　• テープは 聞き取りに 役立ちます。　　　　　　　테이프는 듣기에 도움이 됩니다.

ⓑ **동사 기본형 + のに** ~하는 데, ~하려면

　• コンピューターは データを 整理するのに 便利です。

　　컴퓨터는 데이터를 정리하는 데 편리합니다.

명사 + に いく/くる(~하러 가다/ 오다)는 '목적'을 나타내는데, 하나의 문형으로 기억하면 되겠다.
　• 買物に 行く　쇼핑하러 가다　　　　　　　　　　• 買いに 行く　사러 가다

⑤ ~에, 로(방향이나 목적지, 도착점을 나타낸다.)

　• 私は 来年 アメリカに 行く つもりです。　　　나는 내년에 미국에 갈 생각입니다.

　• たった今 空港に 着いたばかりです。　　　　　지금 막 공항에 도착했습니다.

　• まっすぐ 行って 右に 曲がってください。　　　곧장 가서 오른쪽으로 꺾어 주세요.

**へ와 に**
둘 다 방향을 나타낼 수 있는데, 「へ」는 방향성이, 「に」는 목적성이 더 강하다고 할 수 있다.

⑥ になる　～이 되다

[Point] 중요한 문형으로 조사를 확인하는 문제가 시험에 잘 나온다.

・もう 秋に なりました。　　　　　　　　　　이제 가을이 되었습니다.

・日本語の 先生に なりたい。　　　　　　　일본어 선생님이 되고 싶다.


[Point] なる뿐만 아니라 이와 비슷한 말과 같이 쓰여 변화의 결과를 나타내기도 하는데, 이때는 '～로'의 뜻이 된다.

・雨が 雪に 変わった。　　　　　　　　　　비가 눈으로 바뀌었다.

・りっぱな 青年に 成長した。　　　　　　훌륭한 청년으로 성장했다.


⑦ お + 동사 ます형 + になる　형태로 존경을 나타낸다.

・先生は 何時ごろ お帰りになりますか。　선생님은 몇 시쯤 돌아오십니까?

・この 本、もう お読みになりましたか。　이 책 벌써 읽으셨습니까?


⑧ 수동문에서 주어가 받은 동작이나 행동의 상대

[Point] 동작주를 나타낸다. 이때는 '～한테'로 해석할 수도 있고, 문장에 따라서는 '～가, ～를' 등 다르게 해석될 수도 있다.

・先生に しかられた。　　　　　　　　　　선생님한테 혼났다.

・雨に 降られた。　　　　　　　　　　　　비를 맞았다.

・先生に 発音を 直していただいた。　　　선생님께서 발음을 고쳐 주셨다.
　　　　　　　　　　　　　　　　　　　　　(← 선생님한테서 발음을 고쳐 받았다.)

### 이밖에 관용어구로 많이 쓰이는 표현 〈조사 に가 들어가는 말〉

우리말과 조사가 다르게 쓰이는 경우도 있으므로, 관용어구로 외워두는 것이 좋다.

- お風呂に 入る　목욕하다
- バスに 乗る　　버스를 타다(우리말로는 ~을/를 타다지만, 일본어에서는 に로 표현한다. 시험에 잘 나오는 표현)
- 山に 登る　　　산에 오르다, 산을 오르다
- ~に 似ている　~를 닮았다　　　　・~に 勤めている　~에서 근무하다　　　・~に 会う ~를 만나다

---

## 28 　ね : ~네요, ~군요(종조사)

**Point**　「ねえ」하고 길게 발음하기도 한다. 여성은 「わ」를 붙여 「わね」와 같이 말하기도 한다.

### ① 감탄이나 확인, 동의나 찬성을 구할 때

**Point**　우리말로는 ~군요, ~네요. ~구나, ~지? 등 다양하게 해석할 수 있다.

- おいしいですね。　　　　　　　　　　　　　　맛있네요. 〈감탄〉

- ゆりさんも あした 行きますね。　　　　　　유리 씨도 내일 갈거죠? 〈확인〉

A : いい天気ですね。　　　　　　　　　　　　날씨가 좋지요?

B : そうですねえ。本当に いい お天気ですね。　그렇네요. 정말 날씨가 좋네요.

### ② 자신의 생각을 부드럽게 말하거나, 생각을 정리해서 말할 때 등

- 私は あまり 行きたくないですね。　　　　　전 별로 가고 싶지 않은데요.

- 私はですね。結論まではですね。まだ 考えていないんですけどね…。

  저는요, 결론까지는 말이죠, 아직 생각하지 않았지만 말입니다.

① 회화에서는 자신이 앞에서 한 말을 확인하거나 동의를 구하는 의미로, 「ね?」(그치?)하고 묻기도 한다.

② 어린애들이 단어와 단어사이에 ね를 붙여 말하기도 한다.

- ママ。あしたね、ぼくね…　엄마, 내일 있지, 나~

**そうですね(え)** 그렇군요? 글쎄요?

인터뷰를 하거나 본인의 생각을 묻는 질문을 하면 대부분의 일본 사람들은 일단 「そうですねえ」하고 말한 다음, 자신의 생각을 말한다. 긍정이냐 부정이냐가 아니라, 일단 잠시 생각할 시간을 벌 때, 자주 쓰는 말이다. 보통 어투에 따라 약간 길게 빼면 부정의 뜻이고, 짧게 말하면 동의한다는 뜻으로 간주하면 된다.

##  **の : ~의**

**Point** のは 보통 '~의'나 '~것'으로 해석할 수 있는데. 시험에는 주격이냐 소유냐 질문이냐 등 용법을 구별하는 문제가 자주 나온다.

### ① ~의

**Point** 명사와 명사를 연결해 줄 때. 우리말로 해석할 때는 생략되기도 한다.

· 私の 家族を 紹介しましょう。 　　　　제 가족을 소개하지요.

· これは 日本語の 本です。 　　　　이건 일본어 책입니다.

· 英語の 先生。 　　　　영어 선생님.

### ② ~의 것(소유나 소속을 나타낸다.) = のもの

· この 車は 田村さんのです。

　이 차는 다무라 씨 거예요.

· これは 会社のですから、かってに 使っては いけません。

　이건 회사 것이기 때문에, 마음대로 쓰면 안 됩니다.

### ③ ~것(사물이나 사람 등 명사 대신 쓸 수 있다.)

· もっと 大きいのを ください。= もの 　　　　좀더 큰 것을 주세요.

· めがねを かけているのは だれですか。= 人 　　　　안경을 쓴 사람은 누구예요?

④ **주격조사「が」가 명사구에서「の」로 바뀐 경우**

・私の 言いたい ことは これです。　　　　내가 말하고 싶은 것은 이거예요.

・英語で 話す ことの できる 人。　　　　영어로 말할 수 있는 사람.

⑤ **〜것**(동사를 명사구로 만들어준다.)

・人に 知られるのが いやです。＝ こと　　다른 사람들한테 알려지는 게 싫어요.

・教えるのが 好きです。＝ こと　　　　　가르치는 것을 좋아해요.

> ① 논문이나 신문 등 문장에서는 〜のである(것이다), 회화체에서는 〜のだ(것이다), 〜のです(=んです. 〜
> 것입니다)의 형태로도 많이 쓰인다.「〜の 〜の」의 형태로 열거할 때 쓴다.(명사는「〜だの 〜だの」의 형
> 태로)
>
> ② できるの、できないのといって、まだ 結論が 出なかった。
> 가능하니 불가능하니 하면서 아직 결론이 나지 않았다.

⑥ **종조사로 쓰일 때**

(Point) 주로 반말체로 가벼운 단정을 나타내거나, 질문을 나타낸다.

・じゃ、また あとで。これから 授業なの。　　그럼, 이따가 보자. 지금부터 수업이야.

・何を 言ってるの。　　　　　　　　　　　무슨 말 하는거야?

---

**30　ので : 〜므로, 〜기 때문에, 〜라서**

(Point) から와 함께 원인이나 이유를 나타내는 대표적인 표현이다. から가 주관적인 이유를 나타내는 데 비해 ので는 객관적인 이유를 나타낸다고 할 수 있다. 또, 정중하게 이유를 말할 때(주로 비즈니스나 공적인 자리에서)는 から보다는 ので를 쓰는 경향이 있다.

・今日は 休みなので 学校へ 行かなくても いいです。
오늘은 노는 날이라서 학교에 가지 않아도 됩니다.

・体が 弱いので 漢方薬を 飲んでいます。　　　몸이 약해서 한약을 먹고 있습니다.

・だれも 教えてくれなかったので 全然 知らなかったんです。

아무도 가르쳐주지 않았기 때문에, 전혀 몰랐어요.(〜たのでは 회화체에서는 〜たんで로 발음하기도 한다.)

> ① 「から」는 직선적인 뉘앙스가 강하기 때문에 반말체에서도 쓰지만, 「ので」는 정중한 느낌이 드는 조사이므로 반말체에서는 어울리지 않는다.
>
> ② ので와 の +で
>
> 이유의 ので와 の +で를 혼동하지 않도록 해야 한다. ので의 쓰임이 다른 것을 고르는 문제가 종종 나오는데, 우리말로 번역해보면 금방 알 수 있다.　　노래가사에는 から만 쓴다.
>
> ・大きいので、ふたつ ください。　　　　큰 걸로 두 개 주세요.
> ・大きいので、もっと 小さいのを ください。　　크니까, 좀더 작은 것을 주세요.

● 원인이나 이유를 나타내는 말 총정리

| 구분 | から・ので・て・で의 접속방법 | | | |
|---|---|---|---|---|
| | から | ので | て | で* |
| 동사 | 行くから<br>行かないから<br>行ったから<br>行かなかったから | 行くので<br>行かないので<br>行ったので<br>行かなかったので | 行って<br>行かなくて<br>×<br>× | |
| イ형용사 | 高いから<br>高くないから<br>高かったから<br>高くなかったから | 高いので<br>高くないので<br>高かったので<br>高くなかったので | 高くて<br>高くなくて<br>×<br>× | |
| ナ형용사 | 元気だから<br>元気ではないから<br>元気だったから<br>元気ではなかったから | 元気なので<br>元気ではないので<br>元気だったので<br>元気ではなかったので | | 元気で<br>元気ではなくて<br>×<br>× |
| 명사 | 子供だから<br>子供ではないから<br>子供だったから<br>子供ではなかったから | 子供なので<br>子供ではないので<br>子供だったので<br>子供ではなかったので | | 子供で<br>子供ではなくて<br>×<br>× |

● から·ので·て·で의 의미와 용법

| | から | ので | て, で |
|---|---|---|---|
| 의미 | 주관적인 이유법 | 객관적인 이유 | 인과 관계가 가장 약함 |
| 용법 | 〈뒤에 오는 말〉<br>명령(~なさい)<br>금지(~てはいけない)<br>의지(~う·よう)<br>추량(~でしょう)<br>권유(~ませんか) 등 | 〈뒤에 오는 말〉<br>변명<br>정중한 의뢰 등 | 〈뒤에 오는 말〉<br>감정표현(기쁘다…)<br>동사 가능형<br>무의지동사<br>(ある(있다), なる(되다) 등) |

「で」는 명사나 ナ형용사의 て형이라 생각하면 된다.

① **~から**　'~하니까'의 뜻으로「から」뒤에는 추량, 의지, 요구, 명령 등의 문형이 올 수 있다. 또, 뒷문장이「です·ます」등의 정중한 문장이면「から」앞에 오는 문장도「です·ます」형으로 같이 쓰이는 경우가 많다.

・忙しいから、遊ぶ時間が ありません。　　바빠서 놀 시간이 없습니다.

・あの 人は 丈夫ですから、風邪を ひきません。　그 사람은 튼튼하니까 감기에 안 걸립니다.

② **~ので**　'~하니까'의 뜻으로「ので」뒤에는 추량, 의지, 요구, 명령 등의 문형이 올 수 없다. 또, 뒷문장이「です·ます」등의 정중한 문장이더라도,「ので」앞에는 보통체가 오는 것이「から」와 다른 점이다.

・その 公園は 静かなので、よく 散歩に 行きます。
그 공원은 조용하기 때문에 자주 산책하러 갑니다.

・彼女は 性格が 明るいので、みんなから 人気が あります。
그녀는 성격이 밝기 때문에 모든 사람한테 인기가 있습니다.

③ **~て·で**　'~해서'의 뜻으로「から」「ので」보다 인과관계가 약하다.

・私は コーヒーに さとうを 入れて 飲みます。　저는 커피에 설탕을 넣어서 마십니다.

・新聞を 読んで、その ニュースを 知りました。　신문을 보고 그 소식을 알게 되었습니다.

④ **～からです・のです**　「どうして～のですか」,「なぜ～のですか」와 같이 '왜 ～했어요?' 하고 이유를 물었을 때, 그 이유를 설명하거나 변명할 때는 쓰는 표현이다. 「～のです」는 회화체에서는 「～んです」로 쓰인다.

A : どうして 風邪を ひいたんですか。　　　왜 감기에 걸렸어요?

B : とても 寒かったからです。　　　너무 추웠기 때문입니다.

A : どうして 食べないんですか。　　　왜 안 먹는 거예요?

B : お腹が 痛いんです。　　　배가 아프기 때문이에요.

⑤ **～ために**　주로 앞의 문장이 원인이 되어, 보통은 잘 생기지 않을 결과가 생겼을 때 쓴다. 명사수식형에 접속하지만, 동사의 경우에는 과거형(た형)에 연결된다.
行ったために(갔기 때문에) / 行くために(가기 위해서)

・授業料の ために アルバイトを します。　　　수업료를 위해 아르바이트를 합니다.

・歌を 歌うために 生きています。　　　노래를 부르기 위해 삽니다.

⑥ **～のは～からです/ためです**　'～(것)은 ～기 때문입니다'의 뜻으로, 주로 결과를 먼저 말한 다음, 뒷문장에서 그 원인이나 이유를 설명할 때 쓰는 표현이다.「～のでです」로는 쓰지 않는다.

・その 日 たくさん 食べたのは お腹が とても すいて いたからです。
그 날 많이 먹었던 건 배가 무척 고팠기 때문이에요.

・私が ドイツに 行くのは 哲学の 勉強を するためです。
내가 독일에 가는 건 철학 공부를 하기 위해서예요.

⑦ **ですから**　'그렇기 때문에', '때문에', '그래서'의 뜻으로 단독으로 쓸 수 있다. 회화체에서는 「だから」도 쓰지만, 정중한 표현에서는 「ですから」를 쓴다. 이밖에 「それで(그래서)」도 자주 쓰는 말이다.

・ですから、この 件に つきましては 無かった ことに して ほしいのです。
그러니까, 이 건에 관해서는 없던 것으로 해 줬으면 좋겠습니다.

・ですから、もう 少し 値段を 上げて くださると 助かるのですが。
그러니까, 좀더 가격을 올려주시면 고맙겠습니다만.

## 31 のに : ～하는데(역접)

**Point** ので와 대응하는 말로 앞의 내용과 상반되는 내용이 뒤에 온다.

・今日は 休みなので、会社へ 行かなくても いいです。
오늘은 쉬는 날이라서 회사에 가지 않아도 됩니다.

・今日は 休みなのに、会社へ 行きました。
오늘은 쉬는 날인데도 회사에 갔습니다.

・体が 弱いので、漢方薬を 飲んでいます。
몸이 약해서 한약을 먹고 있습니다.

・体が 弱いのに、はげしい 運動を している。
몸이 약한데 심한 운동을 하고 있다.

**역접의 のに와 の + に**

・食べているのに 太らない。
먹고 있는데도 살이 안찐다.

・食べるのに 1時間も かかった。
먹는 데 한 시간이나 걸렸다.

## 32 は : 은, 는

・田中さんは 英語と 中国語が 上手です。
다나카 씨는 영어와 중국어를 잘합니다.

・詳しくは よく わかりませんが…。
자세히는 잘 모르겠습니다만….

### Bonus

**역접의 のに와 ても**

のに는 '～인데' ても는 '～해도'의 뜻으로, 서로 비슷하게 쓰지만, 다음과 같은 차이가 있다.

① 과거 또는 현재의 사실을 말할 때는 둘 다 쓸 수 있다.(이미 정해진 조건)

・いくら 飲んでも 酔いません。
아무리 마셔도 취하지 않습니다.

・何本も 飲んだのに、酔いません。
몇 병이나 마셨는데 취하지 않습니다.

② 현실에는 없는 사실을 가정하여 말할 때는 ても만 쓸 수 있다.(가정조건을 나타내는 경우로, 주로 의문사 + ても 형으로 많이 쓰인다.)

・だれが 来ても 会わない。
누가 오더라도 안 만날 거야.

・いつ 聞いても いい 曲ですね。
언제 들어도 좋은 곡이네요.

**33** ば : ~면

[Point] 가정표현의 하나. 동사는 ーeば, い형용사는 ければ형으로 쓰고, な형용사는 ならば의 형태로 쓰인다. 뒤의 일이 일어나기 위한 조건이 앞에 온다.

- 見<ruby>み</ruby>れば わかりますよ。    보면 알 수 있어요.

- きみが 行<ruby>い</ruby>けば、ぼくも 行<ruby>い</ruby>く。    네가 가면 나도 간다(갈거야).

- できれば 一人<ruby>ひとり</ruby>で 来<ruby>き</ruby>てください。    가능하면 혼자 오세요. (できれば관용표현)

● 시험에 잘 나오는 문형

① ~も ~ば ~も : ~도 ~하고 ~도

- 若<ruby>わか</ruby>い人<ruby>ひと</ruby>も いれば お年<ruby>とし</ruby>よりも います。
  젊은 사람도 있고(있는가 하면), 나이드신 분도 있습니다.

- 時間<ruby>じかん</ruby>も なければ、お金<ruby>かね</ruby>も ないよ。
  시간도 없고(없을뿐더러), 돈도 없어.

② (すれ)ば (する)ほど : ~하면 할수록

- 日本語<ruby>にほんご</ruby>は 勉強<ruby>べんきょう</ruby>すれば するほど 難<ruby>むずか</ruby>しいと 思<ruby>おも</ruby>います。
  일본어는 공부하면 할수록 어려운 것 같습니다.

- お酒<ruby>さけ</ruby>は 飲<ruby>の</ruby>めば 飲<ruby>の</ruby>むほど 強<ruby>つよ</ruby>くなります。    술은 마시면 마실수록 세집니다(늡니다).

- 聞<ruby>き</ruby>けば 聞<ruby>き</ruby>くほど いい音楽<ruby>おんがく</ruby>だと 思<ruby>おも</ruby>います。    들으면 들을수록 좋은 음악이라고 생각해요.


**34** ばかり

① ~만, 뿐

[Point] 한정하는 말. だけ와 비슷한 뜻이지만, 약간 부정적인 뉘앙스가 깔려 있다.

- テレビばかり 見<ruby>み</ruby>ないで、勉強<ruby>べんきょう</ruby>も しなさい。    텔레비전만 보지 말고, 공부도 하거라.

- その 後<ruby>ご</ruby> 彼<ruby>かれ</ruby>は お酒<ruby>さけ</ruby>ばかり 飲<ruby>の</ruby>んでいた。    그후, 그는 술만 마셨다.

② 정도, 쯤, 가량

Point  수량을 나타내는 말이 앞에 오는데, 회화에서는 주로 ぐらい를 많이 쓴다.

・会議までは あと 30分ばかり 残っています。
　　회의까지는 이제 30분 정도 남아 있습니다.


③ 동사의 과거형 + たばかり

Point  '막 ~했다', ~한지 얼마 되지 않았다는 뜻을 나타낸다. 어떤 동작이 끝난지 얼마되지 않았음
을 나타낸다.

・たった今 コーヒーを 飲んだ ばかりです。
　　지금 막 커피를 마셨습니다. 마신 지 얼마 안 됩니다.

・入った ばかりで、まだ 何も わかりません。
　　들어온 지 얼마 되지 않아, 아직 아무것도 모릅니다.

・きのう ソウルに 着いた ばかりです。
　　어제 서울에 도착했습니다.(도착한 지 얼마되지 않았다는 뜻)


**Bonus**

**～たばかり와 ～たところ**

둘 다 '~한 지 얼마 안 됐다'는 뜻인데, ところ는 어떤 행동의 직후에만 쓸 수 있지만, ばかり는 직후가 아
니더라도 심리적으로 아직 시간이 많이 경과하지 않았다고 느낄 때 쓸 수 있다. 그래서 '지금'이나 '아까'와
같은 말 외에도, 1시간 전이나 지난주나 지난달 등 과거의 어느 시점을 나타내는 말과 같이 쓸 수 있다.

・先週から 日本語を 始めたばかりです。(○)　　・先週から 日本語を 始めたところです。(×)
　　지난주부터 일본어를 시작했습니다.(시작한 지 얼마 되지 않습니다.)

● 시험에 잘 나오는 ばかり 관련문형

① ～ばかりで(は)なく：～뿐만 아니라 (=だけではなく. 문장에서는 のみならず)

・ 能力ばかりではなく、性格も 大事である。　　　能力뿐만 아니라 성격도 중요하다.

② ～ばかりか：～뿐인가, 뿐만 아니라 (だけではなく)

・ こどもばかりか 大人も 大勢 集まった。　　　애들뿐인가, 어른들도 많이 모였다.

③ ～てばかりいる：～만 하고 있다

・ 遊んでばかりいないで、何か 仕事を 探しなさい。　놀고만 있지 말고, 뭔가 일을 찾아봐라.

④ ばかりで：～만 하고

・ あの レストランは 高いばかりで おいしくない。　저 식당은 비싸기만 하고 맛이 없어.

⑤ あとは ～ばかり：이제 ～만 하면 된다, 남은 일은 ～밖에 없다는 뜻

・ あとは 結果を 待つばかりです。　　　이제 결과를 기다리기만 하면 됩니다.


## 35　へ：로, 에(방향을 나타낸다.)

・ 日本へ 行った ことが ありますか。　　　일본에 간 적이 있습니까?

・ ゆうこへ。　　　유코에게.
　　　(편지서두에 '～에게' '～께'의 뜻으로)


## 36　ほど

① ～가량, 쯤, 정도(정도나 분량을 나타낸다.)

・ 10分ほど 待っていたら、プリントが 終わった。　10분정도 기다렸더니, 프린트가 끝났다.

・ 歩けないほど 痛かった。　　　걸을 수 없을 정도로 아팠다.

・ 仕事が 山ほど たまっている。　　　업무가 산더미처럼 쌓여 있다.

② 만큼(비교를 나타낸다.)

· みうらさんほど 韓国語の 上手な 人も いないと 思います。

미우라 씨 만큼 한국말을 잘 하는 사람도 없을 거예요.

· ビールは 焼酎ほど 強くないです。

맥주는 소주만큼 독하지 않습니다.

③ ~ば ~ほど  '~면 ~수록'의 뜻으로 쓰인다.

· 多ければ 多いほど いいです。

많으면 많을수록 좋습니다.

· 会えば 会うほど もっと 会いたくなる 人。

만나면 만날수록 더 보고 싶어지는 사람.

**37 まで : ~까지**

① ~까지

· ソウルから 東京まで。

서울에서 도쿄까지.

· 会議が 終わるまで 一言も 言わなかった。

회의가 끝날 때까지 한마디도 하지 않았다.

② まででも ない  ~할 것까지도 없다

· わざわざ 行くまでも ない。

일부러 갈 것까지 없다.

· 言うまでも なく、犯人は 彼だった。

말할 것도 없이 범인은 그사람이었다.

**편지, 팩스 등에서 자주 쓰이는 まで**

· とりあえず、お祝いまで。　　우선 축하인사 전합니다.　〈편지 끝에 쓰는 말〉

· まずは お礼まで。　　우선 감사 인사 드립니다.　〈편지 끝에 쓰는 말〉

「まで」와「までに」

일반적으로는 まで가 많이 쓰이지만, 시간이나 때를 나타내는 표현에서는 둘 다 쓰므로, 주의가 필요하다.

· まで(까지)                           어떤 동작이나 상태가 최종시점까지 계속 또는 반복될 때

· までに(까지)                      최종시점을 나타내지만, 동작이 한번에 이루어질 때. 주로 기한, 마감 등에 쓴다.

· 金曜日まで レポートを 書いた。      금요일까지 (죽) 리포트를 썼다. → 금요일까지 매일매일 썼다는 뜻.

· 金曜日までに レポートを 出してください。 (늦어도) 금요일까지는 레포트를 제출해 주세요.

                                          → 금요일이라는 기한까지 레포트를 한번 제출하면 된다는 뜻.

## 38   も : ～도

### ① ～도

· 今度も また 失敗なら 大変だ。                     이번에도 또 실패라면 큰일이다.

· 不景気で 大手企業も 新入社員の 数を 減らすという。

불경기로 대기업도 신입사원 수를 줄일 거라고 한다.

### ② ～이나 (강조할 때)

· 喫茶店で 2時間も 待っていた。                커피숍에서 두 시간이나 기다리고 있었다.

· 電気の 使用料が 50%も 上がった。              전기 사용료가 50%나 올랐다.

· この 川の 深さは 15メートルも あります。     이 강의 깊이는 15미터나 됩니다.

 높이나 센티미터 등 수치를 나타낼 때는 ある로 표현한다.

### ③ 의문사와 같이 쓸 경우, 수량이 많은 것을 나타낸다.

· 日本には 何度も 行ったことが あります。

일본에는 몇 번이나(여러번, 수차례) 간 적이 있습니다.

· 時間なら いくらでも ありますよ。                시간이라면 얼마든지 있습니다.

● 이밖에 자주 쓰는 말

| いつも | 항상 |
| なにも | 아무것도 |
| だれも | 아무도 |
| すこしも | 조금도 |
| どちらも | 어느 쪽도, 둘 다 |

「も」는 「ぐらい」(정도)의 뜻으로 대체적인 정도를 나타내기도
한다. 이때 번역은 '쯤, 정도'로 해석하면 된다.
・5分も 歩けば 交差点に 出ます。
5분 정도 걸으면 사거리가 나옵니다.

## 39 もの

[Point] 종조사로 문말에 붙어서, 주로 불만섞인 이유나, 불평을 말할 때 쓴다. 회화체에서는「もん」
으로 발음하기도 한다. (어린애같은 말투)

・だって、彼が 疑われているんだもの。　　　글쎄, 그 사람이 의심을 받고 있잖아.

・だって、時間が 足りなかったんだもの。　　아니, 시간이 부족했단 말이에요.

회화체에서는「もの」앞에「～んだ」가 붙어서「～んだもの(もん)」으로 말하는 경우가 많다.

## 40 や : ～랑, ～나(나열할 때)

・つくえの 上に 辞書や 本などが あります。　　책상 위에 사전이랑 책 등이 있습니다.

・掃除や 洗濯などは お手伝いさんが やってくれる。　청소나 빨래 등은 가정부가 해준다.

「동사기본형 + や いなや」문형으로 '～하자 마자'는 뜻을 나타낸다.
・そう言うや いなや　　그렇게 말하자 말자.

## 41 よ

**Point**  자신의 생각이나 의견, 주장 등을 나타낸다. 우리말의 '요'로 해석되기도 하지만, 「よ=요」가 아니므로, 남발하지 않도록 주의해야 한다. 충고나 권유, 금지, 통고, 주의, 명령, 호소 등에 사용한다.

- たばこは 吸わない ほうが いいですよ。　　담배는 피우지 않는 것이 좋아요.

- もう やめてよ。　　이제 그만해 좀.

- 子供は そんなこと しなくて いいんだよ。　　애들은 그런 일 하지 않아도 돼.

- 行きますよ。　　갑니다.(사진을 찍을 때는 '찍습니다'의 뜻.)

- 原稿が できたら、連絡するよ。　　원고가 되면 연락할게.

- 本当よ。　　정말이야.

참고　「恋人(こいびと)よ」(연인이여)의 よ는 누군가를 부르는 말로, 시적인 표현의 하나이다.


## 42 より

### ① ～보다

**Point**  비교를 나타낸다. 일반적으로 명사에 붙지만, 동사의 기본형 + より 형태로도 쓴다.

- アメリカよりは まず 日本へ 行ってみたいですね。　　미국보다는 우선 일본에 가보고 싶어요.

- 彼女は 私より ずっと 下です。　　걔는 나보다 한참 아래예요.(나이를 말할 때)

- いちいち 話すよりは、だまっている方が ましだ。　　일일이 말하는 것보다는 잠자코 있는 게 낫다.


### ② ～부터

**Point**  「から」와 같은 뜻으로 쓰는데, 친한 사이의 사람에게는 편지 끝에 「みゆきより」(미유키로부터)와 같이 쓰기도 한다.

- 3時より 大統領の 演説が 始まります。　　3시부터 대통령의 연설이 시작됩니다.

・母より 手紙が 来た。　　　　　　　　　　　　　엄마한테서 편지가 왔다.

・ファックスの 場合は 矢印の 方向より 送信してください。

팩스로 보내실 경우에는 화살표 방향부터 보내 주세요.


## 43 わ(종조사)

[Point] 여성이 쓰는 말로, 느낌이나 감동 등을 나타낼 때 쓰는 말이다. 단독으로 쓸 때도 있지만, 「わよ」, 「わね」처럼 다른 종조사와 겹쳐서 쓰기도 한다.

① 느낌이나 감탄, 놀람 등을 나타낸다.

・うれしいわ。　　　　　　　　　　　　　　　기뻐라. / 좋아라.

・けっこう 難しいわ。　　　　　　　　　　　꽤 어려워.

・あら、雪が 降っているわ。　　　　　　　　어머 눈이 와.


② 자신의 생각(단정)이나 의사를 나타낸다.

・それだけじゃないわ。　　　　　　　　　　　그뿐이 아니야.

・ちがうわよ。　　　　　　　　　　　　　　　아니야.

・もう一度 電話してみるわ。　　　　　　　　다시 한번 전화해볼게.

・それは いい お考えですわ。　　　　　　　그건 좋은 생각이세요.


## 44 を : ～을, 를(목적격조사)

・Eメールを 送る。　　　　　　　　　　　　이메일을 보내다.

・手を 上げる。　　　　　　　　　　　　　　손을 들다.

・例を あげる。　　　　　　　　　　　　　　예를 들다.

## 「を」의 기타 용법

를는 목적격 조사 외에도 다음과 같이 쓸 수 있다. 우리말의 '을/를'과 비슷하므로 해석에는 무리가 없다. 단, 문법문제에서 조사의 쓰임이 다른 것을 고르는 문제로 나오기도 하는데, 일단 우리말로 해석하여 문장의 의미를 파악하면 된다.

① 출발점을 나타낼 때(이때는 から와 바꿔쓸 수 있다.)

　　이 때 뒤에는 発つ(출발하다), 出る(나가다), 降りる(내리다)와 같이 이동을 나타내는 말이 온다.

　　・空港を 発つ。　　공항을 출발하다.　　　　　　　　　・出口を 出る。 출구를 나오다.
　　・バスを 降りる。　　버스에서 내리다.

② 통과를 나타낼 때(이동이 행해지는 장소)

　　이 때 뒤에는 지나가다, 통과하다와 같은 말이 오는데, 여기서 를는 통과점을 나타낸다.

　　・道を 渡る。　　　　길을 건너다.　　　　　　　　　　・空を 飛ぶ。　　하늘을 날다.
　　・駅の 前を 通る。　역 앞을 지나가다.

---

**확인문제**　　(　　) 안에 들어갈 조사를 쓰세요.

**1**　ソウル(　　　　　　　) 釜山まで 飛行機(　　　　　　　) 1時間 かかります。

　　서울에서 부산까지 비행기로 1시간 걸립니다.

**2**　私は 英語は できます。(　　　　　　　) 中国語は できません。

　　나는 영어는 할 수 있습니다. 하지만 중국어는 못합니다.

**3**　雨も 降っている(　　　　　　　)、風も 強い(　　　　　　) タクシーで 行きましょう。

　　비도 오고 바람도 세니까 택시로 갑시다.

**4**　日曜日には テニスを し(　　　　　　) サッカーを し(　　　　　　)します。

　　일요일에는 테니스를 하거나 축구를 하거나 합니다.

**5**　部屋には ベッド(　　　　　　) ビデオ(　　　　　　) ありません。

　　방에는 침대도 비디오도 없습니다.

**6**　いつ 来る(　　　　　　) わかりません。　　　　　　언제 올지 몰라요.

---

7 私は 日本語(　　　　　　　　) できます。　　저는 일본어를 할 줄 압니다.

8 今度(　　　　　　　　) 勝ってみせる。　　이번이야말로 이겨보일 테다.

9 食べる こと (　　　　　　　　) できませんでした。　　먹는 것조차 불가능했습니다.

10 財布には 1000ウォン(　　　　　　　　) ありませんでした。　　지갑에는 1000원 밖에 없었습니다.

11 一人(　　　　　　　　) 入ってください。　　한 사람씩 들어오세요.

12 忙しい(　　　　　　　　) 来てくれた。　　바쁜데도 와 주었다.

13 忙しい(　　　　　　　　) 行けそうにない。　　바빠서 못 갈 것 같다.

14 私(　　　　　　　　) あなたを 愛したい。　　나는 당신을 사랑하고 싶다.

15 私(　　　　　　　　) 愛してください。　　나를 사랑해 주세요.

16 鈴木さん(　　　　　　　　) お酒が 強い人も いません。　　스즈키 씨만큼 술을 잘 하는 사람도 없어요.

17 鈴木さんは 毎日 お酒(　　　　　　　　) 飲んでいた。　　스즈키 씨는 매일 술만 마시고 있었다.

18 1時(　　　　　　　　) 日本語能力試験が 始まります。　　1시부터 일본어능력시험이 시작됩니다.

19 1時(　　　　　　　　) ドラマの 撮影が あります。　　1시까지 드라마 촬영이 있어요.

20 部屋には ベッド(　　　　　　　　) ビデオなどが あります。　　방에는 침대나 비디오 등이 있습니다.

정답
1. から、で　　2. けれども/しかし　　3. し、ので/から　　4. たり、たり　　5. も、も
6. か　　7. が　　8. こそ　　9. さえ　　10. しか
11. ずつ　　12. のに　　13. ので/から　　14. は　　15. を
16. ほど　　17. ばかり　　18. から/より　　19. まで　　20. や

※次の(　　　　)のところに入るものとして適当なものを@⑥ⓒⓓの中から一つ選びなさい。

**1** 大学を 卒業して、今は 貿易会社(　　　　　　) 勤めています。

  @ に     ⑥ へ     ⓒ で     ⓓ を

**2** 渋谷で 偶然 大学時代の 友達(　　　　　　) 会って びっくりしました。

  @ を     ⑥ に     ⓒ で     ⓓ が

**3** これは だれ(　　　　　　) 傘ですか。

  @ が     ⑥ に     ⓒ の     ⓓ を

**4** 田中さんは 中国語(　　　　　　) 話せますか。

  @ の     ⑥ に     ⓒ が     ⓓ しか

**5** テレビの ニュースでは 来年も 景気が よくないだろう(　　　　　　)言っていた。

  @ が     ⑥ し     ⓒ と     ⓓ か

**6** 募集広告を 見て 申込書は 出してあるんですが、合格できる(　　　　　　)どうか よ
く わかりません。

  @ と     ⑥ し     ⓒ か     ⓓ の

**7** 駅から ここまで タクシー(　　　　　　) 来ました。

  @ に     ⑥ で     ⓒ を     ⓓ が

**8** 鈴木さんは 本当に 歌(　　　　　)上手ですね。

 ⓐ を    ⓑ だけ    ⓒ が    ⓓ に

**9** アメリカに 行って 2週間(　　　　　)滞在する 予定です。

 ⓐ ごろ    ⓑ ぐらい    ⓒ しか    ⓓ だけ

**10** 疲れはてて 歩くこと(　　　　　) できなかったんです。

 ⓐ だけ    ⓑ ほど    ⓒ しか    ⓓ さえ

**11** A：どうして 食べないんですか。　B：さっき 食べた(　　　　　)。

 ⓐ のでです   ⓑ からです   ⓒ だけです   ⓓ はずです

**12** 今日は 休みな(　　　　　)、会社へ 行きました。

 ⓐ ので    ⓑ のだから   ⓒ のに    ⓓ だけに

**13** 小さいもの(　　　　　)あれば、大きいもの(　　　　　) ありました。

 ⓐ が    ⓑ と    ⓒ に    ⓓ も

**14** 会社には 入った(　　　　　)、まだ 何も わかりません。

 ⓐ ところで   ⓑ くらいで   ⓒ ばかりで   ⓓ ほどで

**15** 小林さん(　　　　　) 英語の 上手な 人も いないと 思います。

 ⓐ だけ    ⓑ こそ    ⓒ ばかり    ⓓ ほど

**16** 佐藤さんは 水野さん(　　　　　) ずっと 年上です。佐藤さんが 先輩です。

   ⓐ が　　　　　　　ⓑ ほど　　　　　　　ⓒ から　　　　　　　ⓓ より

**17** 去年まで 社員は たった 一人(　　　　　)いませんでしたが、今は 10人に 増えました。

   ⓐ ほど　　　　　　　ⓑ だけ　　　　　　　ⓒ しか　　　　　　　ⓓ ぐらい

**18** 彼女は アルバイトを (　　　　　) 大学に かよっています。それで いつも 忙しいです。

   ⓐ しているから　　　ⓑ すると　　　　　ⓒ しながら　　　　　ⓓ するため

**19** インターネットは 情報を 探す(　　　　　) 便利です。

   ⓐ に　　　　　　　　ⓑ ため　　　　　　　ⓒ ので　　　　　　　ⓓ のに

**20** 結婚相手を 選ぶ ときは、能力(　　　　　) 性格も 大切な 条件の 一つです。

   ⓐ ばかりではなく　ⓑ こそではなく　　ⓒ しかではなく　　ⓓ どころではなく

**21** あの レストランは 高い(　　　　　) おいしくない。それに 親切でもない。

   ⓐ から　　　　　　　ⓑ だけあって　　　ⓒ ばかりで　　　　ⓓ どころか

**22** 日本は (　　　　　) 行った ことが あります。しょっちゅう 行きます。

   ⓐ 何度も　　　　　　ⓑ 何でも　　　　　ⓒ 何も　　　　　　　ⓓ 何か

**23** 3番出口(　　　　　) 出ると、右側に 白い ビルが あります。その ビルの 2階です。

   ⓐ に　　　　　　　　ⓑ で　　　　　　　　ⓒ へ　　　　　　　　ⓓ を

**24** 休<ruby>やす</ruby>みの 日<ruby>ひ</ruby>には 掃除<ruby>そうじ</ruby>を (　　　　　)、洗濯<ruby>せんたく</ruby>を (　　　　　)します。

 ⓐ するし   ⓑ しながら   ⓒ して   ⓓ したり

**25** 私<ruby>わたし</ruby>は 季節<ruby>きせつ</ruby>の (　　　　　) 春<ruby>はる</ruby>が 一番<ruby>いちばん</ruby> 好<ruby>す</ruby>きです。

 ⓐ なかで   ⓑ なかに   ⓒ うちで   ⓓ うちに

**정답**

| | | | | | | |
|---|---|---|---|---|---|---|
| 1. ⓐ | 2. ⓑ | 3. ⓒ | 4. ⓒ | 5. ⓒ | | |
| 6. ⓒ | 7. ⓑ | 8. ⓒ | 9. ⓑ | 10. ⓓ | 11. ⓑ | |
| 12. ⓒ | 13. ⓓ | 14. ⓒ | 15. ⓓ | 16. ⓓ | 17. ⓒ | 18. ⓒ |
| 19. ⓓ | 20. ⓐ | 21. ⓒ | 22. ⓐ | 23. ⓓ | 24. ⓓ | 25. ⓐ |

**풀이**

1. 〜に 勤める 〜에(서) 근무하다.
2. 〜に 会う 〜를 만나다.
4. 가능동사가 왔으므로 조사는 が.
6. 〜か 〜どうか 〜지 어떨지.
7. 교통수단을 나타낼 때는 で.
8. 노래를 잘 한다는 歌が上手だ.
9. '정도'에 해당하는 조사.
10. 피곤해서 걸을 수조차 없었습니다.
11. のでです로는 쓸 수 없다.
13. 〜も あれば 〜も ある 〜도 있는가 하면 〜도 있다. → 〜도 있고,〜도 있다는 뜻의 문형.
14. 〜たばかり 〜한지 얼마되지 않았다.
15. 고바야시 씨만큼 영어를 잘하는 사람도 없을 겁니다.
17. 뒤에 부정이 왔으므로 しか.
19. 인터넷은 정보는 찾는 데 편리합니다. 용도의 のに.
20. 〜뿐만 아니라 だけではなく로 바꿀 수도 있다.
21. 비싸기만 하고.
23. 〜を 出る 〜를 나오다. 통과의 を.



조사

# 형식명사

명사와 성질은 같지만, 독립적으로는 쓸 수 없고, 항상 그 앞에 다른 말과 같이 쓰여져서 뜻을 추가하거나 명사화(명사구)하는 역할을 한다. この · もの · わけ 등 비슷한 뜻을 가진 말들을 구별할 수 있어야 겠다.

## 1 うち(に)

**① ~ているうちに**　~하는 사이에, ~하는 동안에(= ~ている間に)

- 本を 読んでいるうちに 自分も 知らないうちに 涙が 出た。
  책을 읽고 있는 동안에 나도 모르는 사이에 눈물이 나왔다.

- つきあっているうちに 好きになってしまった。　　사귀는 동안에 좋아하게 돼버렸다.
- 近いうちに ご連絡します。〈イ形容詞の 경우〉　　조만간에 연락드리겠습니다.

**② ~ないうちに**　'~하기 전에'로 번역하는 것이 자연스러운 경우

[Point] 앞으로 지금과 반대되는 상황이 일어나기 전에 어떤 행동을 하는 것이 나을 때 자주 쓴다. 주의할 점은 앞에 부정형이 온다는 것이다. (이때는 ~する 前に로 바꿀 수 있지만, ~ないうちに 쪽을 더 많이 쓴다.)

- 忘れないうちに 書いておきましょう。　　잊어버리기 전에 써 둡시다.
- 雨が 降らないうちに 帰りましょう。　　비가 오기 전에 돌아갑시다.

## 2 こと : 것, 일

- 日本語を 話す ことが できますか。
  일본어를 말하는 것이 가능합니까? = 일본어 할 줄 아세요?

- アメリカに 行った ことが ありますか。
  미국에 간 적이 있습니까? (~たことがある 문형으로 쓰일 때는 '적'이란 뜻으로 쓰인다.)

・ その ことに ついては あとで お話します。　　　　그 일에 대해서는 나중에 말씀드리겠습니다.

**실제 회화에서 자주 쓰는 용법**

① ～の こと(～에 관한 일, 에 관한 이야기)
・ 成績の ことは 言わないでほしい。　　　　성적에 대한 얘기는 안 했으면 좋겠다.

② ～さんの こと(～씨, ～씨에 대한 이야기)
・ 北野さんの ことは 聞いたことがある。　　　　기타노 씨에 관한 얘기는 들은 적이 있다.

③ の, こと, もの
모두 우리말로는 '것'으로 해석되는데, 보통 の는 일반적인 '것', こと는 '일'이나 '사항', もの는 '물건'을 가리킨다고 기억하면 되겠다.

● 시험에 잘 나오는 こと 관련문형

① ～ことだ : ～것이다(강조할 때) 하는 것이 중요하다, 필요하다
・ 大切なのは 相手を 愛することだ。　　　　중요한 것은 상대방을 사랑하는 것이다.
・ プロに なりたかったら、まず 一生懸命 仕事を することだ。
프로가 되고 싶다면, 우선 열심히 일을 할 일이다.(일하는 것이 중요하다.)

② ～ことに なる: 하게 되다(자신의 의지보다는 주변 여건이나 상황에 의해 결정된 사항)
・ 今度の ワールドカップの 開幕式は ソウルで 開かれる ことに なりました。
이번 월드컵 개막식은 서울에서 열리기로 되었습니다.

③ ～ことになっている : ～하게 되어 있다(규칙이나 예정)
・ 生ごみは 水気を なくしてから 捨てる ことに なっている。
음식쓰레기는 물기를 없애고 나서 버리게 되어 있다.

・ 今週の 土曜日に 両国の 大統領が 会う ことに なっている。
이번 주 토요일에 양국의 대통령이 만나기로 되어 있다.

④ ～ことに する : ～하기로 하다(자신의 의지로 결정했을 때)
・ 健康の ために タバコを やめる ことに しました。
건강을 위해 담배를 끊기로 했습니다.

⑤ ～ことに している : ～하기로 하고 있다(규칙이나 습관)
・ 小遣いは 毎月 20万ウォンを 越さない ことに している。
용돈은 매달 20만원을 넘지 않게 하고 있다.

① ～때문에

・風邪の ため 学校を 休みました。　　　　감기 때문에 학교를 쉬었습니다.

・風邪を ひいたために 学校を 休みました。　　감기에 걸려서 학교를 쉬었습니다.

② ～위해서

・入社の ために 必要な 書類。　　　　입사하기 위해 필요한 서류.

・結婚するために 韓国に 来ました。　　결혼하기 위해 한국에 왔습니다.

~ために가 '~을 위해서'의 뜻으로 쓰일 때와 이유를 나타낼 때를 구별하는 방법은 동사에 연결되는 형태를 보면 된다. 이유를 나타낼 때는 과거형에 연결되고, '~을 위해서'의 뜻일 때는 기본형에 연결된다.

---

4　つもり : 작정

・来週から 教会に 通うつもりです。　　　다음주부터 교회에 다닐 작정입니다.

A : 学校を 休むつもりですか。　　　학교는 쉴 거예요?

B : はい, その つもりです 。　　　네, 그럴 거예요.

---

5　とおり : 대로

・先生の 言うとおりに 言ってみてください。　　선생님이 말하는 대로 말해보세요.

・おっしゃるとおりです。　　　말씀하신 대로입니다./지당하신 말씀입니다.

---

6　とき : 때

・ひまな とき ふつう、何を しますか。　　　한가할 때 보통 뭐 하세요?

---

- 日本へ 行く とき ぜひ お電話ください。

  일본에 갈 때, 꼭 전화 주세요.(부탁할 일이 있거나 같이 가자고 할 경우)

- 日本へ 行った とき ぜひ お電話ください。

  일본에 갔을 때, 꼭 전화 주세요.(일본에 도착하고 나서 전화해달라는 뜻)

- 悲しい とき は 思いっきり 泣いた方が いいですよ。

  슬플 때는 실컷 우는 게 좋아요.

## 7 ところ : (~한) 참

### ① ~る ところ  ~하려는 참

**Point** 기본형에 「ところ」가 붙으면 그 동작을 아직 하지 않았지만, 하기 직전의 상황을 나타낸다. 그래서 보통 「今から」(지금부터), 「これから」(이제부터), 「今」(지금)와 같은 말과 같이 쓰인다.

- 今 電話を かける ところです。  　　지금 전화를 걸려는 참이에요.

- 今 出かける ところです。  　　지금 막 나가려는 참입니다.

### ② ~ている ところ  ~하고 있는 중

**Point** 지금 현재 그 동작을 하고 있다는 뜻이다.

- 今 電話を かけている ところです。  　　지금 전화를 걸고 있는 중입니다.

- 私も 今 その 番組を 見ている ところです。  　　저도 지금 그 프로그램을 보고 있는 중이에요.

### ③ ~た ところ  막 ~한 참

**Point** 어떤 동작이 바로 직전에 끝난 상태, 즉 시간이 얼마 경과하지 않았음을 나타내는데, 우리말의 '막 ~했다'에 해당하는 표현이다. 주로 「たった今」(지금 막), 「今」(지금)와 같은 말과 같이 쓰인다.

- 今 電話を かけた ところです。  　　지금 막 전화를 걸었습니다.

- 今 空港に 着いた ところです。  　　지금 막 공항에 도착한 참입니다.
  　　(도착했습니다.)

④ ～ところでは ない　～하고 있을 때가 아니다

・今 そんなこと 言っているところではない。　　지금 그런 말 하고 있을 때가 아냐.


## 8　はず : (~할) 리

**Point**　당연히 그럴 것이라는 뜻이므로, 뒤에는 당연히 예상되는 결과가 올 때 쓴다. 또, 추측의 뜻이 들어 있기 때문에 일반적으로 1인칭에는 쓰지 않는다.

① 긍정문 :　～はずだ　～할 것이다

・先生も その 話を 知っている はずです。
선생님도 (당연히) 그 이야기를 알고 있을 거예요.

・今頃は 品物が 届いている はずだが、何の 連絡も ない。
지금쯤이면 물건이 도착했을 텐데, 아무 연락이 없다.

② 부정문 :　～ない はずだ　～하지 않을 것이다 /　～はずが ない　～할 리가 없다

・だれも いない はずが ない。　　아무도 없을 리가 없어.
・彼が そんなこと 言う はずが ない。　　그 사람이 그런식으로 말할 리가 없어.


## 9　ふり : 척(하다)

・知っているのに、知らない ふりを していた。
알고 있으면서(있는데도), 모르는 척 하고 있었다.

・登山している 途中 熊に 出くわしたので 死んだ ふりを した。
등산하다가 곰하고 마주쳐서 죽은 척 했다.


## 10　ほう : 편

・冷たい 水よりは あったかい 水の ほうが いい。　　차가운 물보다는 따뜻한 물(쪽)이 좋아.
・私は 背が 高い ほうだ。　　나는 키가 큰 편이다.

## 11 　まま : 채

・彼女は 目を 閉じた まま 音楽を 聴いていた。　　그녀는 눈을 감은 채 음악을 듣고 있었다.

・ドアを 開けた ままに して おいて ください。　　문을 연 채로 놔 두세요.


## 12 　もの : 것

・人の 心は わからないものだ。　　사람 마음은 모르는 것이다.
　　　　　　　　　　　　　　　　　　(본성을 설명할 때)

・目上の 人には ていねいに あいさつするものですよ。　　손윗사람에게는 정중하게 인사하는 거예요.
　　　　　　　　　　　　　　　　　　　　　　　　　　　(가르치거나 타이를 때)

주로「～たものの」의 형태로 '～하긴 했지만'
・新しい 登山靴を 買ったものの、まだ 一度も 山へ 行って いない。
새 등산화를 사긴 했지만, 아직 한번도 산에 가질 않았다.


## 13 　わけ : 것(의미)

・それでは、今回は ちょっと 難しいというわけ ですね。
그렇다면, 이번에는 조금 어렵다는 말씀이군요.(상담중에)

・英語は 全然 話せないわけ ではないんですが、いざというとき 口から 出てこないんです。
영어는 전혀 못하는 것은 아니지만, 막상 닥쳤을 때 입에서 나오질 않아요.


● 보통명사 처럼 쓸 수 있는 형식명사

| | | | |
|---|---|---|---|
| ・こと(事) | 업무, 일, 볼일 | インターネットで できる ことは? | 인터넷으로 할 수 있는 일은? |
| ・もの(物) | 것, 물건 | 新商品は どんな ものですか。 | 신상품은 어떤 물건이죠? |
| ・とき(時) | 때, 시간 | 時が たつのは 早い | 시간이 지나가는 것은 빠르다. |
| ・ところ(所) | 곳, 장소 | ところに よっては | 장소에 따라서는 |
| ・わけ(訳) | 뜻, 이유, 영문 | わけも わからないまま 人に たたかれた。 | 영문도 모른 채 사람에게 얻어맞았다. |

※次の(　　　)のところに 入るものとして 適当なものを ⓐⓑⓒⓓの中から 一つ 選びなさい。

**1** 日本語を 話す(　　　　　)が できますか。

ⓐ もの　　　　　　ⓑ の　　　　　　　ⓒ こと　　　　　　ⓓ わけ

**2** その 話なら 母から 聞いた(　　　　　)が ある。

ⓐ もの　　　　　　ⓑ はず　　　　　　ⓒ こと　　　　　　ⓓ わけ

**3** 雨が 降らない(　　　　　) 帰りましょう。

ⓐ ときに　　　　　ⓑ うちに　　　　　ⓒ ところに　　　　ⓓ ばかりに

**4** 自分も 知らない(　　　　　) 彼が 好きになった。

ⓐ まま　　　　　　ⓑ で　　　　　　　ⓒ ながら　　　　　ⓓ うちに

**5** 申し込みの(　　　　　) 必要な 書類には 何が ありますか。

ⓐ とおり　　　　　ⓑ ために　　　　　ⓒ ところ　　　　　ⓓ こと

**6** 私なりに 一生懸命やった (　　　　　)です。

ⓐ だけ　　　　　　ⓑ ところ　　　　　ⓒ つもり　　　　　ⓓ はず

**7** 急に 会社を やめて、これから どうする (　　　　　)ですか。

ⓐ わけ　　　　　　ⓑ もの　　　　　　ⓒ はず　　　　　　ⓓ つもり

**8** 君を だます(　　　　　　　)は なかった。ただ 言わなかっただけなのだ。

   ⓐ わけ　　　　　　　ⓑ こと　　　　　　　ⓓ ところ　　　　　　　ⓓ つもり

**9** 先生の 言う(　　　　　　　)に 言ってみてください。

   ⓐ とおり　　　　　　　ⓑ そう　　　　　　　ⓓ まま　　　　　　　ⓓ から

**10** 高橋さんの 意見に 反対する(　　　　　　　)ではないですが、もう一度 考えてほしいです。

   ⓐ ところ　　　　　　　ⓑ こと　　　　　　　ⓓ もの　　　　　　　ⓓ わけ

**11** 親も 姉の 離婚の (　　　　　　　)は、知っていた。

   ⓐ ところ　　　　　　　ⓑ こと　　　　　　　ⓓ もの　　　　　　　ⓓ つもり

**정답**

1. ⓒ　　2. ⓒ　　3. ⓑ　　4. ⓓ　　5. ⓑ
6. ⓒ　　7. ⓓ　　8. ⓓ　　9. ⓐ　　10. ⓓ　　11. ⓑ

**풀이**

1. 동사 기본형 + ことが できる ~을 할 수 있다.
2. 동사 과거형 + た ことが ある ~한 적이 있다.
3. 비가 오기 전에 돌아갑시다. ~ないうちに
6. 제 나름대로는 열심히 했다고 생각합니다.
7. 갑자기 회사를 그만두고, 앞으로 어떻게 할 작정입니까?
8. 너를 속일 생각은 없었어. 단지 말을 안 한거야.
9. 선생님이 말하는 대로 말해 보세요. とおりに ~하는 대로.
10. 다카하시 씨의 의견에 반대하는 건 아니지만, 한번 더 생각해줬으면 합니다.
11. 부모님도 언니의 이혼에 대해서는 알고 있었다. のこと ~에 관한 것. (참고)사람 그 자체를 가리키기도 한다.
　　私の こと どう思う? 나(나에 대해) 어떻게 생각해?

# 49

## 감동사

사람의 감정을 나타내거나, 누구를 부르는 소리, 대답 등을 통틀어 감동사라고 한다. 감동사 자체를 묻는 문제가 나오진 않지만 회화나 문장의 흐름을 이해하는 데 도움이 된다.

---

**①  あ : 아**

- あ、私は、細川と もうします。 — 아, 저는 호소카와라고 합니다.
- あ、あった、あった。 — 아, 있다. 있어.(찾는 물건을 찾았을 때)
- あ、そうか。 — 아, 그래?

---

**②  ああ : 아아(감탄했을 때나, 한숨을 쉴 때)**

- ああ、そうか。 — 아, 그렇구나.
- ああ、だめだ。 — 아, 안된다. / 안되겠다.

---

**③  あっ : 앗**

- あっ、いけない。 — 앗, 안돼.
- あっ、そうだ !! — 앗, 참 !!

---

**④  あの(う) : 저… (머뭇거릴 때)**

- あの、すみません。 — 저, 여기요.(사람을 부를 때)
- あのう(あの－)、実はですね。 — 저어, 실은 말입니다…
- あのね。 — 저기요. / 있잖아요.

---

A : あのね。

B : うん、何<sub>なに</sub>。

저기, 있잖아...

어, 뭔데?

---

**5** **あら** : 어머(놀랐을 때. 여성이 쓰는 말)

・あら、先生<sub>せんせい</sub>じゃありませんか。

어머, 선생님 아니세요?
(길에서 갑자기 만났을 때)

・あら、なに? その かばんは?

어머, 뭐야 그 가방은?
(눈에 띄는 가방을 보고)

・あら、どうしたの?

어머, 웬일이야?
(갑자기 아는 사람을 만났을 때)

A : あら、どうしたの。

어머, 어떻게 된거야?
(갑자기 아는 사람을 만났을 때)

B : あら、久<sub>ひさ</sub>しぶり。

어머, 오랜만이네.

---

**6** **いいえ** : 아니오(짧게 **いえ**라고도 한다.)

A : 何<sub>なに</sub>か あったんですか。

무슨 일 있었어요?

B : いいえ、別<sub>べつ</sub>に…

아뇨, 딱히…

A : 今日<sub>きょう</sub> 元気<sub>げんき</sub>ないですね。

오늘 힘이 없네요.

B : いえ、そんな 事<sub>こと</sub>ないですよ。

아뇨, 아니에요.

---

**7** **いや** : 아니(**いいえ**의 반말표현)

・いや、かまわないよ。

아니, 상관없어.

A : この まま ずっと 行<sub>い</sub>ってみる。

이대로 쭉 가 볼까?

B : いや、行<sub>い</sub>かない ほうが いいよ。

아니, 안 가는 게 좋아.

## 8 うん : 응

A：ここで 待っててね。　　　　　　여기서 기다려.

B：うん。　　　　　　응.

> 참고
> 'うん'とも いわない。'응'이라고도 하지 않는다. 대꾸도 않는다는 뜻이다. 소설 등에는 「ん」으로만 표기하기도 한다.

## 9 え？ : 네?, 뭐?, 뭐라구요?(상대방의 말을 잘 못알아들었을 때나 놀랐을 때)

・え？ 本当ですか？　　　　　　네? 정말이에요?

・え？ よく 聞こえなかった。　　　　　　뭐? 잘 안 들렸어.

## 10 ええ : 네(はい보다는 친근한 표현)

A：お茶でも どうですか。　　　　　　차라도 한잔 어떠세요?

B：ええ。　　　　　　네.

> 참고
> 말을 꺼내기 전이나 잠시 생각할 때도 쓴다. 이때는 と를 붙여 말하는 경우가 많다. 단, 아랫사람이 윗사람에게 쓰면 실례가 될 수도 있으므로 주의.

・ええと、つぎは…。　　　　　　으음… 다음은….

## 11 おい : 어이, 야, 이봐(남자들이 친구나 아랫사람을 막 부를 때 쓰는 말. 속어)

・おい、田村!　　　　　　어이, 다무라야.(부를 때)

A：おい、田村 !　　　　　　어이, 다무라야.(부를 때)

B：おお、鈴木。ここで 何してるんだ？　　　　　　오, 스즈키. 여기 웬일이야?

**12**　**おお : 오오**(놀랐을 때. 주로 남자들이 쓰는 말.)

- おお、すごいな。  오, 굉장한데.

A : おお、すごいな。  오, 굉장한데.

B : だろ? 上手く 出来てるだろ?  그치? 잘 만들었지?


**13**　**おや : 어?**(놀랐을 때)

- おや? 財布が なくなった。  어? 지갑이 없어졌네.

- おや? こんな 所で 会うとは…  어? 이런 곳에서 만나다니…


**14**　**さあ : 자, 글쎄**

- さあ、これ。  자 이거.

- さあ、よく わかりませんが。  글쎄. 잘 모르겠는데요.

A : さあ、これ。  자 이거.

B : これ 何?  이게 뭐야?

A : さあ、よく わかりませんが。  글쎄. 잘 모르겠는데요.

B : では、ここは ご存じですか。  그럼. 여기는 알고 계세요?


**15**　**はい : 예**

[Point] 주로 대답으로 쓰지만, 주의를 환기시키거나 되물을 때도 쓴다.

- はい、東京商事でございます。  예, 도쿄상사입니다.

- はい、それでは 今度は…  예. 그러면 이번에는...

- はい?  네?(뭐라구요?)

## 16 へえ? : 뭐?(놀랐을 때 내는 소리.)

- へえ、知らなかった。  뭐? 몰랐어.

- へえ、うそ。  뭐? 거짓말.

A : 来年から 新しい 紙幣に 変わるって。  내년부터 새로운 지폐로 바뀐대.

B : へえ、知らなかった。  뭐? 몰랐어.

A : 来年 結婚するよ。  내년에 결혼한다.

B : へえ、うそ。  뭐? 거짓말.



## 17 まあ : 어머, 어머나

Point 감탄하거나 놀랐을 때 내는 소리. 주로 여성이 쓴다.

- まあ、すてき…。  어머, 멋져.

- まあ、なんて きれいな 人だろう。  어머, 얼마나 예쁜 사람인가(너무 예쁘다).



## 18 もしもし : 여보세요(전화에서)

- もしもし、田中さんの お宅でしょうか。  여보세요? 다나카 씨 댁입니까?

##  19 やあ : 야아, 아이구, 이거참

**[Point]** 사람을 만났을 때나 놀랐을 때.(남자말)

- やあ、久しぶりだね。  
  야, 이거 오랜만이군.

- やあ、ごめんごめん。急に 忙しくなっちゃって。  
  야 이거참. 미안해. 갑자기 바빠져서.

> **참고** ちょっとは '조금'이란 뜻이지만, "ちょっと!"(잠깐만!) 하고 사람을 부를 때도 쓴다.

● **실제 회화문에 자주 쓰는 간단한 말**(소설에 나온 대사 중에서)

| | | | |
|---|---|---|---|
| ねえ、お巡りさん。 | 저기요, 경찰아저씨. | そうでもないけどね。 | 그렇지도 않지만. |
| まあ、そうなの? | 어머 그래? | そうかな。 | 그럴까? |
| 当たり前よ。 | 당연하지. | それで? | 그래서? |
| あら、そう… | 어머, 그래? | 何と 言ったんです? | 뭐라고 했어요? |
| なるほど… | 그렇지…(맞장구) | やれやれ。 | 될 대로 되라. |
| ええ、もちろん。 | 예, 물론. | ああ、そうね。 | 아, 그렇지. |
| 何ですって? | 뭐라구요? | 早くおっしゃいよ! | 빨리 말해요. |
| そうですか。 | 그래요? | ふむ…。 | 흠…. |
| どの 程度の 仲でした? | 어느 정도 관계였죠? | 気安く 言わないで。 | 쉽게 말하지마. |
| ひどいなあ。 | 심하다〜. | 何なの? | 뭐야? |
| キャッ! | 까악!(놀랐을 때) | | |
| ちょ、ちょっと お待ちを | 자, 잠깐만 기다려주시지… | | |
| でも 何の 用で ここへ… | 그런데 무슨 일로 여기를… | | |
| そういうわけです。 | 그렇게 된 것입니다. (자초지종을 설명할 때) | | |

# 접속사

문장과 문장, 단어와 단어를 이어주는 말을 접속사라고 한다. 자주 쓰는 접속사를 정리하면 다음과 같다. 시험에는 독해에서 (　)안에 들어갈 접속사를 찾는 문제가 나온다.

## ① あるいは : 혹은

**Point** 주로 문장에서 쓰고, 회화체에서는 「または」를 쓴다.

- お名前は カタカナ、あるいは ローマ字で 書いてください。
  이름은 가타카나 혹은 로마자로 써 주세요.

- 名前は 黒、あるいは 青の ボールペンで 記入してください。
  이름은 검정, 혹은 청색 볼펜으로 써 주세요.

## ② および : 및

**Point** 「及び」로 표기하기도 한다. 약간 딱딱한 표현.

- 経済 及び 社会の いろんな 問題に ついて 議論する。
  경제 및 사회 여러 문제에 대하여 논쟁을 벌인다.

- コンサート会場内に おける 撮影、および 録音は 禁じられて おります。
  콘서트회장 안에서의 촬영 및 녹음은 금지되어 있습니다.

## ③ けれども : 하지만

- 早く 帰りたい、けれども 仕事が たくさん 残っている。
  빨리 퇴근하고 싶어. 하지만 일이 많이 남아 있어.

- すごく いい 物件だね。けれども、駅から 遠すぎるよ。
  무척 좋은 물건이네. 하지만, 역에서 너무 멀어.(物件은 보통 부동산 물건을 가리킴)

## 4 　さて : 그런데, 한편

[Point] 화제를 바꿀 때 쓰는 말로, 공식적인 자리에서 말할 때, 또는 문장에서 많이 쓴다.

- さて、みんなが 集まっていたころ、ゆりこは ひそかに 外に 出ていった。

  그런데(한편), 모두들 모여 있을 무렵, 유리코는 살짝 밖으로 나갔다.

- さて、今日の 会議は ここまでに して、一杯 飲みに 行こうか。

  자, 오늘 회의는 여기까지 하고, 한잔 마시러 갈까?

## 5 　しかし : 그러나, 하지만

- 女は 弱い。しかし 母親は 強い。　　　　　　여자는 약하다. 하지만 어머니는 강하다.

- 私は さっそく 兄の 家を 訪ねてみた。しかし 兄は 家に いなかった。

  나는 바로 형의 집을 찾아가봤다. 그러나 형은 집에 없었다.

## 6 　しかも : 더욱이

[Point] 회화·문장 모두 많이 쓰는 말이다. '그럼에도 불구하고'란 뜻도 있지만 '더욱이'란 뜻으로 많이 쓴다.

- 彼女は 生意気で しかも うそつきだ。　　　그녀는 건방지고 게다가 거짓말쟁이다.

- 彼は 年収 1500万円の エリートサラリーマンだ。しかも ハンサムで スポーツ 万能、料理の 腕も プロ級だ。

  그는 연봉 1500만 엔의 잘 나가는 샐러리맨이다. 게다가 잘 생겼고 스포츠 만능, 요리 실력도 프로 급이다.

## 7 　したがって : 따라서

[Point] 한자로는 「従って」로 표기한다. 공식적인 자리에서는 「従いまして」라고도 한다.

- 来週から 工事が 始まります。したがって 通行止めに なります。

  다음주부터 공사가 시작됩니다. 따라서 통행금지가 됩니다.

・対応する 3辺の 長さが それぞれ 等しい。したがって この 二つの 三角形は 合同である。

대응하는 세 변의 길이가 각각 같다. 따라서 이 두 개의 삼각형은 합동이다.


**8** **すると : 그렇다면, 그러자**

[Point] 앞문장의 내용이 계기가 되어 뒷문장의 내용이 일어난 경우에 쓴다.

・彼は 目を 開けた。すると 目の 前に 女の 人が 立っていた。

그는 눈을 떴다. 그러자 눈 앞에 (웬)여자가 서 있었다.

・東の 空が ほんのりと 明るく なりはじめた。すると あちこちから 鶏の 鳴き声が 聞こえてきた。

동쪽 하늘이 어렴풋이 밝아지기 시작했다. 그러자 여기저기에서 닭의 울음소리가 들려왔다.

・電気を 消した。すると 真っ暗に なった。

전기를 껐다. 그러자 아주 캄캄해졌다.


**9** **そうしたら / そしたら : 그랬더니(회화체)**

・ドアを 開けた。そしたら 小さい 子供が 立っていた。

물을 열었다. 그랬더니 작은 꼬마애가 서 있었다.

・「期待されている」と 野球への 価値観を 変えた。そしたら 野球が 楽しく なってきた。

'기대 받고 있다'고 야구에 대한 가치관을 바꿨다. 그랬더니 야구가 재미있어졌다.


**10** **そこで : 그래서(이유를 나타낸다.)**

・そこで ぜひ 一度 お会いしたいのですが、いつが よろしいですか。

그래서 꼭 한번 만나뵈었으면 하는데, 언제가 좋으십니까?

・そこで 今回は 現在 作る事が できる 最大の ものを 作って みようと 思います。

그래서, 이번에는 현재 만들 수 있는 가장 큰 것을 만들어보려고 합니다.

### 11  そして : 그리고

・バナナを 食べ、そして りんごも 食べた。

바나나를 먹고, 그리고 사과도 먹었다.

・兄は 学者、そして 弟は 芸術家として、それぞれ 偉大な 業績を 残した。

형은 학자, 그리고 동생은 예술가로서 각각 위대한 업적을 남겼다.

### 12  そのうえ : 게다가 = それに

・彼は その 人に 食べ物を あげた。そのうえ 持って いた お金を 全部 あげて 励ました。

그는 그 사람에게 음식을 주었다. 게다가 가지고 있던 돈을 전부 주면서 격려했다.(※はげます:격려하다)

・この マンションは 広い 割に 値段も 安いし、そのうえ 周りが とても 静かです。

이 맨션은 넓은데 비해 가격도 싸고, 게다가 주위가 무척 조용합니다.

### 13  それから : 그리고, 그리고나서

・りんごを ください。それから みかんも ください。

사과를 주세요. 그리고 밀감도 주세요.

・彼女に 会って、それから 映画を 見た。

여자친구를 만나, (그리고나서) 영화를 보았다.

### 14  それで : 그래서

[Point] 다음에 이유가 오기도 하고, 상대방의 말을 듣고 그래서 그 다음에 어떻게 됐냐고 물을 때도 쓴다.

・それで どうなったの?

그래서 어떻게 됐어?

・客が、もう 少し だけ まけて くれと いうので、それで しかたなく 僕は 50円まけ
る ことに した。

손님이 조금만 더 깎아달라고 해서, 그래서 할 수 없이 나는 50엔 깎아 주기로 했다.

**15** **それでは・では** : 그렇다면, 그럼

[Point] 회화체에서는 「それじゃ」, 「じゃ」로 쓰기도 한다.

- **それでは** 今日は この へんで。

  그럼 오늘은 이쯤에서(마치겠습니다).

- **じゃ**、またね。

  그럼, 또 봐.


**16** **それとも** : 그렇지 않으면, 아니면(선택을 할 때)

- 航空便に しますか。 **それとも** 船便に しますか。

  항공편으로 하시겠습니까? 아니면 선박편으로 하시겠습니까?

- お風呂に しますか、 **それとも** 先に お食事に しますか。

  목욕을 하겠습니까, 아니면 먼저 식사를 하겠습니까?


**17** **それなら** : 그렇다면

- **それなら** 来週の 月曜日に しましょう。

  그렇다면 다음주 월요일로 합시다.

- 水虫で お悩みですか。 **それなら** この 薬を お使いください。

  무좀으로 고민입니까? 그렇다면 이 약을 써 주십시오.


**18** **それに** : 게다가(=そのうえ)

- 彼は とても 貧しかった。 **それに** 彼には 家族も いなかった。

  그는 아주 가난했다. 게다가 그에게는 가족도 없었다.

- 引っ越すのは 簡単じゃなかった。 **それに** 今日は 暑かったし...

  이사하는 것은 간단하지 않았다. 게다가 오늘은 더웠고…….

**19** **だが** : 하지만(약간 딱딱한 어조.)

- 彼女は 待っていた。だが 彼は ついに 来なかった。

  그녀는 기다리고 있었다. 하지만 그는 결국 오지 않았다.

- 金も なければ コネも ない。だが、私には あふれる 情熱と 勇気が ある。

  돈도 없지만 연줄도 없다. 하지만, 나에게는 넘치는 열정과 용기가 있다.

**20** **だから** : 그러니까

- だから きみは だめだ。

  그러니까 넌 안돼.

- だから 言ったことじゃない。

  그러게 내가 말했잖아.

**21** **だけど** : 하지만(반말체)

- 気持ちは わかる。だけど それは 無理だよ。

  기분은 알아. 하지만, 그건 무리야.

- フォームは めちゃくちゃ だけど、楽しそうに ボールを 投げていた。

  자세는 엉망이지만 즐겁게 공을 던지고 있었다.

**22** **だって** : 왜냐하면, 그도 그럴것이(이유를 말할 때)

- だって 一人で とても こわかったから…。

  왜냐하면 혼자서 너무 무서웠거든….

A : ご飯は 残さず 全部 食べなさい。

  밥은 남기지 말고 전부 먹어라.

B : だって、もう おなかが 一杯なんだもん。

  하지만 이제 배가 부른걸.

**23** **たとえば** : 가령, 예를 들어서, 예를 들면

- **たとえば** この 答<sub>こた</sub>えは こう なります。

  예를 들면 이(문제) 답은 이렇게 됩니다.

- へんな こと? **たとえば** どんな…

  이상한 거? 예를 들자면 어떤……

**24** **つまり** : 요컨대, 다시 말하면, 즉

- それは **つまり** 無理<sub>む り</sub>だと いうことですか。

  그건 요컨대 무리라는 뜻입니까?

- **つまり**、簡単<sub>かんたん</sub>に 言<sub>い</sub>うと 韓国<sub>かんこく</sub>は 来年<sub>らいねん</sub>も 好景気<sub>こうけい き</sub>が 続<sub>つづ</sub>くと いうことです。

  즉, 간단하게 말하면 한국은 내년도 호경기가 계속될 거라는 것입니다.

**25** **で** : 그래서

Point それで와 같은 용법으로 회화에서 많이 쓴다.

- **で**、どうしたの?

  그래서, 어떻게 됐어?

- わかった。**で**、君<sub>きみ</sub>の 考<sub>かんが</sub>えでは、来年<sub>らいねん</sub>の 日本<sub>に ほん</sub>の 景気<sub>けい き</sub>は どうなると 思<sub>おも</sub>う。

  알았어. 그래서, 네 생각으로는 내년 일본 경기는 어떻게 될 거라고 생각해?

**26** **でも** : 하지만, 그래도

Point 회화에서 많이 쓴다.

- 気<sub>き</sub>の 毒<sub>どく</sub>ですね。**でも** 私<sub>わたし</sub>の せいじゃないし。

  안됐어요. 하지만 내 탓은 아니니까….

- そうか、**でも**ね…。

  그래? 그래도….

우무쭈물 말할 때는 이렇게도 말합니다.

つまりね … 　그게 말이야, 그러니까… 　結局　…　결국… 　だからさあ … 　그러니까 말이야

---

**(27) ですから : 그렇기 때문에, 그러니까, 그러므로**

- ですから、この 件は 最終的に そちらで 決めて いただきたいです。

  그렇기 때문에 이번 일은 최종적으로 그쪽에서 결정해 주셨으면 합니다.

- ですから、来年も 日本は デフレが 続くと 思われます。

  그러므로, 내년도 일본은 디플레이션이 계속될 거라고 생각됩니다.

---

**(28) ところが : 하지만**

- 天気予報では 晴れの ことだった。ところが 当日は 雨が 降った。

  일기 예보에서는 맑을 거라고 했다. 하지만 당일에는 비가 왔다.

- ところが、予想とは 反対に 株価は 上昇して いるんです。

  하지만, 예상과는 반대로 주가는 상승하고 있습니다.

---

**(29) ところで : 그런데**

(Point) 화제를 바꿀 때. 회화나 문장 모두 많이 쓰는 말.

- ところで 製作の ほうは どうですか。

  그런데, 제작 쪽은 어떻습니까?

- A社の ことは わかった。ところで、B社との 契約の 件は その 後、どうなったのかね。

  A사 것은 알겠어. 그런데, B사와의 계약 건은 그 후 어떻게 된 건가.

**30** また : 또(문장에서는 **又**로 표기하기도 한다.)

- また お会いしましょう。　　　　　　또 만납시다.
- また 君か。　　　　　　또 너야?

**31** または : 또는

Point 문장에서는 又는로 표기하기도 한다. 문장이나 회화 모두 많이 쓰인다.

- 「梅雨」と 書いて「つゆ」または「ばいう」と 読みます。
  '매우'라고 쓰고 츠유 또는 바이우라고 읽습니다.
- 明日は 雨、または 雪が 降るでしょう。
  내일은 비, 또는 눈이 내리겠습니다.

**확인문제** 보기 중에서 (　　　)에 들어갈 말을 고르세요.

| 보기 | | | | |
|---|---|---|---|---|
| 例えば | そして | しかし | したがって | それとも |
| あるいは | そのうえ | つまり | ですから | また |

1 (　　　　) 昨日ではなく、おととい出発したと 考えてみてください。
예를 들면 어제 말고 그저께 출발했다고 생각해 보세요.

2 (　　　　) お会いしましょう。
또 만나요.

3 (　　　　) この 要件を 受け入れる事は 出来ないという事ですか。
즉 이 요건을 받아들일 수 없단 말씀이세요?

4 （　　　　　　　　）何を 言われても 気持ちは 変わりませんって。

그러니까 무슨 말씀을 하셔도 마음이 바뀌지 않는다고요.


5 朝早く 起きた。（　　　　　　　　）ジョギングを した。

아침 일찍 일어났다. 그리고 조깅하러 갔다.


6 彼は 頭が いい。（　　　　　　）かっこいい。

그는 머리가 좋다. 게다가 잘 생겼다.


7 ローマ字（　　　　　　　　）ひらがなで 名前を 書いてください。

로마자 혹은 히라가나로 이름을 서 주세요.


8 窓側の 席に なさいますか。（　　　　　）通路側の 席に なさいますか。

창가쪽 자리로 하시겠어요? 아니면 복도쪽 자리로 하시겠어요?


9 その 人は 毎日 運動している。（　　　　　　　）病気も せずに 健康である。

그 사람은 매일 운동을 한다. 따라서 병도 걸리지 않고 건강하다.


10 彼女は 車に ひかれた。（　　　　　　　）幸いにも 軽傷で すんだ。

그녀는 차에 치였다. 그러나 다행히 경상으로 그쳤다.

※次の(　　　　)のところに入るものとして適当なものを@⑥ⓒ@の中から一つ選びなさい。

**1** お名前は 漢字(　　　　　　　) カタカナで 書いてください。

　　@ また　　　　　　ⓑ または　　　　　　ⓒ それから　　　　　　@ たとえば

---

**2** 彼女は 生意気だ。(　　　　　　　) うそつきだ。だから みんなに 嫌われている。

　　@ でも　　　　　　ⓑ だから　　　　　　ⓒ そのうえ　　　　　　@ それとも

---

**3** 雪で 道が とても こんでいました。(　　　　　　) 一時間も 授業に 遅れてしまいました。

　　@ それから　　　　　　ⓑ それに　　　　　　ⓒ そして　　　　　　@ それで

---

**4** 何度も 誤った。(　　　　　　)許してくれなかった。

　　@ それで　　　　　　ⓑ それに　　　　　　ⓒ しかし　　　　　　@ そしたら

---

**5** ダイエットを 始めて 2週間目になる。(　　　　　　　) 体重は ちっとも 減ってない。

　　@ そしたら　　　　　　ⓑ それで　　　　　　ⓒ ところが　　　　　　@ ところで

---



**정답**

1. ⓑ　　　2. ⓒ　　　3. @　　　4. ⓒ　　　5. ⓒ

**풀이**

1. 성명은 한자 또는 가타카나로 써 주세요.
2. 그녀는 건방지다. 게다가 거짓말쟁이다. 그래서 모든 사람들한테 미움받고 있다.
3. 눈을 떴다. 그랬더니 어쩜 커다란 눈사람이 서 있었다.
4. 몇 번이나 사과했다. 하지만 용서해주지 않았다.
5. 다이어트를 시작한지 2주일째 된다. 하지만, 체중은 조금도 줄어들지 않았다.

# 부 록

# 1 형용사 활용표

| 구분 | 기본형 | です형 | て형 | た형 | たら형 | ～ない형 |
|---|---|---|---|---|---|---|
| イ형용사 | 大<ruby>おお</ruby>きい | 大きいです | 大きくて | 大きかった | 大きかったら | 大きくない |
| | 美<ruby>うつく</ruby>しい | 美しいです | 美しくて | 美しかった | 美しかったら | 美しくない |
| | 安<ruby>やす</ruby>い | 安いです | 安くて | 安かった | 安かったら | 安くない |
| | いい | いいです | よくて | よかった | よかったら | よくない |
| | よい | よいです | よくて | よかった | よかったら | よくない |
| | ない | ないです | なくて | なかった | なかったら | ある(なくはない) |
| ナ형용사 | きれいだ | きれいです | きれいで | きれいだった | きれいだったら | きれいで(は)ない |
| | まじめだ | まじめです | まじめで | まじめだった | まじめだったら | まじめで(は)ない |
| | 静<ruby>しず</ruby>かだ | 静かです | 静かで | 静かだった | 静かだったら | 静かで(は)ない |
| | 明<ruby>あき</ruby>らかだ | 明らかです | 明らかで | 明らかだった | 明らかだったら | 明らかで(は)ない |
| | おだやかだ | おだやかです | おだやかで | おだやかだった | おだやかだったら | おだやかで(は)ない |
| | 親切<ruby>しんせつ</ruby>だ | 親切です | 親切で | 親切だった | 親切だったら | 親切で(は)ない |
| | 上手<ruby>じょうず</ruby>だ | 上手です | 上手で | 上手だった | 上手だったら | 上手で(は)ない |
| | 社会的<ruby>しゃかいてき</ruby>だ | 社会的です | 社会的で | 社会的だった | 社会的だったら | 社会的で(は)ない |
| | ハンサムだ | ハンサムです | ハンサムで | ハンサムだった | ハンサムだったら | ハンサムで(は)ない |

| 구분 | ～なかった형 | だろう형 | なら형 | 부사형 | 비　고 |
|---|---|---|---|---|---|
| イ형용사 | 大きくなかった | 大きいだろう | 大きいなら | 大きく | 일반적인 イ형용사 |
| | 美しくなかった | 美しいだろう | 美しいなら | 美しく | |
| | 安くなかった | 安いだろう | 安いなら | 安く | |
| | よくなかった | いいだろう | いいなら | よく | 「いい」는「よい」로 활용한다. |
| | よくなかった | よいだろう | よいなら | よく | |
| | あった(なくはなかった) | ないだろう | ないなら | | '없다'는 뜻의「ない」 |
| ナ형용사 | きれいで(は)なかった | きれいだろう | きれいなら | きれいに | きれいだったら |
| | まじめで(は)なかった | まじめだろう | まじめなら | まじめに | |
| | 静かで(は)なかった | 静かだろう | 静かなら | 静かに | |
| | 明らかで(は)なかった | 明らかだろう | 明らかなら | 明らかに | |
| | おだやかで(は)なかった | おだやかだろう | おだやかなら | おだやかに | |
| | 親切で(は)なかった | 親切だろう | 親切なら | 親切に | |
| | 上手で(は)なかった | 上手だろう | 上手なら | 上手に | |
| | 社会的で(は)なかった | 社会的だろう | 社会的なら | 社会的に | 「～的」로 끝나는 말 |
| | ハンサムで(は)なかった | ハンサムだろう | ハンサムなら | | 외래어는 대개 ナ형용사 활용을 한다. |

부록

# 2 동사 활용표

| 구분 | 기본형 | ます형 | て형 | た형 | たら형 | ば형 |
|---|---|---|---|---|---|---|
| 1류동사 | 書く | 書きます | 書いて | 書いた | 書いたら | 書けば |
| | 行く | 行きます | 行って | 行った | 行ったら | 行けば |
| | 脱ぐ | 脱ぎます | 脱いで | 脱いだ | 脱いだら | 脱げば |
| | 会う | 会います | 会って | 会った | 会ったら | 会えば |
| | 立つ | 立ちます | 立って | 立った | 立ったら | 立てば |
| | 乗る | 乗ります | 乗って | 乗った | 乗ったら | 乗れば |
| | 死ぬ | 死にます | 死んで | 死んだ | 死んだら | 死ねば |
| | 遊ぶ | 遊びます | 遊んで | 遊んだ | 遊んだら | 遊べば |
| | 飲む | 飲みます | 飲んで | 飲んだ | 飲んだら | 飲めば |
| | 話す | 話します | 話して | 話した | 話したら | 話せば |
| 2류동사 | 起きる | 起きます | 起きて | 起きた | 起きたら | 起きれば |
| | 食べる | 食べます | 食べて | 食べた | 食べたら | 食べれば |
| 3류동사 | 来る | 来ます | 来て | 来た | 来たら | 来れば |
| | する | します | して | した | したら | すれば |
| | 勉強する | 勉強します | 勉強して | 勉強した | 勉強したら | 勉強すれば |

|  | 수동형 | 사역형 | 가능형 | 부정형 | 부정과거형 | 권유형 | 명령형 |
|---|---|---|---|---|---|---|---|
| 구분 | **れる형** | **せる형** | **가능형** | **ない형** | **なかった형** | **う형** | **명령형** |
| **1류동사** | 書かれる | 書かせる | 書ける | 書かない | 書かなかった | 書こう | 書け |
|  | 行かれる | 行かせる | 行ける | 行かない | 行かなかった | 行こう | 行け |
|  | 脱がれる | 脱がせる | 脱げる | 脱がない | 脱がなかった | 脱ごう | 脱げ |
|  | 会われる | 会わせる | 会える | 会わない | 会わなかった | 会おう | 会え |
|  | 立たれる | 立たせる | 立てる | 立たない | 立たなかった | 立とう | 立て |
|  | 乗られる | 乗らせる | 乗れる | 乗らない | 乗らなかった | 乗ろう | 乗れ |
|  | 死なれる | 死なせる | 死ねる | 死なない | 死ななかった | 死のう | 死ね |
|  | 遊ばれる | 遊ばせる | 遊べる | 遊ばない | 遊ばなかった | 遊ぼう | 遊べ |
|  | 飲まれる | 飲ませる | 飲める | 飲まない | 飲まなかった | 飲もう | 飲め |
|  | 話される | 話させる | 話せる | 話さない | 話さなかった | 話そう | 話せ |
| **2류동사** | 起きられる | 起きさせる | 起きられる | 起きない | 起きなかった | 起きよう | 起きろ |
|  | 食べられる | 食べさせる | 食べられる | 食べない | 食べなかった | 食べよう | 食べろ |
| **3류동사** | 来られる | 来させる | 来られる | 来ない | 来なかった | 来よう | 来い |
|  | される | させる | できる | しない | しなかった | しよう | しろ |
|  | 勉強される | 勉強させる | 勉強できる | 勉強しない | 勉強しなかった | 勉強しよう | 勉強しろ |

| 기본형 | ます형 | て형 | た형 | たら형 | ば형 |
|---|---|---|---|---|---|
| れる | れます | れて | れた | れたら | れれば |
| られる | られます | られて | られた | られたら | られれば |
| せる | せます | せて | せた | せたら | せれば |
| させる | させます | させて | させた | させたら | させれば |
| ない | （ないです） | なくて | なかった | なかったら | なければ |
| たい | （たいです） | たくて | たかった | たかったら | たければ |
| らしい | （らしいです） | らしくて | らしかった | らしかったら | らしければ |
| だ | （です） | で | だった | だったら | なら |
| そうだ | （そうです） | そうで | そうだった | そうだったら | そうなら |
| ようだ | （ようです） | ようで | ようだった | ようだったら | ようなら |
| です | × | でして | でした | でしたら | × |
| ます | × | まして | ました | ましたら | × |
| た | × | × | × | たら | × |

| ない형 | う형 | 명령형 | 비고 |
| --- | --- | --- | --- |
| れない | れよう | れろ・れよ | れた |
| られない | られよう | られろ・られよ | られた |
| せない | せよう | せろ・せよ | せた |
| させない | させよう | させろ・させよ | させた |
| × | なかろう | × | なかった |
| × | たかろう | × | たかった |
| らしくない | × | × | らしかった |
| で(は)ない | × | だろう | だった |
| そうで(は)ない | そうだろう | そうで | そうだった |
| ようで(は)ない | ようだろう | × | ようだった |
| (ではないです) | でしょう | × | でした |
| × | ましょう | ませ | ました |
| × | たろう | × | × |

# 4 조수사 읽기

| 구분 | | ~冊(권)<br>さつ | ~軒(채)<br>けん | ~台(대)<br>だい | ~本(자루)<br>ほん |
|---|---|---|---|---|---|
| 1 | いち | いっさつ | いっけん | いちだい | いっぽん |
| 2 | に | にさつ | にけん | にだい | にほん |
| 3 | さん | さんさつ | さんげん | さんだい | さんぼん |
| 4 | し・よん | よんさつ | よんけん | よんだい | よんほん |
| 5 | ご | ごさつ | ごけん | ごだい | ごほん |
| 6 | ろく | ろくさつ | ろっけん | ろくだい | ろっぽん |
| 7 | しち・なな | ななさつ | ななけん | ななだい | ななほん |
| 8 | はち | はっさつ | はっけん(はちけん) | はちだい | はっぽん |
| 9 | きゅう・く | きゅうさつ | きゅうけん | きゅうだい | きゅうほん |
| 10 | じゅう | じゅっさつ<br>(じっさつ) | じゅっけん<br>(じっけん) | じゅうだい | じゅっぽん<br>(じっぽん) |
| ? | | なんさつ | なんげん | なんだい | なんぼん |
| | | 책을 셀 때 | 집이나 건물을<br>셀 때 | 기계나 자동차를<br>셀 때 | 연필이나, 담배,<br>우산 등 긴 것을 셀 때 |

## 5 기간을 나타내는 말

| 구분 | | ~泊(박) | ~週間(주간) | ~カ月(개월) | ~年(년) |
|---|---|---|---|---|---|
| 1 | いち | いっぱく | いっしゅうかん | いっかげつ | いちねん |
| 2 | に | にはく | にしゅうかん | にかげつ | にねん |
| 3 | さん | さんぱく | さんしゅうかん | さんかげつ | さんねん |
| 4 | し・よん | よんぱく | よんしゅうかん | よんかげつ | よねん |
| 5 | ご | ごはく | ごしゅうかん | ごかげつ | ごねん |
| 6 | ろく | ろっぱく | ろくしゅうかん | ろっかげつ | ろくねん |
| 7 | しち・なな | ななはく | ななしゅうかん | ななかげつ | ななねん<br>(しちねん) |
| 8 | はち | はっぱく<br>(はちはく) | はっしゅうかん | はっかげつ<br>(はちかげつ) | はちねん |
| 9 | きゅう・く | きゅうはく | きゅうしゅうかん | きゅうかげつ | きゅうねん |
| 10 | じゅう | じゅっぱく<br>(じっぱく) | じゅっしゅうかん<br>(じっしゅうかん) | じゅっかげつ<br>(じっかげつ) | じゅうねん |
| ? | | なんぱく | なんしゅうかん | なんかげつ | なんねん |

부 록